KB058668

징비록

징비록

유성룡 지음 | 장준호 번역·해설

임진왜란에 관한
뼈아픈 반성의 기록

arte

차례

『징비록』 권1

『징비록』 권2

녹후잡기

해설

1. 이 번역서는 국립중앙도서관 소장 2권본 『징비록』을 저본으로 하되, 16권
   본 『징비록』과 비교·대조하여 번역했다.
2. 『징비록』은 강목체 역사서이다. 강이란 시간 순서에 근거하여 사실의 대강
   을 나타난 것으로 글의 제목의 역할을 한다. 반면 목이란 강에 대한 구체적
   인 서술이다. 본 번역서에서는 강목체 사서인 『징비록』의 특징을 부각하여
   강에 해당하는 기사는 볼드체로 처리했다.
3. 번역하는 과정에서 이미 출간된 국역·일역서를 참고했다.
4. 독자가 쉽게 이해할 수 있도록 최대한 한글로 풀어쓰려고 하였으나, 필요
   한 경우 한자를 병기했다.
5. 일본과 관련된 용어, 인명, 지명은 일본에서 통용되고 있는 원명_{原名}으로
   표기했다.

『징비록』권1

자서

『징비록』이란 무엇인가? 임진왜란이 일어난 후의 일을 기록한 것이다. 이 책에 이따금 전란 전에 있었던 일도 기록한 것은 난의 전말을 밝히기 위해서다. 아아, 임진년의 전화는 참혹했다. 수십 일 동안에 삼도(한양·개성·평양)를 지키지 못했고, 조선 팔도가 무너졌으며, 임금은 피난을 떠나셨다. 오늘이 있는 것은 하늘이 도왔기 때문이다. 더욱이 선대 임금들의 어질고 두터운 은덕이 깊게 백성들의 마음을 굳게 연결시켜, 백성들이 나라를 사모하는 마음이 다하지 않았기 때문이고, 임금께서 명나라를 섬기는 정성이 황제(명 신종)를 감동시켜 구원군이 여러 차례 파견됐기 때문이다. 이러한 것들이 없었더라면 우리나라는 위태로웠을 것이다.

『시경詩經』에 이르기를 "내가 지난 일의 잘못을 경계하여 뒤의 근심거리가 없도록 조심한다"는 말이 있는데, 이것이 『징비록』을 저술한 까닭이다.

나와 같이 보잘것없는 사람이 어지러운 시기에 나라의 중대한 책임을 맡아서, 그 사태를 수습하고 국면을 타개하지 못한 죄는 죽어도 용서받을 수 없을 것이다. 오히려 시골에 살면서 구차스럽게 목숨을 이어가고 있는 것은 실로 임금의 관대한 은전이다. 임금님의 너그러우신 은전이 아니겠는가? 근심하고 두려워하는 마음이 조금 진정되어, 지난날의 일을 생각하니 그때마다 황송하고 부끄러워 몸 둘 곳을 알지 못하겠다.

이에 한가한 틈을 이용하여 듣고 보고 겪은 것들을 임진년 (1592)부터 무술년(1598)에 이르기까지 대략 기술했다. 그리고 그 뒤에 장계狀啓, 소차疏箚, 문이文移 및 잡록雜錄을 붙였다. 비록 볼 만한 것은 없지만 당시의 사적事迹들로 버릴 수 없었다. 이로써 시골에 살면서도 성심으로 나라에 충성하고자 하는 나의 간절한 뜻을 나타내고, 또 어리석은 신하가 나라에 보답하지 못한 죄를 드러내려고 한다.

제1장

전란 전 대일관계

1586년(선조 19) 년간에 일본의 사신 다치바나 야스히로[橘康廣]가 그의 국왕 도요토미 히데요시의 서신을 가지고 왔다.

처음에 일본 국왕 겐지[源氏, 아시카가 요시미쯔 足利義滿]가 홍무洪武(명나라 주원장의 연호) 초에 나라를 세운 이래 우리나라와 사이좋게 지낸 지 200여 년이 되었다. 처음에는 우리나라에서도 사신을 파견하고 경조慶弔의 예를 주고받았다. 신숙주申叔舟가 서장관으로 다녀온 것이 그 한 예다.

신숙주가 임종할 때, 성종이 "말하고 싶은 것이 있는가?"라고 물으니, 그는 "바라건대 일본과 평화로운 관계를 잃지 마십시오"라고 대답했다. 그 말에 감동한 성종은 부제학 이형원李亨元과 서장관 김흔金訢을 일본에 파견하여 화목을 도모하게 했다. 쓰시마에 도착한 조선 사신들이 풍랑에 놀라 병을 얻을까 걱정이 되어, 조정에 서장을 보내 상황을 보고했다. 성종은 사신들에게 서신과 예물을 쓰시마 도주에게 전하고 돌아오라고 명령했다.

이때부터 다시 사신을 파견하지 않고 매번 일본으로부터 사신이 올 때마다 예절에 따라 접대할 뿐이었다. 그런데 이때 일본에서는 도요토미 히데요시平秀吉가 겐지(源氏, 오다 노부나가)를 대신하여 왕이 되었다. 히데요시란 자에 대해서 어떤 이는 "본래는 중국 사람인데 일본으로 흘러 들어가 땔나무를 팔아 생계를 유지했다. 어느 날 오다 노부나가가 길에서 우연히 히데요시를 만났는데, 그 사람됨이 남다르므로 불러서 자기 군대에 편입시켰다. 히데요시는 용감하고 힘이 세어 잘 싸울 뿐만 아니라 전공을 쌓아 결국 대관大官에까지 이르러 권력을 잡게 되자, 마침내 겐지의 자리를 빼앗고 그를 대신하여 왕이 되었다"라고 했다. 또 어떤 사람은 "오다 노부나가가 다른 사람에게 죽임을 당하자, 히데요시가 또 그 사람을 죽이고서 나라를 빼앗았다"라고도 했다.

히데요시는 병력을 사용하여 여러 섬을 평정하고 일본 내 66주를 하나로 통합한 다음 드디어 외국을 침략하려고 했다. 그는 말하기를 "우리 사신이 늘 조선에 가는데도 조선 사신은 오지 않으니 우리를 얕보는 것이다"라고 말했다. 마침내 야스히로를 조선으로 보내 통신사 파견을 요구했는데 그 서신의 말이 매우 거만하였으니 "이제 천하가 나의 한 손아귀에 들어올 것이다"라는 말까지 있었다.

이때는 겐지가 망한 지 이미 10년이나 되었다. 여러 섬의 일본인들이 매년 우리나라를 왕래하고 있지만, 일본의 위령이 엄격하여 사신들이 그 사실을 외국에 누설하지 않았기 때문에 조선 조정에서는 일본 내 상황을 잘 알지 못했다.

이때 야스히로는 나이가 50여 세로 체격이 크고 수염과 머리털은 반백이었다. 그는 지나는 숙소마다 반드시 좋은 방에서 묵고 말과 행동이 거만하고 무례해서, 보통 때의 일본 사신과는 아주 달라 사람들이 매우 이상하게 생각했다. 전까지의 관습으로 일본 사신을 맞이할 때 군과 읍에서 관할 내의 장정을 동원하여 창을 잡고 길가에 늘어서서 군대의 위엄을 보였다. 인동仁同을 지나던 야스히로는 창 잡은 사람을 흘겨보고 비웃으면서 "너희가 가진 창의 자루가 너무 짧구나"라고 말했다. 야스히로가 상주尙州에 도착하자, 목사 송응형宋應泂은 기생들의 음악과 노래와 춤으로 그를 대접했다. 야스히로는 백발에 노쇠한 승응형을 보고 통역관을 통해 "저는 여러 해 동안 전쟁 속에서 살아서 수염과 머리털이 희어졌지만, 목사께서는 아름다운 기생들 틈에서 아무 걱정 없이 지냈을 텐데도 오히려 백발이 되었으니 무슨 까닭입니까"라고 물었다. 송응형을 조롱하는 말이었다.

(야스히로가 한양에 도착하니) 예조판서가 잔치를 베풀어 대접했다. 술에 취할 때쯤 야스히로는 호초胡椒를 자리 위에 흩어뿌렸다. 기생과 악사들이 다투어 줍느라 소란스러웠다. 야스히로는 객관으로 돌아와 탄식하며 통역에게 말하기를 "너희 나라는 망하겠다. 기강이

이미 허물어졌으니 망하지 않기를 어찌 기대하겠는가?"라고 했다.

그가 돌아갈 때 조선 조정에서는 다만 그 서신에 회답하여 "물길에 어두워서 사신을 파견하는 것은 허락할 수 없다"고 말했다. 야스히로가 돌아가서 보고하자, 히데요시는 크게 노하여 야스히로를 죽이고 그 일족을 멸망시켰다. 야스히로는 형 다치바나 야스토시[橘康年]가 무로마치 막부 이래로 우리나라에 와서 관직을 받았기 때문에, 보고 내용이 우리나라를 두둔했다는 이유로 히데요시에게 살해당한 것이라고 한다.

일본 사신 소 요시토시[宗義智]가 왔다.

히데요시는 이미 다치바나 야스히로를 살해한 후 소 요시토시를 조선에 보내 통신사 파견을 요구했다. 요시토시는 일본의 주병대장主兵大將인 고니시 유키나가[小西行長]의 사위로 히데요시의 복심이다. 쓰시마 태수 소 모리나가[宗成長]는 대대로 섬을 통치하면서 우리나라를 섬겨왔는데, 이때 히데요시가 소를 제거하고 대신 요시토시에게 쓰시마 섬의 정무를 주관토록 했다. 우리나라가 해도海島를 잘 알지 못한다는 구실로 통신사 파견을 거절한 것에 대해 "요시토시가 바로 도주島主의 아들이라 해로에 익숙하니 함께 오시오"라며, 우리나라가 수 싸움을 할 수 없게 했다.

그리고 우리나라의 허실을 엿보려고 야나가와 시게노부[平調

信], 승 겐소[玄蘇] 등이 함께 왔다. 요시토시는 나이는 어렸지만 날쌔고 사나워서 다른 일본인들이 모두 두려워했다. 그의 앞에서는 다들 엎드려 무릎으로 기었고, 감히 그의 얼굴을 올려다보지 못했다. 일본 사신들은 오래도록 숙소인 동평관東平館에 머무르면서 반드시 우리의 사신을 데리고 돌아가려고 했다. 조선 조정은 통신사 파견 여부를 결정하지 못했다.

수년 전 왜구가 전라도 손죽도損竹島에 쳐들어와 변장邊將 이태원李太源을 죽였는데, 그때 사로잡힌 포로가 "조선의 변방에 사는 백성 사을배동沙乙背同이란 자가 나라를 배반하고 일본으로 들어와 일본인들을 인도하여 함께 쳐들어왔다"고 말하므로 조정에서는 분개했다. 이때에 이르러 어떤 사람은 "일본측에 우선 우리나라의 반민을 전부 넘겨받은 후에 통신사 파견 문제에 대해 의논하도록 하여 그들의 성의가 있느냐 없느냐를 보아야 될 것이다"라고 말했다. (조선 조정에서는) 동평관에서 접대하는 관원을 시켜 이 뜻을 넌지시 전했다. 요시토시는 "이는 어렵지 않은 일이다"라고 하면서 곧 야나가와 시게노부를 본국으로 보내어 이 사실을 보고하도록 했다. 몇 개월이 지나지 않아서 그 나라에 가 있는 우리나라 백성 10여 명을 모두 잡아가지고 와서 바쳤다. 임금(선조)은 인정전에 나아가 크게 군사의 위세를 벌여놓고 사을배동 등을 신문한 다음 끌어내어 성 밖에서 목을 베었다. 임금은 요시토시에게 내구마 1필을 상으로 주고 그런 뒤에 일본 사신 일행 모두를 인견하고 잔치를 베풀어주었다. 요시토시와 겐소 등이 모두 대궐 안에 들어와 차례대로 왕에게 술잔을 올렸다.

이때 예조판서인 나는 예조에서 일본 사신을 접대하였으나 통신사 파견 여부를 오래도록 결정하지 못하고 있었다. 내가 대제학이 되어 일본에 보낼 국서를 쓰려고 할 때, 임금께 글을 올려 "속히 통신사 파견에 대한 의논을 정하여 두 나라 사이에 틈이 생기지 않도록 하시옵소서"라고 청했다. 이튿 날 조강朝講에서 지사 변협邊協 등도 "마땅히 사신을 파견하여 회답하게 하여 동시에 그 나라 국내의 동정을 살펴보고 오는 것이 잘못된 계책은 아닐 것입니다"라고 글을 올렸다. 그제야 비로소 조정의 의논이 결정되었다.

이렇게 임금은 사신으로 보낼 만한 사람을 선택하라고 명했는데, 대신이 첨지 황윤길黃允吉, 사성 김성일金誠一을 정, 부사로 삼고 전적 허성許筬을 서장관으로 삼았다.

1590년(선조 23) 드디어 통신사는 요시토시 등과 함께 일본으로 떠났다. 이때 요시토시가 공작 2마리와 조총, 창과 칼 등의 물건을 바쳤다. 임금은 공작은 남양 해도에서 놓아 보내고, 조총은 군기시軍器寺에 넣어두라고 명령했다. 우리나라는 이때 비로소 조총을 갖게 되었다.

제2장

전란대비책

1591년(선조 24) 봄 통신사 황윤길과 김성일 등이 일본에서 돌아왔다. 일본 사신 야나가와와 겐소 등도 함께 왔다.

지난해 4월 29일 황윤길 등이 부산포에서 배를 타고 쓰시마 섬에 도착하여 한 달을 머물렀다. 또 쓰시마 섬에서 뱃길로 40여 리를 가서 이키시마壹岐島 섬에 도착했고, 하카다博多주를 거쳐 나카토長門주 나고야郎古耶에 도착했다. 7월 22일 비로소 일본의 교토京都에 도착했다. 일본인들이 고의로 길을 멀리 돌고 곳곳에 머물러 지체한 까닭으로 여러 달 만에 이르게 된 것이다.

일행이 쓰시마에서 체류 중 요시토시가 사신을 초대해서 산사에서 연회를 베풀었다. 조선 사신이 이미 자리에 앉아 있는데 요시토시가 가마를 탄 채 문으로 들어와 계단에 이르러 내리려 했다. 김성일이 (이것을 보고) 화를 내면서 "쓰시마는 우리나라의 변신藩臣이요, 우리가 왕명을 받들고 왔는데 어찌 감히 오만하게 업신여김이 이와 같은가? 나는 이러한 잔치를 받지 못하겠소"라고 하고 곧 일어나 나갔다. 허성 등도 뒤따라 나왔다. 요시토시는 가마를 멘 자에게 잘못을 돌리고, 그의 머리를 베어 와서 사죄했다. 이때부터 일본인들은 김성일을 공경하고 두려워하여 접대도 예를 후하게 했고, 그를 멀리서 보기만 해도 말에서 내렸다.

국도에 도착한 사신들은 큰 절에 숙소를 정했다. 마침 히데요시는 동산도에 출진중이었다. 사신들은 히데요시를 만나기 위해 수개월 동안 그곳에 머물렀다. 히데요시가 여러 달 만에 돌아왔는데 궁실을 수리한다는 핑계로 국서를 즉시 받지 않았다. 5개월 후에야 비로소 국명을 전달했다.

일본에서는 천황을 존경하고, 히데요시 이하는 모두 신하의 예로써 대처했다. 히데요시는 나라 안에 있을 때 왕이라 칭하지 않고 다만 관백關白이나 박륙후博陵侯라고 불렀다. 이른바 관백이라는 것은 『한서』「곽광전」에 '모든 정사는 곽광에게 거친 뒤에야 천자에게 아뢰었다'는 말에서 따서 칭한 것이다.

히데요시는 우리 사신을 접대할 때 가마를 타고 대궐문으로 들어오게 하는 동시에, 피리를 불면서 행렬을 앞으로 인도하고 당에 올라오도록 하여 의식을 진행했다. 히데요시는 작고 못생기고 낯빛이 검어 남다른 용모는 없었으나, 다만 반짝거리는 눈길은 남을 쏘아보는 듯했다.

사모를 쓰고 검은 도포를 입은 히데요시는 자리를 겹겹이 깔고 남향으로 앉았다. 부하 몇 사람이 늘어서 있었는데, 우리 사신을 인도하여 자리에 앉도록 했다. 자리에는 연회용 기물을 차리지 않고 앞에 탁자 하나만 놓고는 익힌 떡 한 그릇을 내놓았으며, 질그릇 사발에 술을 부어 돌리는데 술은 탁주였다. 그 예절이 매우 간략하여 서너 번 술잔을 돌리고는 그만두었으니 절하고 읍하며 서로 술잔을 주고받는 절차는 없었다.

얼마 있다가 히데요시가 갑자기 일어나 안으로 들어갔는데 사람들은 움직이지 않았다. 어떤 사람이 평상복 차림으로 어린애를 안고 나와 당 안을 이리저리 왔다 갔다 해 쳐다보니 히데요시였다. 자리에 있던 자들은 엎드려 있을 따름이었다. 조금 뒤 히데요시가 난간으로 나와 앉더니 우리나라 악공을 불러 여러 가지 음악을 성대하게 연주시켜 들었다. 그러던 중에 어린애가 옷에 오줌을 싸자, 히데요시가 웃으면서 시중을 드는 자를 부르니 한 여자가 그 소리를 듣고 달려 나왔다. 히데요시가 그에게 아이를 넘겨주고 다른 옷으로 갈아입는데 모든 행동이 곁에 사람이 없는 것처럼 제멋대로였다. 우리나라 사신들이 그와 작별하고 물러나온 후 다시는 그를 만나볼 수 없었다. 히데요시는 상사와 부사에게 은 4백 냥을 주고, 서장관과 통사 이하에게도 차등 있게 주었다. 우리나라 사신이 돌아가려고 하니, 히데요시는 제때에 국서를 써주지 않으면서 먼저 떠나라고 했다. 그러자 김성일이 "내가 사신이 되어 국서를 받들고 왔는데, 만약 답서가 없다면 이것은 왕명을 풀밭에 버리는 것과 같다"

라고 했다. 억류당할까 황윤길은 두려워 국도를 떠나 사카이하마(현재 오사카 사카이시)에 이르러 기다리고 있었다. 비로소 답서가 왔는데 그 내용이 거칠고 거만하여 우리가 바라던 것이 아니었다. 김성일은 답서를 받지 않고 수차례 개정을 요구한 후에야 일본을 떠났다. 곳마다 여러 일본인들이 김성일에게 물건을 주었지만 모두 받지 않았다.

황윤길이 부산에 돌아와 머무르면서 일본의 정세에 대해 급보를 올리기를, 반드시 병화가 있을 것이라고 했다. 그가 다녀온 보고를 올린 뒤 임금은 그들을 불러 물으니, 황윤길은 그 전과 같이 대답했다. 김성일은 "그러한 정세가 있는 것을 보지 못했습니다"라고 말하고는, 이어 "황윤길이 인심을 동요시키는 것이 옳지 못합니다"라고 했다. 이에 의논하는 자들이 어떤 이는 황윤길의 말을 주장했고 어떤 사람은 김성일의 말에 찬동했다. 내가 김성일에게 "그대의 말은 황윤길과 같지 않은데, 만일 전쟁이 일어나면 장차 어떻게 할 것인가?" 묻자, "나 또한 어찌 반드시 일본이 군대를 일으키지 않을 것을 단언하겠는가마는, 황윤길의 말이 너무 지나쳐 나라 안팎이 모두 놀라 인심이 동요할 것이므로 해명했을 뿐이다"라고 했다.

이때 일본이 보낸 국서에 군사를 이끌고 명나라에 들어가겠다는 말이 있었다.

내가 "마땅히 명나라 황제에게 글을 올려 보고해야 합니다"라고 하자, 영의정 이산해李山海는 "명나라 조정에서 우리가 일본과 사사로이 통신한 것을 죄책할까 염려되니 알리지 말고 숨겨두는 것이 좋을 것 같다"라고 했다. 나는 말하기를 "어떤 일로 이웃 나라와 왕래하는 것은 국가로서 어찌할 수 없는 것입니다. 성화成化 년간에도 일본이 일찍이 우리나라를 통해 중국에 조공하게 해달라고 요구하였으므로 명나라 조정에 즉시 알리니 조칙을 내려 회유하였습니다. 지금 우리가 이것을 숨기고 알리지 않는다면 대의에 있어서도 옳지 않을뿐더러, 하물며 적이 만약 실제로 침범할 계획이 있다는 사실이 다른 곳을 통해 알려지면 명나라는 우리나라가 일본과 공모하여 숨긴다고 의심할 것입니다. 그렇게 된다면 그 죄는 통신했다는 것만으로 그치지 않을 것입니다"라고 했다. 조정에서는 내 의견이 맞는다는 사람이 많아 드디어 김응남 등을 보내 명나라에 이 사실을 서둘러 알리도록 했다.

이때 복건인 허의후許儀後와 진신陳申이 일본에 포로로 잡혀 있어, 이미 일본의 정세를 비밀리에 본국에 보고한 상태였다. 류큐 왕국의 세자 상녕尚寧도 연이어 사신을 보내 이 소식을 보고했는데 오직 우리나라 사신만이 아직 명나라에 이르지 않았으니, 명나라는 우리나라가 일본과 내통하고 있지 않은가를 의심하여 의논이 들썩였다. 내각의 원로 허국許國은 일찍이 사신으로 우리나라를 다녀간 일이 있어 홀로 "조선은 정성을 다하여 우리나라를 섬기고 있으니 반드시 일본과 배반하지는 않을 것입니다. 좀 더 기다려 봅시다"라고 했다. 오래지 않아 김응남 등이 보고하는 글을 가지고 가니, 허국은 크게 기뻐하고 명나라 조정도 의심을 풀었다고 한다.

조정에서 일본의 동태를 우려하여 변방의 일을 잘 아는 재신宰臣들을 가려서 하삼도下三道를 순찰하고 방비하도록 했다.

김수를 경상감사로, 이광李洸을 전라감사, 윤선각尹先覺을 충청 감사로 임명하여 무기를 준비하고 성곽과 해자를 만들도록 했다. (새로 쌓은) 성은 경상도에 많았다. 영천, 청도, 삼가, 대구, 성주, 부산, 동래, 진주, 안동, 상주 등에 좌병영과 우병영을 새로 쌓거나 보수 또는 증축했다. 이때 나라가 태평한 지 이미 오래되어 나라 안팎이 안일해져 있어 백성들이 노역을 꺼려 원망하는 소리가 길에 가득했다. 나와 동년배이자 전적을 역임했던 합천 사람 이로李魯는 나에게 편지를 보내 "성을 쌓는 것은 좋은 계책이 아니다" 그리고 "삼가 앞에는 정진 나루가 막고 있는데 일본이 어찌 날아서 건널 수 있겠는가? 어찌하여 공연히 성을 쌓아 백성을 괴롭히는가?"라고 했다. 대저 만 리나 되는 큰 바다로도 일본을 막아내지 못하는데 한 줄기 강물로 반드시 일본이 건너오지 못할 것이라고 하니, 그의 계획도

꼼꼼하지 못하고 거칠었다. 이때 사람들의 논의가 이와 같았다.

홍문관에서도 임금께 글을 올려 이 일에 대해 논했다. 그러나 경상도와 전라도에 쌓은 성들이 모두 형세를 갖추지 못했다. 넓고 크게 만들어 많은 사람을 수용하는 데만 힘을 썼다. 진주성은 본래 험준한 곳에 위치해 쉽게 방어할 수 있었는데, 이때 작다는 이유로 동쪽 아래 평지로 옮겼다. 그 후 일본군이 그곳을 통해 들어와 결국 성을 지키지 못했다. 대체로 성은 견고하고 작아야 좋은 것인데, 당시에는 오히려 넓지 않은 것을 걱정하는 의견이 대부분이었다. 군정軍政의 근본, 장수를 뽑는 요령, 군사 훈련의 방법 등이 백 가지 중 어느 한 가지도 정돈되지 않아 결국 전쟁에 패한 것이다.

정읍현감 이순신을 발탁하여 전라좌도수군절도사로 임명했다.

이순신은 담력과 지력이 있고 말을 잘 타고 활을 잘 쏘았다. 일찍이 조산만호造山萬戶가 되었는데 이때 북쪽 변방에 일이 많았다. 이순신이 반란을 일으킨 우을기내于乙其乃를 꾀로 유인하여 잡아 병영으로 보내 베어 죽였다. 드디어 오랑캐로 인한 근심이 잦아들었다. 순찰사 정언신鄭彦信은 이순신에게 명하여 녹둔도鹿屯島 둔전을 지키게 했다. 안개가 많이 낀 어느 날 군인들이 모두 나가 벼를 거두었고, 책柵 중에는 단지 10여 명이 있을 뿐이었다. 갑자기 오랑캐 기병이 사면에서 모여드니, 이순신은 책의 문을 닫고 혼자서 유엽전으로 적 수십 명을 잇달아 쏘아 말에서 떨어뜨렸다. 오랑캐가 놀라 도망쳤고, 이순신은 문을 열고 혼자 말을 탄 채로 크게 고함치며 뒤쫓았다. 오랑캐 무리는 크게 패했으며, 그는 빼앗긴 것을 모두 되찾아서 돌아왔다.

그러나 조정에서 그를 추천해주는 사람이 없었다. 그는 무과에 급제한 지 10여 년이 되도록 벼슬이 승진되지 않다가 비로소 정읍현감이 되었다. 이때 일본이 쳐들어온다는 소식으로 날마다 급하니 임금은 장수될 만한 인재를 천거하도록 비변사에 명을 내렸다. 내가 이순신을 천거했는데 정읍현감에서 수군절도사로 차례를 뛰어 임명되자 사람들은 그의 갑작스러운 승진을 의아하게 생각했다.

이때 조정의 무장 중 신립·이일이 가장 유명했다. 경상우병사 조대곤曹大坤이 늙고 용맹함이 없어 사람들은 그가 장수로서 책임을 감당하지 못할 것이라 걱정했다. 내가 경연 자리에서 조대곤을 이일로 교체하자고 요청했다.

병조판서 홍여순洪汝諄이 "명장은 마땅히 서울에 있어야 하니 이일은 보낼 수 없습니다"라고 했다. 나는 다시 "모든 일은 예비하는 것이 중요한데, 하물며 군사를 다스려 적을 막는 일은 더욱 갑작스럽게 처리할 수 없습니다. 하루아침에 변고가 생기면 결국 이일이 내려가지 않을 수 없으니, 보내려면 차라리 하루라도 일찍 보내어 미래 변고에 대비하는 것이 유리할 것입니다. 그러지 않고 갑자기 장수를 내려보낸다면 그 도道의 형세를 잘 알지 못하고 또한 군사들의 용맹함과 비겁함의 실태도 파악할 수 없습니다. 이것은 병가에서도 꺼리는 일이므로 반드시 후회가 있을 것입니다"라고 재차 요청을 했으나 임금께서는 답이 없으셨다.

나는 비변사로 나가 여러 사람과 의논하여 임금께 진관법鎭管法을 시행하자고 청했다.

대강의 내용은 다음과 같다. "우리나라 건국 초기에 각도의 군사들은 모두 진관에 나누어 소속되어 일이 생기면 진관이 소속된 고을을 통솔하였습니다. 진관은 물고기의 비늘처럼 죽 늘어서 정돈되어 있어서, 주장의 호령을 기다리게 되어 있습니다. 경상도로 말하자면 김해, 대구, 상주, 경주, 안동, 진주의 여섯 진관이 있어서, 만약 적군이 쳐들어와 한 개의 진이 설사 패한다 하더라도 다른 진이 차례로 군대를 엄중히 하여 굳게 지켰기 때문에 한번에 다 무너지지는 않았습니다.

지난 을묘왜변이 있은 후 전라도에서 김수문金秀文이 처음으로 군대를 편성하는 법을 고쳐 제승방략制勝方略이라고 이름을 붙이고 도 안에 있는 여러 군사를 순변사, 방어사, 조방장, 도원수 및 본도 병사, 수사에게 나누어 소속시켰습니다. 이를 여러 도에서 다 본받아 비록 진과의 이름은 있지만, 사실 서로 연결되지 않았습니다. 따라서 경보가 한 번 있으면 반드시 먼 곳이든 가까운 곳이든 전부 출동하고, 장수가 없는 군사들은 먼저 들판에 모여 천 리 밖에 있는 장수를 기다립니다. 장수가 제때에 오기 전에 적군의 선봉이 먼저 들이닥친다면 군사들의 마음이 놀라 두려워 할 것이니, 이는 반드시 무너지는 길입니다. 많은 군사가 한번에 무너지면 다시 모으기가 어려운데, 이런 때에 설사 장수가 도착한다한들 누구와 함께 싸우겠습니까? 다시 선대 임금 때의 진관세도를 실시해야 좋을 것입니다. 평상시에는 훈련하기 쉽고 유사시에는 군사를 징발, 집합할 수 있으며, 앞뒤가 서로 호응하고 안팎이 서로 의지하여 흙담이 무너지듯이 되지는 않을 것입니다. 따라서 일이 편리할 것입니다."

이 논의를 경상도에 내려보냈는데 경상감사 김수가 제승방략을 실시한 지 벌써 오래되었으므로 갑자기 변경할 수 없습니다"라고 하여 드디어 논의가 중지되고 말았다.

1592년 봄에 신립과 이일을 나누어 보내어 변경의 군비 상태를 점검하도록 했다.

이일은 충청, 전라도로 가고 신립은 경기, 황해도로 갔다. 두 사람은 한 달 후에 돌아왔는데, 활과 화살 그리고 창과 칼을 점검했을 뿐이었다. 고을들에서는 실속 없이 문서만 갖추어 법을 피해서

(적을) 방어할 수 있는 좋은 계책은 마련하지 못했다. 신립은 평소 잔인하고 포악하다고 알려져 있었는데, 가는 곳마다 사람을 죽여 위엄을 세웠다. 수령들은 그를 두려워했다. (수령들은) 백성들을 동원하여 길을 닦게 하고 장막을 쳤는데 매우 사치스러웠다. 비록 대신들의 행차도 이와 같지는 않았다. 신립은 군비 점검을 마치고 돌아온 후인 4월 1일 사저로 (나를) 찾아왔다. 나는 신립에게 "머지 않아 변란이 있으면 당신이 마땅히 일을 맡아야 하는데 당신의 생각으로는 오늘날 왜적의 형세가 방어하기에 쉽겠소 아니면 어렵겠소?"라고 물었다. 신립은 적을 매우 가볍게 보면서 걱정할 것이 없다고 판단하고 있었다. 나는 "그렇지 않소. 예전의 왜적은 단지 창과 칼에 의지했다면 지금은 조총과 같은 좋은 무기도 가지고 있으니 가볍게 여겨서는 안될 것이오"라고 하니, (신립이) 서둘러 말하기를 "왜적이 비록 조총을 가지고 있다고 하더라도 어찌 쏘는 대로 다 맞힐 수 있겠습니까?"라고 했다. 나는 말하기를 "나라가 태평한 지 오래되어 군사들이 겁이 많고 나약해서 과연 위급한 일이 생기면 (그들로) 버텨내는 것이 매우 어려울 것이오. 내 생각으로는 수년이 지난 후에 사람들이 조금 군사 일에 익숙해지면 혹여나 수습할 수 있을지 모르겠지만, 지금과 같아서는 나는 매우 걱정이 됩니다"라고 했다. 신립은 하나라도 살피거나 깨닫지 못하고 가버렸다.

신립은 1583년(선조 16)에 온성부사穩城府使가 되었다. 반란을 일으킨 오랑캐들이 종성을 포위했는데, 신립이 달려가서 이를 구원했다. 그가 10여 기로 돌격하자, 오랑캐는 포위를 풀고 달아났다. 조정에서는 신립의 재능이 대장의 소임을 감당할 수 있을 것으로 여겨 북병사, 평안병사로 승진시켰다. 조정에서는 얼마 안 되어 자헌대부의 품계를 내렸고, 병조판서에 임명하려는 논의도 있었다. 그는 의기가 충천하여 마치 중국 전국시대 주나라 장수인 조괄趙括이 진나라를 가볍게 여기는 것과 같이 거의 모든 일에 대해 두려워하는 기색이 없었다. 식자들은 그의 행동을 매우 걱정했다.

경상우병사 조대곤을 교체하고 임금의 특명으로 승지 김성일에게 대신하도록 했다.

비변사에서는 임금께 "김성일은 유신입니다. 지금과 같은 때에 변방 장수의 임무를 맡기는 것은 적합하지 않습니다"라고 글을 올렸다. 이에 대해 임금은 윤허하지 않았다. 김성일은 드디어 임금께 하직하고 임지로 떠났다.

제3장

임진왜란의 발발과 초기 전투 상황

4월 13일 왜병이 변경을 침범했고, 부산포첨사 정발鄭撥이 전사했다.

이보다 먼저 일본의 야나가와 시게노부, 겐소 등이 조선의 통신사와 함께 돌아와 동평관에서 묵고 있었다. 비변사는 임금께 황윤길과 김성일에게 몰래 술과 음식을 마련하여 동평관으로 가서 일본 사신을 위로하면서 은근슬쩍 그 나라의 정세를 살펴서 방비할 대책을 마련할 것을 요청했다. 임금은 비변사의 요청을 허락했다. 김성일이 동평관에 도착하자, 겐소가 과연 몰래 말하기를 "중국이 오랫동안 일본과 국교를 단절하여 조공이 통하지 않고 있습니다. 도요토미 히데요시는 이 일을 마음속에 품어 분하고 부끄럽게 생각하고 있어 전쟁을 일으키려고 하고 있습니다. 조선이 먼저 이 일을 중국에 보고하여 조공의 길을 열게 해준다면 아무 일도 일어나지 않을 것이며, 일본 66주의 사람들도 전쟁의 노고를 면하게 될 것입니다"라고 했다. 김성일 등은 겐소를 대의로써 책망하고 타일렀다. 겐소는 또 말하기를 "옛날에 고려가 원나라 병사을 인도하여 일본을 공격한 적이 있습니다. 일본이 이 일로 조선에 원한을 갚으려고 하는 것은 당연한 것입니다"라고 했는데 그 말이 점점 거칠어졌다. 이런 일이 있었기 때문에 우리 쪽에서는 두 번 다시 찾아가 물어보지 않았는데, 시게노부와 겐소는 돌아가버렸다.

1591년(선조 24) 여름, 소 요시토시가 또 부산포에 와서 변방 장수에게 말하기를 "일본이 명과 국교를 맺고자 합니다. 만약 조선이 이 일이 성사될 수 있도록 명나라에 일본의 뜻을 전달해준다면 매우 다행스럽겠지만 그렇지 않으면 두 나라는 앞으로 평화의 기운을 잃게 될 것입니다. 그렇게 되면 큰일입니다. 따라서 이렇게 와서 알려드리는 것입니다"라고 했다.

변장은 이 일을 조정에 알렸다. 이때 조정에서는 일본에 통신사를 파견한 것을 책망했다. 게다가 일본의 사신이 거만하고 무례한 것을 분하게 여기는 의논으로 소 요시토시에게 회답을 주지 않았다. 소 요시토시는 10여 일 동안 머무르고 있다고, 결국 분한 마음을 품고 돌아가버렸다. 이후로 일본인들은 다시 오지 않았고, 부산포 왜관에 항상 머물러 있던 수십 명도 점점 돌아가버렸다. 왜관 전체가 텅 비자 조선 사람들은 이상하게 생각했다.

이날 왜선이 쓰시마 섬으로부터 바다를 덮으며 건너왔다. 바라보니 그 끝이 보이지 않았다. 부산첨사 정발은 절영도에 사냥을 나갔다가 일본 배들이 바다를 건너오는 것을 보고 급히 성으로 들어왔다. 일본군은 정발의 뒤를 추격하여 상륙하고, 사방에서 구름같이 모여들어 때를 놓치지 않고 성을 함락시켰다.

좌수사 박홍朴泓은 일본군의 세력이 큰 것을 보고 감히 병사를 출동시키지 못하고 성을 버리고 도망했다.

일본군은 서평포, 다대포를 함락시켰다. 다대포첨사 윤흥신尹興信은 힘껏 싸웠으나 살해되었다. 좌병사 이각李珏은 일본군의 침략 소식을 듣고 경상좌병영에서 동래성으로 들어왔는데 부산이 함락되었다는 소식을 듣고 어찌할 바를 몰랐다. 그는 성 밖에서 호응하여 적을 맞서겠다는 핑계를 대고 성을 나가 후퇴하여 소산역에 진을 쳤다. 동래부사 송상현宋象賢은 이각에게 함께 동래성을 지키자고 하였으나, 이각은 듣지 않았다.

15일 일본군은 동래로 진격해왔다. 송상현은 동래성 남문으로 올라가 군사들에게 싸움을 독려했으나 성은 반나절 만에 함락되었다. 송상형은 태연하게 그 자리에서 일본군의 칼을 받고 죽었다. 일본인은 그의 죽음을 가상하게 여겨 관을 마련하여 성 밖에 매장하고 묘표를 세워 다른 사람이 알 수 있도록 했다. 이렇게 되자 각 군과 현은 풍문만 듣고도 도망하여 모두 무너지고 말았다.

밀양부사 박진朴晉**은 동래성에서 급히 돌아와 작원의 좁은 길목을 가로막아 적을 방어하고자 했다.**

일본군이 양산을 함락시키고 작원에 이르렀다. 거기에 지키는 조선 군사가 있는 것을 보고 산의 뒤로부터 높은 곳을 넘어서 개미 떼처럼 붙어서 흩어져 내려오니, 좁은 길목을 지키고 있던 군사들은 이것을 보고 모두 사방으로 흩어져버렸다. 박진은 밀양으로 말을 달려 돌아와 불을 질러 무기와 창고를 불태우고, 성을 버리고 산으로 들어갔다.

경상좌병사 이각은 좌병영으로 돌아와 자신의 첩을 성 밖으로 탈출시키니, 성안의 민심은 흉흉해져 군사들이 하룻밤 사이에 네댓 번이나 놀랐다. 이각은 새벽을 틈타 도망가니 모든 군사들이 모두 무너져버리고 말았다.

일본군이 길을 나누어 멀리까지 말을 달려 여러 고을이 연이어 함락되었는데 감히 막는 자가 한 사람도 없었다.

김해부사 서예원徐禮元은 성문을 닫고 지키고 있었는데 적이 성밖의 보리를 베어 모아서 호를 메꾸었다. 잠깐 동안에 성과 같은 높이가 되자, 적들은 성을 넘어 들어왔다. 초계군수 이모가 먼저 도망가고 서예원이 연이어 도망가자, 김해성은 드디어 함락되었다.

순찰사 김수는 처음 진주에서 임진왜란의 발발 소식을 듣고 동래성으로 향해 가다가 도중에 적병이 이미 가까이 왔다는 말을 듣고 앞으로 나아가지 못하고 경상우도로 돌아왔으나, 무엇을 해야 하는지 알지 못했다. 다만 각 고을에 격문을 보내어 민중이 적을 피해 달아나도록 했다. 이 때문에 도내가 모두 비어서 어찌할 수가 없게 되었다.

용궁현감 우복룡禹伏龍이 고을 군사를 거느리고 병영으로 달려가다 영천永川 길가에서 밥을 먹고 있었다. (이때) 하양군河陽軍 수백 명이 방어사에 소속되어 상도上道로 향하면서 그 앞을 지나쳤다. 우복룡은 군사들이 말에서 내리지 않는 것에 화가 나서, 붙잡아 반란하고자 한다고 꾸짖었다. 이에 하양의 군사들이 병사兵使의 공문을 내보이면서 변명하였다. 우복룡은 자기 군사들에게 눈짓하여 군사들을 포위하여 모두 죽이니 시체가 들판에 가득 쌓였다. 순찰사 김수(역자 주)는 이것을 공으로 조정에 보고하였다. 이에 우복룡은 통정대부로 승품되었고, 정희적鄭熙績을 대신하여 안동부사에 제수되었다. 후에 하양사람인 고아와 과부들이 매번 사신使臣이 올 때마다 말머리를 막고 원통함을 호소했다. 우복룡은 이때 명성이 있었기 때문에 원통함을 풀어주는 사람은 없었다고 한다.

4월 17일 이른 아침 경상좌수사 박홍의 장계로 변방의 급보가 비로소 알려졌다.

대신과 비변사가 빈청에 모여서 임금 뵙기를 청했는데 허락하지 않으셨다. 이에 글을 올려서 이일을 순변사로 임명하여 중로로 내려보내고, 성응길成應吉을 좌방어사로 임명하여 좌도로 내려보내고, 조경趙儆을 우방어사로 임명하여 서로로 내려보내고, 유극량劉克良을 조방장으로 임명하여 죽령을 지키게 하고, 변기邊璣를 조방장으로 조령을 지키게 하고, 경주부윤 윤인함尹仁涵은 유신儒臣으로 겁이 많고 나약하다고 해서 전 강계부사 변응성邊應星을 기복시켜 경주부윤으로 삼아서 모두 스스로 군관을 데리고 가게 했다.

갑자기 부산釜山이 함락되었다는 보고가 또 도착했다. 이때 부산은 포위되어서 사람들의 통행이 불가능했다. 박홍의 장계에는 "다만 높은 곳에 올라가서 보니 붉은 깃발이 성안에 가득합니다"라고 했는데, 이 문서에 의해 부산성이 함락된 것을 알았다.

순변사 이일이 한양에서 정병 3백 명을 거느리고 떠나려 하므로 병조의 군인명부를 가져다가 보았더니, 모두 여염집과 시정의 무리들뿐이었다. 아전과 유생들이 반을 차지하여 임시로 검열을 했는데, 유생들은 관복을 갖추어 입고 과거시험때 사용하는 용지인 시권試卷을 손에 들고 있었고, 아전들은 평정건을 쓰고 나왔다. 각각 군사로 뽑히지 않기를 바라는 사람들만이 뜰 안에 가득하여 보낼 만한 사람이 없었다. 이일은 임금의 명령을 받은 지 3일이 지나도록 출발하지 못했다. 할 수 없이 이일을 먼저 떠나게 하고, 별장 유옥柳沃에게 모집한 군사를 거느리고 뒤따라가도록 했다.

나는 임금께 '병조판서 홍여순이 임무를 잘 수행하지 못하고 있습니다. 게다가 군사들이 많이 원망을 하고 있습니다. 교체해야만 합니다'라고 글을 올렸다. 이에 김응남이 병조판서가 되었고, 심충겸沈忠謙이 병조참판에 임명되었다. 대간에서는 임금께 "마땅히 대신을 체찰사로 임명해서 여러 장수를 검열, 감독해야만 합니다"라고 요청했다. 영의정 이산해는 나를 추천하여 체찰사에 임명되었다. 나는 임금께 요청하여 김응남을 체찰부사로 삼게 되었다. 전 의주목사 김여물金汝吻은 군사에 대한 계략이 있었다. 이때 그는 어떤 일에 연루되어 감옥에 갇혀 있었다. (나는 임금께) 그의 죄를 용서하여 군사를 따르게 해줄 것을 요청했다. 무사들 중 비장(부장)의 소임을 감당할 수 있는 자를 모아 80명을 얻었다.

조금 뒤에 급보가 연달아 들어오니, 적의 선봉이 이미 밀양, 대구를 지나 이제 막 조령 밑에 가까이 왔다고 전해졌다. 나는 김응남과 신립에게 "왜적이 깊이 침입했다고 하니 사태가 이미 급하게 되었소. 어떻게 하면 좋겠소?"라고 하니, 신립이 말하기를 "체찰사가 비록 내려가신다고 해도 싸우는 장수가 아니고, 이일이 외로이 군사를 거느리고 전방에 있는데 후속군이 없습니다. 어째서 용맹한 장수를 급히 내려보내 이일을 응원하게 하지 않으십니까"라고 답했다. 신립의 의도를 살펴보니 자신이 출전하여 이일을 구원하겠다는 것이므로, 나는 김응남과 함께 임금께 신립이 말한 바를 올리니, 임금께서는 바로 신립을 불러서 그 뜻을 물으시고 드디어 신립을 도순변사로 임명했다. 신립은 대궐문 밖으로 나가 스스로 무사를 모집했지만 종군을 원하는 자가 없었다. 이때 나는 중추부에서 출군을 준비하고 있었다. 신립이 내가 있는 곳으로 와서 뜰안에 응모자가 모여 있는 것을 보고 안색이 변하여 노기를 띠고 김판서를 가리키며 나에게 말했다. 신립은 "이분을 대감께서 데리고 가서 무슨 일에 쓰시겠습니까? 원하옵건데 소인이 부사가 되어 따라가고자 합니다"라고 했다. 나는 신립이 무사들이 자신을 따르지 않는다는 것 때문에 화가 나 있다는 것을 알고 있었기 때문에 웃으면서 말하기를 "다 같은 나라일인데 어찌 이것저것을 구별할 수 있겠는가? 그대의 출진이 급하니 내가 모집한 군관을 데리고 먼저 떠나도록 하시오. 나는 따로 모집하여 뒤쫓아가겠소"라고 하면서 군관의 명부를 신립에게 주었다. 신립은 뜰안에 있는 무사들을 돌아보며 "따라오너라"라고 말하고 이끌고 나갔다. 사람들은 할 수 없이 떠났고, 김여물도 함께 떠났는데 마음속으로는 매우 불쾌한 듯 보였다.

신립이 떠나려 할 때 임금께서는 그를 불러 보검을 내려주시면서 "이일 이하 명령을 따르지 않는 자는 이 검을 쓰도록 하라"고 했다. 신립은 임금께 하직했다. 또 빈청으로 찾아와서 대신들을 본 다음 막 계단을 내려가려고 할 때, 머리 위의 사모가 갑자기 땅으로 떨어지니 보는 사람들이 모두 (불길한 징조가 아닐까 하고) 안색이 변했다. 신립이 용인에 도착했을 때 임금께 상황을 보고했는데 그 보고서 중에 자신의 서명을 하지 않았다. 사람들은 혹시 신립의 마음이 어지러운 것은 아닌가 하고 의심했다.

경상우병사 김성일을 체포하여 하옥시키려 하다가, 아직 한양에 이르기도 전에 초유사로 임명하고, 함안군수 유숭인柳崇仁을 경상병사로 임명했다.

김성일이 상주에 도착하여 일본군이 이미 국경을 침범했다는 소식을 듣고 밤낮으로 말을 달려 경상우병영으로 향했는데, 도중에 조대곤을 만나 인장과 병부를 교환했다. 이때 적이 이미 김해를 함락시키고 경상우도의 여러 고을을 나누어 약탈하고 있었다. 김성일은 그대로 전진하여 적을 만났다. 휘하 장사들이 달아나려고 하였지만 김성일은 말에서 내려 의자에 앉아서 움직이지 않았다. 군관 이종인李宗仁을 불러 "너는 용맹한 군사다. 적을 보고 먼저 달아나서는 안 된다"라고 말했다. 이때 금가면을 쓴 적 한 명이 칼을 휘두르며 돌진해왔다. 이종인은 말을 달려 나가 화살로 쏘아 죽이니, 여러 적들이 물러나 감히 앞으로 나오지 못했다. 김성일은 흩어진 군사들을 불러모으기 위해 군, 현에 격문을 보내 상호 연결하여 적을 격퇴할 계획을 세우고 있었다.

임금께서 전에 일본에 사신으로 다녀와서 "왜적이 쉽게 공격해오지 않을 것이다"고 말한 것이 인심을 해이하게 만들고 나라일을 그르쳤다는 이유로 의금부도사에게 김성일을 체포해올 것을 명령했다. 사태는 바야흐로 예측할 수가 없었다.

경상감사 김수는 김성일이 체포되었다는 소식을 듣고, 길 위에서 기다렸다가 송별했는데, 김성일의 말이나 얼굴빛이 강개하여 한 마디 말도 자기에 대해 언급하는 것이 없고, 오직 김수에게 "힘을 다해 적을 토벌해주시오"라고 권면했다. 늙은 아전 하지용이 "자신의 죽음에 대해서는 걱정하지 않고 오직 나라일만 근심하니 진실로 충신이다"라고 감탄했다. 김성일이 출발하여 직산에 도착하였을 때 임금의 노여움이 풀려서 김성일이 경상도 사민의 인심을 얻은 것을 알았다. 그의 죄를 용서하고 경상우도 초유사에 임명하여, 도 내의 인민들을 깨우쳐 병사를 징빙하고 적을 토벌하도록 명령했다. 이때 유숭인이 전공이 있었기 때문에 치례를 뛰어 넘어 병사로 임명했다.

첨지 김륵金玏을 경상좌도안집사로 삼았다.

이때 경상감사 김수는 경상우도에 있으면서 일본군이 중로를 횡으로 차단하고 있었기 때문에, 경상좌도와 소식이 통하지 않았다. 수령들은 모두 관직을 버리고 도망하여 민심이 뿔뿔이 흩여졌다. 조정에서는 이 소식을 듣고 김륵이 영천榮川 사람이었기 때문에 경상도의 사정을 상세하게 알고 있어, 경상도의 민심을 안정시킬 수 있다고 해서 그를 파견했던 것이다. 김륵이 부임하자 경상좌도의 백성들은 조정의 명령을 듣고 차츰 돌아와 모여들었다. 영천, 풍기 두 고을은 다행히 왜적이 오지 않았기 때문에 의병도 크게 일어났다고 한다.

일본군이 상주를 함락시키자, 순변사 이일은 싸움에 패하여 충주로 도망쳐 돌아왔다.

처음에 경상도순찰사 김수는 적변을 듣고 즉 제승방략의 분군법에 의거하여 각 고을에 통첩을 보내 각각 소속 군대를 이끌고 이미 지정된 장소(대구)에 모여 주둔하고 있으면서 경장京將을 기다리게 했다. 문경 이하의 수령들은 모두 군사를 이끌고 나가 천변에서 노숙하면서 순변사를 기다렸다. 이미 며칠이 지났으나 순변사는 오지 않았는데, 적은 점점 접근해오고 있었다. 병사들은 자연히 서로 놀라서 동요했다. 때마침 큰 비가 내려 옷가지가 다 젖고 식량도 보충되지 않는 상황이 되자, 밤중에 병사들은 모두 흩어져버렸다. 수령들도 모두 단기單騎로 달아나 돌아가버리고 말았다.

순변사 이일은 문경현으로 들어왔는데, 현내는 모두 텅 비어서 한 사람도 보이지 않았다. 자신이 창고의 곡물을 꺼내어 데리고 왔던 사람들의 식사를 조달했다. 함창咸昌을 지나 상주에 도착했다. 상주목사 김해金垓는 순변사를 출참에서 맞이하겠다는 핑계를 대고 산중으로 도망했다. 홀로 판관 권길權吉이 고을을 지키고 있었다. 이일은 병사가 한 명도 없다는 이유로 권길을 꾸짖고, 그를 뜰로 끌어내어 목을 베어 죽이려 했다. 권길은 "제가 직접 군사를 불러 모아 오겠다"고 애원했다. 그는 밤새도록 마을 안을 수색하여 다음날 아침까지 수백 명을 데리고 왔다. 모두 농민들이었다.

이일은 상주에 머무르면서 하루는 창고를 열어 흩어져 있는 백성들을 달래어 나오도록 하니, 산골짜기에서 한 사람 한 사람이 모여들어 수백 명이 되었다. 급히 군대를 편성하였으나 한 사람도 싸울 만한 사람이 없었다.

이때 적이 선산善山에 이르렀다. 날이 저물자 개령현開寧縣의 사람이 와서 적이 가까이 왔다고 보고했다. 이일은 여러 사람들의 마음을 미혹하게 만든다고 하여 목 베려했는데, 그 사람이 소리를 지르며 말하길 "내 말을 믿지 못하겠다면 잠시 동안 나를 가두어 두소서. 내일 아침 적이 오지 않으면 죽이시오. 그래도 늦지 않을 것입니다"라고 했다. 이날 밤 일본군은 상주에서 20여 리 떨어진 장천에 주둔했다. 그러나 이일은 척후병이 없어서 적이 가까이 왔다는 사실을 알지 못했다. 오히려 다음날 아침 이일은 적이 오지 않는다고 개령현 사람을 감옥에서 끌어내어 목을 베어 여러 사람들에게 보이게 했다.

이일은 긁어모은 민군과 한성부터 데려온 장사를 합쳐 겨우 8~9백 명을 이끌고, 상주의 북천 냇가에서 진 치는 법을 가르쳤다. 산을 의지하여 진을 만들어 진 한가운데 대장기를 세웠다. 이일은 갑옷을 입고 말 위에 앉아 대장기 아래에 서고, 종사관 윤섬, 박호와 판관 권길, 사근찰방 김종무 등은 모두 말에서 내려서 이일의 말 뒤에 섰다.

잠시 후 몇 사람이 나무 숲 사이에서 나타나 이리저리 배회하면서 이 광경을 보고 돌아갔다. 병사들은 적의 척후병인가 의심하였으나, 개령현 사람의 일을 경계하여 감히 보고하지 못했다. 또 성안을 바라보니 몇 곳에서 연기가 일어났다. 이일은 비로소 군관 한 사람을 시켜 가서 살펴보고 오게 했다. 군관이 말을 타고 두 역졸이 말재갈을 잡고 천천히 나아갔다. 일본군이 먼저 다리 밑에 숨어 있다가 조총으로 군관을 쏘아 떨어뜨린 후 목을 베어 달아났다. 우리 군사들은 이것을 바라보고 사기를 잃고 말았다.

갑자기 일본군이 대거 공격해 와서 조총 10여 정으로 쏘아댔다. 총에 맞은 사람은 그 자리에서 쓰러져 죽었다. 이일은 급히 군사들을 불러 활을 쏘라고 소리를 질렀으나, 화살은 수십 보를 나가다 떨어지니, 적을 사살하는 것은 불가능했다.

이때 일본군은 이미 좌익, 우익으로 나눠 깃발을 들고 우리 군대의 후방을 포위하고 공격해왔다. 이일은 사태가 급한 것을 알고 말머리를 돌려 북쪽으로 향해 달아났다. 우리 군사들은 크게 어지러워져 각각 목숨을 건지려고 도망하였으나 살아남은 자는 몇 사람 되지 않았다. 종사관 이하 말을 타지 못한 사람은 모두 적에게 살해되고 말았다.

일본군은 이일을 추격했다. 이일은 말을 버리고 의복을 벗어 던지고 머리를 풀어헤치고 알몸으로 달아나 문경에 도착했다. 이일은 종이와 먹을 구해서 패전의 상황을 급히 보고했다. 그리고 퇴각하여 조령을 지키려고 하다가, 신립이 충주에 있다는 말을 듣고, 결국 충주로 달려갔다.

우상 이양원李陽元을 수성대장, 이진李普+戈, 변언수邊彦琇를
경성좌우위장, 상산군 박충간朴忠侃을 경성순검사로 임명하여
도성을 수비하게 하고, 김명원金命元을 다시 기용하고 도원수로
임명하여 한강을 지키게 했다.

이때 이일의 패보가 전해지니 인심이 흉흉하고, 궁중에서는 도
성을 떠나자는 의론이 있었으나 밖에서는 알지 못했다. 이마理馬 김
응수金應壽가 빈청에 이르러 영의정 이산해와 귓속말로 말하고 갔다
가 다시 오므로 보는 사람이 무슨 일인가 의심을 품었다. 이것은 영
의정이 그때 사복시司僕寺 제조提調의 일을 맡았기 때문이었다.

도승지 이항복이 손바닥에 "영강문永康門 안에 말을 세워두라"
는 여섯 글자를 써서 나에게 보였다. 대간은 영의정 이산해가 나라
일을 그르쳤다고 탄핵하고 임금께 파면할 것을 요청했다. 종친들은
편전의 문밖에 모여 통곡하면서 성을 버리지 말 것을 요청했다. 영
중추부사 김귀영金貴榮은 더욱 분개하여 여러 대신들과 함께 궁중에
들어가 임금을 뵙고 도성을 고수할 것을 청하고 또 "도성을 버리자
는 것을 제창하는 무리들은 즉 소인입니다"라는 글을 올렸다. 국왕
이 "종묘사직이 여기 있는데 내가 어디로 간다는 말이냐?"라고 하
교하시니 여러 사람들은 드디어 물러나갔다. 그러나 사태는 어찌할
수가 없었다.

성내의 민중들은 공사천인 및 서리, 삼의사 중에서 사람들을
골라, 각각 성첩을 지키게 했다. 성첩은 3만여 곳인데 성을 지킬 사

람은 겨우 7천 명이고, 그것도 거의 다 오합지중烏合之衆이라서 모두들 성을 넘어서 도망갈 생각만 했다.

상번한 군사들도 비록 병조에 소속되어 있으나 하리들과 함께 서로 농간질을 하여 뇌물을 받고 사사로이 놓아 보내는 사람이 많았다. 관원들도 누가 가거나 남거나 묻지도 않으니 위급한 일을 당하면 다 쓸 수 없었다. 군정의 해이함이 이러한 지경에 이르렀다.

**대신들이 왕세자(광해군)를 세워 민심을 수습하자고 청하니,
임금께서는 이것을 따랐다.**

동지사 이덕형李德馨을 일본군에 사자使者로 파견했다.

우리나라 군사가 상주 싸움에서 패했을 때 이일의 군중에 왜학통사 경응순景應舜이라는 자가 있었는데 적에게 사로잡혔다. 일본 장수 고니시 유키나가는 도요토미 히데요시의 편지와 예조에 보내는 공문 한 통을 경응순에게 주어 내보냈다. 또 말하기를 "동래에 있을 때 울산군수를 사로잡아서 편지를 전했으나 지금에 이르기까지 회답을 받지 못했다(울산군수는 이언함李彦諴인데, 그는 적의 진중으로부터 돌아왔으나 죄를 받을까 두려워했다. "스스로 도망하여 왔다"고 말하고 그 서류를 숨기고 전달하지 않았다. 그러므로 조정에서는 그 사실을 알지 못했다). 조선이 만약 강화講和하려는 뜻이 있으면 이덕형으로 하여금 오는 28일에 우리와 충주에서 만

나게 하는 것이 좋겠다"라고 했다. 일찍이 이덕형은 선위사로 일본의 사신을 접대한 일이 있었기 때문에 고니시 유키나가가 만나보려고 한 것이다. 경응순이 한성에 이르렀을 때, 이때 사세가 급해서 아무런 계책도 나지 않으므로, 혹은 이것으로 인해 싸움을 늦출 수 있을까 생각했다. 이덕형도 역시 스스로 가기를 청하니, 예조에서는 답서를 마련해서 경응순을 데리고 갔다. 이덕형은 중도에서 충주가 이미 함락되었다는 말을 듣고, 먼저 경응순에게 실정을 탐지하게 했는데, 경응순은 가토 기요마사[加藤淸正]에게 살해되었다. 이덕형은 중도에서 돌아왔는데, 평양에서 임금께 이 사실을 알렸다.

형혹이 남두를 범했다.

경기, 황해, 강원, 황해, 평안, 함경 등 각도의 병을 징집하여 한성을 구원하게 했다.

이조판서 이원익李元翼을 평안도도찰사에, 지사 최흥원崔興源을 황해도도순찰사에 임명하여 그날로 모두 보냈는데, 임금의 서순이 논의되고 있던 시기였기 때문이었다. 이원익은 일찍이 안주목사가 되고, 최흥원은 황해감사가 되었는데, 여러 가지 선정을 베풀어 민심의 환영을 받았기 때문에 우선 먼저 그들을 가게 했다. 군민을 잘 어루만지고 타일러 순행에 대비하게 한 것이다.

제4장

충주의 패전과 파천 논의

적병이 충주에 침입했다.

신립은 적을 맞아 싸우다가 패하여 죽고, 여러 군사들이 크게 무너졌다. 신립이 충주에 이르니, 충청도 군현 병사들이 와서 모인 사람이 8천여 명이나 되었다. 신립은 조령을 지키려고 했는데, 이일이 패했다는 말을 듣고 낙담하여 충주로 돌아왔다. 또 이일, 변기 등을 불러 충주로 돌아오게 했다. 험한 곳을 버려두고 지키지 않고, 호령이 번잡하므로 보는 사람이 반드시 패할 것을 알았다.

그와 친한 군관은 일본군이 막 조령을 넘었다는 것을 몰래 알려주었다. 4월 27일 저녁이었다. 신립이 갑자기 성밖으로 나가니 군중은 소란해졌다. 군사들은 신립이 있는 곳을 알지 못했다. 신립은 밤이 깊어서야 몰래 객사로 돌아왔다.

다음날 아침 신립은 "군관이 거짓말을 했다"고 끌어내어 목을 베었다. 그는 임금께 오히려 "일본군이 아직 상주를 떠나지 않았습니다"라고 했는데, 일본군이 이미 10리 내에 있다는 것을 알지 못했다.

신립은 군사를 이끌고 탄금대 앞의 두 강물 사이에 진을 쳤다. 그곳은 좌우에 논이 있고 수초가 무성하여 말을 달리기가 불편했다. 조금 뒤 일본군이 단월역으로부터 길을 나누어 진격해왔다. 그 기세는 비바람이 몰아치는 것과 같았다. 한 부대는 산을 따라 동쪽으로 나오고, 또 한 부대는 강을 따라 내려오는데, 포성으로 땅을 흔들고 흙먼지를 하늘에 닿을 정도로 날리면서 전진해왔다.

신립은 어찌해야 할 바를 알지 못하다가 말을 달려 몸소 적진으로 돌격하려고 시도한 것이 두 차례였으나 들어갈 수가 없었다. 그는 돌아와 강으로 뛰어들어 물에 빠져 죽었다. 여러 군사들도 다 강으로 뛰어들어 그 시체가 강물을 덮은 채 떠내려갔다. 김여물도 난전 중에 죽었다. 이일은 동쪽 산골짜기 사이로 도망쳐버렸다.

이보다 먼저 조정에서는 일본군이 강성하다는 소식을 듣고 이일이 홀로 버티는 것이 어려울 것이라고 걱정했다. 이때 신립은 명장으로 군사들이 두려워하여 잘 복종할 것이라 여겨서 많은 병사를 거느리고 이일의 뒤를 따라가게 했다. 두 장수에게 힘을 합하여 일본군을 막고자 한 계책은 잘못된 것은 아니었다.

불행히 경상도 수륙 장수들은 모두 겁쟁이이었다. 해상에 있어서 경상좌수사 박홍은 한 사람의 군사도 내보내지 않았다. 경상우수사 원균元均은 비록 수로가 조금 멀었다고 하더라도 거느리고 있던 전선도 많았고, 적병이 하루에 침입한 것도 아니었음에도 출정하지 않았다. 전 군을 거느리고 전진하여 군사의 위세를 보였더라면 상대하여 운좋게 한 번만이라도 이겼더라면, 일본군은 마땅히 뒤를 걱정하여 빠르고 깊게 쳐들어오지는 못했을 것이다. 우리 군사들은 적이 오는 것만 봐도 멀리 피하여 한 번도 일본군과 싸워보지도 못했다.

　적병이 상륙하자, 경상도 좌,우병사였던 이각과 조대곤은 도망가거나 교체되기도 했다. 일본군은 북을 울리면서 횡행하여 수백 리 사람이 없는 땅을 밤낮으로 북상했다. 한 곳에서도 감히 저항하여 진격하는 일본의 기세를 조금이라도 늦추려는 사람은 없었다. 일본군이 상륙한 지 10일이 안 되어 상주에 이르렀다. 이일은 타 지방의 장수로 군사도 없고, 갑자기 일본군과 싸우느라 그 기세로 일본군과 대적할 수 없었다. 신립이 아직 충주에 이르지 않았으나 신립은 먼저 패퇴하여 진퇴할 곳을 잃어 일을 이렇게 그르치게 되었다.

　아아 원통하다. 후에 들으니 일본군이 상주에서 나와서 험한 곳을 지나갈 때는 몹시 두려워했다. 문경현 남쪽 10여 리에 있는 옛 성인 고모성姑母城성은 좌, 우도의 경계가 되는 곳으로 양쪽 산골짜기를 묶어놓은 듯 했다. 그 가운데 큰 내가 흐르고 길이 그 아래로 나 있었다. 일본군은 이곳을 우리 군사가 지키고 있을까 염려하여 사람을 시켜 두세 번 살펴본 후에 지키는 군사가 없다는 것을 알고 노래를 부르고 춤을 추면서 지나갔다고 한다. 그 뒤에 명나라 장수 제독 이여송李如松이 일본군을 추격하여 조령을 지날 때 "이와 같이 험한 요새지가 있는데도 지키지 못했으니 신 총병은 계책이 없는 사람이구나"라고 탄식하며 말했다.

신립은 비록 날쌔어서 이름을 얻었지만 전략을 세우는 것은 그의 장점이 아니었다. 옛 사람이 말하기를 "장수가 군사를 쓸 줄 모르면 그 나라를 적에게 주게 되는 것이다"라고 했는데, 지금 후회한 다고 하더라도 소용은 없으나 뒷날의 경계가 되는 것이므로 자세히 적어 두는 것이다.

4월 30일 새벽에 임금의 행차가 서쪽으로 피난을 떠났다.

신립이 도성을 떠난 뒤로 사람들은 날마다 승리했다는 보고를 기다렸다. 전날 저녁 전립氈笠을 쓴 세 사람이 말을 달려 숭인문으로 들어왔다. 성안 사람들은 다투어 신립 군대에 대한 소식을 물었다. 그러나 대답하기를 "우리들은 순변사의 군관의 노복이오. 어제 순변사가 충주에서 패하여 죽고, 여러 사람들이 크게 무너졌습니다. 우리들은 겨우 몸만 빠져오나와 집안 사람들에게 알려 피난시키려고 합니다"라고 했다. 이 말을 듣는 사람은 크게 놀라서 지나는 곳마다 서로 전하여 얼마 안 되어 도성 안이 크게 동요했다.

초저녁에 임금께서 재상들을 불러 성을 나가는 문제를 논의하셨다. 임금은 동상東廂으로 나와 마루바닥에 앉으시어 촛불을 밝혔고, 종실 하원군河原君, 하릉군河陵君 등이 모시고 앉았다. 대신들은 "사세가 이 지경에 이르렀으니, 임금께서 잠시 동안 평양에 가 계시고 명나라에 구원을 청하여 수복을 도모하소서" 했다. 장령 권협權恢이 임금 뵙기를 청하여 무릎 아래까지 다가가서 "도성을 굳게 지키소서"라고 큰 소리로 요청했다. 말이 매우 시끄러우므로 내가 말하기를 "비록 위급하고 어려울 때일지라도 군신 간의 예가 이와 같아서는 안 됩니다. 뒤로 물러서서 아뢰는 것이 좋겠소"라고 했다. 권협은 "좌상(유성룡)께서도 이런 말씀을 하십니까? 그렇다면 도성을 버려야 한다는 말씀입니까?"라고 했다.

나는 "권협의 말은 매우 충성스럽지만, 다만 사세가 그렇게 하지 않을 수 없겠습니다"라고 임금께 아뢰었다. 이내 왕자를 여러 도에 나누어 보내서 근왕병을 모집하도록 하고, 세자는 임금의 행차를 따라가도록 하기로 의논이 정해졌다.

대신들이 합문 밖에 나와 기다리고 있다가 임금의 어명을 받았다. 임해군臨海君은 함경도로 가기로 하여 영부사 김귀영과 칠계군 윤탁연尹卓然이 모시고 따르게 했다. 순화군順和君은 강원도로 가기로 하여 장계군 황정욱黃廷彧과 호군 황혁黃赫, 동지 이기李墍가 수행하게 되었다. 황혁은 딸이 순화군의 부인이고 이기는 원주 사람이어서 함께 보내게 된 것이다.

이때 우의정 이양원은 유도대장이 되고, 영의정과 재신 수십 명은 호종으로 뽑혀 임금을 모시고 가기로 결정되었다. 나에게는 명하는 것이 없었다. 승정원에서 "호종에 유성룡이 없어서는 안 됩니다"라고 했다. 이때 내의 조영선과 승정원의 이속 신덕린 등 10여 명이 큰 소리로 "도성을 버려서는 안 됩니다" 했다. 이일의 보고가 도착했다. 궁중의 위사衛士가 다 흩어져서 경루更漏조차 울리지 못했다. 이때 선전관청에서 횃불을 얻어가지고 이일의 장계를 읽었다. '일본군이 오늘 내일 사이에 도성으로 들어갈 것 같습니다'라고 씌어 있었다.

이일의 장계가 들어간 지 한참 있다가 대가가 대궐문 밖으로 나왔다. 삼청의 금군들은 모두 달아나 숨어버려서 사람들은 어둠 속에서 서로 부딪쳤다. 때마침 우림위 지귀수池貴壽가 앞으로 지나갔는데, 내가 그를 알아보고 책망하며 호종하게 했다. 지귀수가 말하기를 "감히 힘을 다하여 모시지 않겠습니까" 하고 두 사람을 불러가지고 왔다.

경복궁 앞을 지나는데 시가 양변에서 통곡하는 소리가 들렸다. 승문원의 서원 이수겸李守謙이 나와 말고삐를 잡고 묻기를 "승문원 안의 문서를 어떻게 해야 합니까?" 나는 긴요한 것만 수습하여 가지고 따라오라고 했다. 이수겸은 울면서 떠났다. 돈의문을 나와 사현沙峴에 도착하니 동쪽 하늘이 차츰 밝아졌다. 고개를 돌려 성중을 바라보니 남대문 안의 창고에서 불이 일어나 연기가 하늘에 치솟았다. 사현을 넘어서 석교에 도착했을 때 비가 내렸다.

경기감사 권징權徵이 쫓아와 호종했다. 벽제역碧蹄驛에 이르러 비가 더욱 심해져 일행이 모두 비에 젖었다. 임금께서 역으로 들어가셨다가 곧 다시 떠나셨는데, 여기에서 여러 관원들이 도성으로 돌아가는 사람이 많았으며, 시종 대간들도 왕왕 뒤떨어져 다시 오지 않는 사람도 있었다. 어가가 혜음령惠陰嶺을 지날 때 비가 마치 쏟아붓듯이 내렸는데, 궁인들은 작은 말을 타고서 얼굴을 물건으로 가리고 통곡하면서 따라갔다. 마산역을 지날 때 한 사람이 밭 가운데 서서 바라보고 통곡하면서 말하기를 "국가가 우리를 버리면 우리들은 무엇을 믿고 살아간단 말입니까?" 했다. 임진강에 도착하자 비가 그쳤다. 임금께서 배에 오르신 뒤 영의정 이산해와 나(유성룡)를 부르시므로 들어가 뵈었다. 강을 건너니 날이 이미 저물고 물체를 분간할 수 없었다. 임진강 남쪽 기슭에 옛날 승청이 있었는데, 일본군이 이 승청丞廳을 헐어 뗏목을 만들어 건널까 걱정되어 태워버리도록 명령했다. 불을 밝히니 불빛이 강의 북쪽까지 환하게 비추어 건널 수 있었다.

초경에 동파역東坡驛에 도착했다. 파주목사 허진許晉과 장단부사 구효연具孝淵이 지대차사원으로 동파역에 와서 임금께 올릴 음식을 마련했다. 임금을 호위하는 사람들이 하루종일 굶주렸었는데, 주방으로 난입하여 음식을 닥치는 대로 먹으니 임금께 올릴 음식이 없어져버렸다. 허진과 구효연은 두려워 도망쳐버렸다.

제5장
선조의 몽진과 구원군의 요청

5월 1일 아침 임금이 대신들을 만나보고 남방 순찰사 중 근왕할
만한 사람이 없는가를 물으셨다.

날이 저물어 임금의 어가는 개성을 향하여 출발하려고 했으나
경기 아전과 군사들이 도망하여 호위할 사람이 없었다. 마침 황해
감사 조인득趙仁得이 황해도의 군사를 거느리고 도우려 했는데, 서
흥부사 남의南巍가 먼저 도착했다. 그의 군사는 수백 명이고 말은
50~60필이었다. 이로써 비로소 출발할 수 있었다. 개성으로 출발
하려 할 때 사약司鑰 최언준崔彦浚이 나와서 말하기를 "궁중 사람들
이 어제도 먹지 못하고 지금도 밥을 먹지 못하였으니, 좁쌀로 요기
를 한 후 떠나게 해주십시오"라고 하여 서흥부사 남의의 군사들이
가지고 있는 쌀과 좁쌀 두서 말을 구해가지고 왔다.

정오에 초현참招賢站에 도착하니, 황해감사 조인득이 임금을 찾아뵈러 와서 길 가운데 장막을 설치하고 영접했다. 모든 관료들이 비로소 밥을 얻어먹을 수 있었다. 저녁에 개성부에 도착했다. 임금께서 개성부 남문 밖 관청으로 나오셨을 무렵, 대간은 영의정 이산해가 측근들과 결탁하여 나라를 그르쳤다는 등의 죄를 들어 탄핵하는 글을 여러 차례 올렸다. 그러나 임금은 이를 윤허하지 않으셨다.

5월 2일 대간들의 거듭된 요청으로 영의정 이산해가 파직되었다.

내가 승진하여 영의정이 되었다. 최흥원을 좌의정으로 윤두수尹斗壽를 우의정으로 임명했다. 함경북도 병사 신할申硈이 교체되어 왔다. 이날 낮에 임금께서 남성문루로 나오셔서 백성들을 위로하고 타이르시며 각자 마음속에 있는 생각을 말하게 하셨다. 한 사람이 앞으로 나와 엎드렸다. 임금께서 "무슨 일이냐"라고 물으시니, 그는 "원컨대 정 정승을 부르시옵소서"라고 했다. 이때 정철鄭澈은 강계에 귀양가 있었기 때문에 이렇게 말한 것이었다. 임금께서는 "알았다"고 하시고 즉시 정철에게 행재소로 오도록 하라고 명을 내리셨다. 임금께서는 저녁에 궁으로 돌아오셨다. 나는 죄로 파직되었다. 유홍俞泓이 우의정이 되었고, 최흥원과 윤두수는 차례로 승진되어 영의정과 좌의정이 되었다. 일본군이 아직 도성에 오지 않았다는 소식을 듣자, 여러 사람의 의논은 도성을 떠난 것이 실책이었다고 비판했다. 승지 신잡申礫에게 한양으로 돌아가 형세를 살피도록 했다.

5월 3일 일본군이 한양에 침입하니 유도대장 이양원과 도원수 김명원이 모두 달아났다.

처음에 일본군은 동래에서부터 세 길로 나누어 올라왔다. 한 부대는 양산, 밀양, 청도, 대구, 인동, 선산을 거쳐 상주에 들어와서 이일을 꺾고, 다른 부대는 경상좌도의 장기, 기장을 거쳐 경상좌병영, 울산, 경주, 영천, 신령, 의흥, 군위, 비안을 함락시킨 다음 용궁의 하풍진을 건너 문경으로 나와서 중로에서 모든 군사가 합세하여 조령을 넘어 충주로 들어왔다.

충주에서 일본군의 한 부대는 여주를 거쳐 강을 건너 양근을 경유하여 용진을 거쳐 한성의 동쪽으로 들어왔다. 다른 부대는 죽산, 용인을 거쳐 한강의 남쪽에 도착했다. 또 다른 부대는 김해를 거쳐 성주, 무계현으로부터 강을 건너, 지례, 금산을 거쳐 충청도 영동으로 나와 청주를 함락시키고 경기로 향했다.

일본군의 깃발과 창검이 천 리에 뻗쳐 있고 총소리가 울려 퍼졌다. 일본군은 통과하는 곳마다 10리 또는 50, 60리마다 험한 요지에 영책을 설치해서 군사를 주둔시켜 지키게 하고, 밤이면 횃불을 들어 서로 호응하도록 했다.

제천정濟川亭에 있던 도원수 김명원은 일본군이 진격해오는 것을 보고 감히 싸우지도 못하고, 군기와 화포를 강물 속에 집어넣은 뒤 옷을 갈아입고 도망쳐버렸다. 이때 종사관 심우정沈友正이 말렸으나 그는 듣지 않았다. 이양원은 성안에 있다가 한강을 지키는 군사가 이미 흩어졌다는 말을 들었다. 도성을 지킬 수 없다는 것을 알고 그 역시 성을 버리고 나와 양주로 달아났다.

강원도 조방장 원호元豪는 처음에 군사 수백 명을 거느리고 여주 북쪽 언덕을 지켜 며칠 동안 일본군이 감히 건너오지 못하게 했다. 그때 강원도 순찰사 유영길柳永吉이 원호에게 격문을 보내 강원도로 돌아오게 했다. 일본군이 민가와 관사를 헐어서 그 재목으로 긴 뗏목을 만들어 타고 강을 건넜다. 강 가운데에서 물에 떠내려가 죽는 사람도 매우 많았다. 그러나 원호가 이미 가버린 뒤에는 강 언덕을 지키는 군사가 한 사람도 없었으므로 일본군은 여러 날에 걸쳐 모두 건너왔다.

이에 세 길의 일본군이 모두 한성으로 들어왔으나 성안의 백성들은 먼저 흩어져버려서 한 사람도 남아 있지 않았다. 이미 한강을 빼앗긴 김명원은 행재소로 가기 위해 임진강에 도착했다. 그가 글을 올려 상황을 보고하니, 임금께서는 "경기도와 황해도의 군사를 다시 징집하여 임진강을 지키라"고 명령했다. 또 "신할과 함께 임진강을 지켜서 일본군이 서쪽으로 내려오는 길을 막도록 하라"고 명령하셨다. 이날 임금께서는 개성을 출발하여 금교역金郊驛에 행차하셨다. 나는 비록 파직 당하였지만 감히 임금과 떨어질 수가 없어서 모시고 갔다.

5월 4일 임금께서 홍의, 금암, 평산부를 거쳐 보산역에 행차하셨다.

처음에 피난 행렬이 개성을 떠날 때 급히 서두르는 바람에 종묘와 신주를 목청전穆淸殿에 놓고 왔었다. 이때 종실 한 사람은 "신주를 적이 있는 곳에 버려두어서는 안 됩니다" 울부짖으며 말했다. 이에 밤새도록 개성까지 달려가서 신주를 받들고 돌아왔다고 한다.

5월 5일 임금께서는 안성, 용천, 검수역劍水驛을 지나 봉산군에 도착했다. 6일에는 황주에 행차하셨고, 7일에는 중화를 지나 평양으로 돌아가셨다.

삼도순찰사의 군대가 용인에서 궤멸했다.

처음에 전라도순찰사 이광이 전라도의 군사를 거느리고 경성을 구원하려고 했으나, 임금의 어가가 서쪽으로 향해 가고, 경성이 이미 함락되었다는 소식을 듣고 군사를 거두어 전주로 돌아왔는데, 전라도 내의 사람들은 그가 싸우지 않고 돌아온 것을 탓하며 분개하고 불평하는 사람이 많았다. 마음이 불편했던 이광은 다시 군사를 징발해서 충청도 순찰사와 군사를 합쳐 앞으로 나아갔다. 경상도 순찰사 김수는 스스로 경상도 군관 수십여 명을 거느리고 와서 합치니 군사의 수가 모두 5만이 넘었다.

이 삼도의 군사들이 용인에 이르러 북두문 산 위를 바라보자 일본군의 작은 보루가 보였다. 이를 얕본 이광은 먼저 용사 백광언白光彦, 이시례李時禮 등이 나가서 일본군의 힘을 시험해보았다. 백광언 등은 선봉을 거느리고 산으로 올라가서 적의 보루에서 수십 보쯤 되는 곳에 이르렀다. 그가 말에서 내려 활을 쏘았는데, 일본군은 나오지 않았다. 일본군들은 날이 저문 뒤에 백광언 등이 조금 해이해진 것을 보고 칼을 빼들고 크게 소리 지르면서 뛰어나왔다. 백광언 등이 매우 당황하여 말을 찾아 달아나려고 했으나 달아나지 못하고 모두 적에게 살해되었다. 여러 군사들이 이 말을 듣고 놀라서 두려워했다.

이때 세 순찰사는 모두 문인이어서 병무에 익숙하지 못했으며, 비록 군사의 수효는 많았으나 명령 계통이 통일되지 않았다. 또한 험준한 곳을 차지해 방어물을 설치하지 않았으니 "군사 행동을 봄놀이하듯 하면 어찌 패전하지 않겠는가"라고 했던 옛사람의 말과 같았다.

그 다음날 일본군은 우리 군사들이 속으로 겁내는 것을 알고는 몇 사람이 칼을 휘두르고 용맹을 뽐내면서 달려왔다. 세 도의 군사들이 이 모습을 보고 크게 무너지는데, 산이 무너지는것과 같았다.

길을 메워 사람이 다닐 수가 없었다. 적군은 이때 버린 것들을 가져다 불살라버렸다. 이광은 전라도로 돌아가고, 윤국형은 공주로 돌아갔으며, 김수는 경상우도로 돌아갔다.

부원수 신각申恪이 일본군과 양주에서 싸워 이겨 적의 머리 50여 급을 베었는데, 조정에서 선전관을 보내 군중軍中에서 신각을 베어 죽였다.

신각은 처음에 김명원의 부원수로 임명되었는데 한강 전투에서 패하자, 김명원을 따르지 않고 이양원을 따라 양주로 들어갔다. 이때 함경남도 병사 이혼李渾의 군사가 도착하여 신각은 군사를 합쳐 경성에서 나와 민가를 노략질하는 적군을 만나 싸워 격파했다. 일본군이 우리나라에 들어온 이래 첫 승전이므로 사람들은 모두 뛰면서 좋아했다.

한편 김명원이 임진강에서 임금께 글을 올려 "신각이 제 마음대로 다른 곳으로 떠났으며 호령에 복종하지 않습니다"하니, 우의정 유홍이 급히 베어 죽이기를 청했다. 선전관이 이미 떠난 뒤, 신각이 전투에서 이겼다는 보고가 올라왔다. 조정에서 사람을 뒤쫓아 보내 명령을 중지시키려 했으나 미처 도착하기도 전에 신각은 죽고 말았다.

신각은 비록 무인이나 평소에 청렴하고 조심성이 있는 사람이었다. 일찍이 연안부사가 되었을 때 성을 보수하고 참호를 파며 군기를 많이 준비해두었다. 후에 이정암李廷馣이 연안을 지키고 성을 보존하였으나, 사람들은 이를 신각의 공이라고 생각했다. 그는 아무런 죄도 없이 죽임을 당했고, 또 90세의 노모가 있었으므로 이 소식을 들은 사람들 중 원통하게 여기지 않는 사람이 없었다.

조정에서는 지사 한응인韓應寅을 임진강으로 파견하여 평안도 강변의 정예병 3천 명을 거느리고 달려가서 일본군을 치게 하고, 김명원의 지휘를 받지 말게 했다.

한응인이 명나라의 수도에 갔다가 막 돌아온 때였는데 좌의정 윤두수가 "이 사람은 얼굴에 복을 누릴 기상이 있으니 반드시 일을 잘 처리할 것이다"라고 여럿에게 말했다. 한응인은 마침내 임진강으로 떠났다.

한응인과 김명원의 군사가 임진강에서 무너져 일본군이 강을 건너왔다.

처음에 임진강 북쪽에서 김명원이 여러 군사들에게 강의 여울을 따라 나누어 지키도록 명령했다. 그리고 강 가운데의 배를 거두어 북쪽 언덕에 매어두었다. 일본군이 임진강 남쪽에 진을 쳤으나 배가 없어 강을 건너지 못했다. 다만 유격병을 출동시켜 강을 사이에 두고 서로 싸울 뿐, 10여 일이 지나도록 끝내 강을 건너지 못했다.

하루는 일본군이 강 언덕에 지은 병사兵舍를 불태우고 장막을 무너뜨린 다음 군기를 싣고 도망하면서 우리 군사를 유인했다. 본디 행동이 가볍고 날카로우나 꾀가 없던 신할은 일본군이 실제로 도망간다 생각하고 강을 건너 일본군의 뒤를 쫓으려 했다. 경기감사 권징까지 신할에게 합세하니 김명원이 막지 못했다.

같은 날, 임진강에 도착한 한응인도 모든 군사를 거느리고 일본군을 추격하려 했다. 그의 군사들은 모두 강변에 사는 건아健兒로서 북쪽 오랑캐와 가까워 싸움과 진의 형세를 자세히 알고 있었다. 이들은 한응인에게 "군사들이 먼 곳에서 오느라 피로한 데다가 아직껏 밥도 먹지 못했고, 무기도 정비하지 못했으며 후발대도 다 도착하지 않았습니다. 또 일본군이 물러가는 것이 진실인지 거짓인지 알 수 없사오니, 조금 쉬었다가 내일 일본군의 형세 보아서 나가 싸우기를 원합니다"라고 했다. 한응인은 군사들이 머뭇거린다며 몇 사람을 베어 죽였다. 김명원은 한응인이 조정에서 새로 왔고 또 자기의 지휘를 받지 말도록 했으므로 비록 하는 일이 옳지 않은 줄 알면서도 감히 말하지 못했다.

별장 유극량은 나이기 많고 군에 관한 일에 익숙한지라 경솔히 나아가지 말자고 강하게 얘기하니, 신할이 그의 목을 베려고 했다.

유극량은 "내가 어려서부터 군사가 되었는데 어찌 죽음을 피하려고 하겠습니까? 나랏일을 그르칠까 염려해서 드리는 말씀입니다" 하고 분개하면서 뛰쳐나가 소속된 군사를 거느리고 먼저 강을 건너 갔다. 우리 군사가 험한 곳으로 들어가자, 정병을 산 뒤쪽에 매복시켜 놓은 적이 동시에 일어나니 우리 여러 부대가 모두 패전하여 달아났다. 유극량은 말에서 내려 땅에 앉으면서, "이곳이 내가 죽을 곳이다" 하고 활을 당겨 적군 몇 사람을 쏘아 죽였고, 그 다음으로 신할도 죽었다. 달아난 군사들은 강 언덕까지 왔다가 건너지 못하고 바위 위에서 스스로 몸을 던져 강물에 뛰어드니 바람 속에 어지럽게 떨어지는 나뭇잎과 같았다. 뒤에서 쫓아오던 일본군이 미처 강에 몸을 던지지 못한 군사들을 긴 칼로 내려찍으니, 모두 엎드려 칼을 받을 뿐 감히 저항하는 사람이 없었다. 김명원과 한응인은 강 북쪽에서 이 모습을 바라보고 그만 기운을 잃어버렸다.

상산군 박충간은 군대 내에 있던 말을 타고 먼저 달아났는데, 그를 바라보던 여러 사람들이 김명원인 줄 알고 "도원수 김명원이 달아났다"라고 부르짖으니, 강 여울을 지키는 군사들이 그 소리를 듣고 모두 흩어졌다. 김명원과 한응인은 행재소로 돌아왔으나 조정에서는 그들에게 아무것도 묻지 않았다. 경기감사 권징이 가평군으로 가서 난을 피하니, 일본군은 드디어 승리의 기세를 타고 서쪽으로 달려 내려왔다. 그들을 다시 막아낼 수가 없었다.

일본군이 함경도로 들어오고 두 왕자가 적에게 사로잡혔다.

왕자를 따라갔던 대신 김귀영, 황정욱, 황혁과 함경감사 유영립柳永立과 함경북도 병마절도사 한극함 등이 모두 다 일본군에 포로가 되었다. 함경남도 병마절도사 이혼은 달아나서 갑산으로 들어갔다가 백성들에게 잡혀 죽었다. 함경남북도의 군현이 모두 일본군에게 함몰되었다.

왜학통시 함정호咸廷虎가 한성에 있다가 일본군 장수 가토 기요마사에게 잡혀 함경북도로 들어갔다. 그는 일본군이 물러간 후에 한성으로 도망쳐 돌아와, 나에게 함경북도의 사정을 매우 상세히 말했다.

가토는 일본 장수 중에도 유독 용맹스럽고 싸움을 잘했으며, 고니시와 함께 임진강을 건너서 황해도 안성역에 도착했다. 두 사람은 평안도와 함경도를 나누어 빼앗기로 하고 각자의 길을 의논하였으나 결정하지 못했다. 두 일본 장수는 제비를 뽑아 고니시는 평안도로, 가토는 함경도로 가게 되었다.

가토는 안성에 사는 백성 두 사람을 사로잡아 길잡이로 삼고자 했다. 두 백성이 안성에서 나고 자라서 함경북도의 길을 알지 못한다고 거절했다. 가토는 바로 한 사람을 베어 죽였다. 남은 한 사람은 두려워서 길을 인도하겠다고 나섰다.

일본군은 노리현老里峴을 넘어서 철령 북쪽으로 향했다. 하루에 수백 리를 가는데, 그 기세가 비바람이 몰아치는 것과 같았다. 함경북도 병마절도사 한극함韓克誠이 육진六鎭의 군사를 거느리고 해정창에서 적군과 만났다. 함경북도의 군사들은 말타기와 활쏘기를 잘하는 데다가, 마침 땅이 평탄하고 넓어서 좌우로 번갈아 나와 말을 달리면서 활을 쏘아 대니 적군이 지탱하지 못하고 창고 안으로 쫓겨 들어갔다.

이때 이미 날이 저물어서 군사들은 조금 쉬다가 적들이 나오는 길을 기다려 다시 싸우고자 하였으나, 한극함은 듣지 않고 군사들을 지휘하여 적을 포위했다. 일본군은 창고에서 곡식 섬을 꺼내 줄지어 성을 만들어, 그 속에서 화살과 돌을 피하며 조총을 수없이 쏘았다. 우리 군사들은 빗살처럼 죽 늘어서서 나뭇단처럼 겹쳐 있었으므로 조총은 군사들의 중심을 관통했고, 간혹 총탄 한 알에 서너 명이 쓰러지기도 했다. 마침내 우리 군사는 무너지고 말았다.

한극함은 군사를 거두고 물러나 고개 위에 진을 치고 날이 밝기를 기다려 다시 싸우고자 했다. 한편 일본군이 밤중에 몰래 나와 우리 군사를 둘러싸고 풀 속에 흩어져 매복하고 있었다. 안개가 많이 낀 이튿날 아침, 우리 군사는 일본군이 산 밑에 있는 줄 알았는데 갑자기 한 방의 총소리가 나더니 일본군이 사면에서 큰 소리로 부르짖으면서 뛰어나왔다. 우리 군사는 결국 놀라서 무너졌고, 장수와 군사들이 일본군이 없는 곳을 찾아 도망가다가 모두 진흙 구덩이에 빠졌다. 일본군이 이들을 뒤쫓아 와서 칼로 베어 죽이니 죽은 사람의 숫자를 헤아릴 수가 없었다. 한극함은 경성(함경도)으로 들어갔다가 마침내 일본군에게 사로잡혔다.

두 왕자 임해군과 순화군은 함께 회령부로 갔다. 순화군은 처음에는 강원도에 있다가, 일본군이 강원도에 들어오자 함경북도로 향했다. 이때 일본군이 왕자들을 끝까지 쫓았는데, 회령의 아전 국경인鞠景仁이 무리를 거느리고 배반하여, 미리 왕자와 종신들을 결박해 두고 일본군을 맞이했다. 일본군 장수 가토가 그들의 결박을 풀고 자신의 군대 안에 머물게 한 뒤, 함흥으로 돌아와서 주둔했다.

칠계군 윤탁연은 도중에 병이 났다는 구실로 다른 길로 빠져나와 별해보別害堡로 깊이 들어갔다. 동지 이기는 왕자를 따라가지 않고 강원도에 머물러 있었기 때문에 두 사람 모두 가토에게 사로잡히지 않았다. 유영립은 일본군에게 구금당한 지 며칠이 되자, 그가 문관이라 일본군의 감시가 조금 해이해진 틈을 타 빠져나와 행재소로 도망쳐 돌아왔다.

이일이 평양에 이르렀다.

이일은 이미 충주에서 패전한 후 한강을 건너 강원도 경계境界로 들어가 이리저리 옮겨 다니다 행재소로 왔다. 이때 여러 장수들이 한성에서 남쪽으로 도망치거나 죽어서 임금을 호위할 장수가 한 사람도 없었다. 일본군이 행재소에 온다는 이야기를 듣고 민심이 더욱 동요했다. 비록 싸움을 피해 도망쳐 온 이일이지만, 무장들 중에서도 원래부터 명성이 대단했기 때문에 사람들은 그가 왔다는 말을 듣고 모두 기뻐했다.

　그는 벌써 싸움에 여러 번 패하여 가시덤불 속에 숨어 다녔고, 패랭이를 쓰고 흰 베적삼을 입고 짚신을 신고 왔다. 그의 얼굴이 매우 파리하여 보는 사람이 안타까워했다. 나는 "이곳 사람들이 앞으로 그대에게 의지하여 든든하게 믿고자 하는데, 용모가 이렇게 바싹 말랐으니 어떻게 여러 사람의 마음을 위로할 수 있겠소"라고 말하고, 행장에서 남빛 비단 철릭을 찾아 그에게 주었다.

　그러자 여러 재신들이 말총갓도 주고 은정자와 채색 갓끈도 주었다. 이일이 바로 의복을 갈아입으니, 옷의 장식이 한결 새로워졌다. 다만 신은 벗어주는 사람이 없어서 짚신을 그대로 신어야 했다. 내가 웃으면서 "비단 옷에 짚신은 격이 서로 맞지 않네"라고 말하니, 좌우에 있던 사람들이 모두 웃었다.

　이윽고 벽동에 있던 토병 임욱경任旭景이 일본군이 이미 봉산에 왔다는 사실을 탐지하여 보고했다. 나는 좌의정 윤두수에게 "일본군의 척후는 당연히 이미 강 건너편에 와 있을 것입니다. 여기 영귀루 밑에 두 줄기 강물이 흐르고 있는데, 얕아서 건널 수 있습니다. 만일 일본군이 우리 백성을 잡아 길을 인도하게 하여 몰래 강을 건너서 갑자기 쳐들어온다면 성이 위태로워집니다. 어째서 물이 얕은 강여울을 지키도록 이일을 급히 보내 뜻밖의 변고를 방비하지 않습니까?" 했다. 윤두수도 "그렇게 하는 것이 좋겠습니다"라고 말하니 곧 이일을 파견했다.

　이일은 함구문含毬門에 앉아서 군사의 수만 확인하고 바로 떠나지 않았다. 나는 일이 급한 것이 걱정되어 사람을 보내 살펴보니 그때까지 이일은 아직 문 위에 있었다. 내가 윤두수에게 계속 이일의 출전을 재촉하게 했더니 그제서야 떠났다. 이일이 성 밖에 나갔지만 길을 인도하는 사람이 없었다. 그는 강 서쪽으로 잘못 가다가 밖에서 오는 평양 좌수 김내윤金乃胤을 만났다. 이일은 그에게 길을 묻고 인도하게 해 만경대萬景臺 아래로 달려갔는데, 성에서 겨우 10여 리 떨어진 곳이었다.

강 남쪽 언덕을 바라보니 벌써 주둔하고 있던 일본군이 수백 명이었다. 강 가운데 작은 섬의 백성들이 놀라서 부르짖으며 달아나고 있었다. 이일이 급히 무사 10여 명에게 섬으로 들어가서 활을 쏘도록 시켰으나, 겁이 난 군사들은 바로 진격하지 않았다. 이일이 칼을 빼어 목을 베려고 하자, 그제야 군사들이 앞으로 나갔다. 일본군이 벌써 강 가운데서 언덕으로 가까이 오고 있었다. 우리 군사들이 급히 활을 세게 쏘아 예닐곱 명을 연달아 쓰러뜨리자 일본군이 마침내 물러갔다. 이일은 그곳에서 그대로 머물면서 나루를 지켰다.

요동도사가 일본군의 실정을 탐지하기 위해서 진무 임세록林世祿을 우리나라에 보냈다.

임금께서 대동관에서 임세록을 불러 접견했다. 나는 5월에 관직에서 파면당했다가 6월 1일 복직되어 이날 임금의 명령을 받아 명나라 장수를 접대했다.

이때 요동에서는 일본이 우리나라를 침범했다는 소식을 얼마 전에 들었는데, 도성이 함락되고 임금이 서쪽으로 파천했다는 소문이 들리고, 일본군이 이미 평양까지 이르렀다는 말이 들리자 매우 의심스러워했다. 요동에서는 비록 왜변이 급하더라도 일본군의 진격이 이렇게까지 빠를 수는 없다고 생각했고, 어떤 사람은 우리나라가 일본의 앞잡이가 되었다고 하기도 했다.

임세록이 와서 나는 그와 함께 연광정練光亭에 올라 일본군의 형세를 살펴보았다. 일본군 한 명이 강 동쪽 숲속에서 잠시 나타났다 숨었다 했다. 잠시 뒤 일본 군사 두세 명이 연이어 나와 앉거나 서 있었는데, 그 태도가 마치 길 가다가 잠시 쉬는 것 같이 태연했다.

나는 일본군의 형세를 가리키면서 "일본군의 정찰병입니다"라고 임세록에게 말했다. 기둥에 기대어 바라보던 임세록은 믿을 수 없다는 기색으로 "일본군이 어찌 저렇게 적을 수가 있겠습니까"라고 했다. 그래서 나는 "일본군은 교묘한 수단으로 남을 속입니다. 비록 많은 군사가 뒤에 있더라도 먼저 와서 정탐하는 자는 몇 무리에 지나지 않습니다. 만약 그 적은 수만 보고 그들을 얕잡아 본다면 반드시 적군의 꾀에 빠질 것입니다" 했다. 그러자 임세록도 "그렇습니다"라고 명나라에 회답할 문서를 요구하여 받아가지고 달려갔다.

조정에서는 좌의정 윤두수에게 도원수 김명원과 순찰사 이원익 등을 거느리고 평양을 지키라 명했다.

며칠 전 임금께서 평양을 떠나 피난가신다는 말을 들은 평양성 내의 사람들은 제각기 도망가고 흩어져서 마을이 거의 텅 비게 되었다. 임금께서 세자를 시켜 대동관 문 앞에 나가서 성안의 부로父老들을 모아놓고 평양을 지키겠다고 타이르게 했다. 부로들이 앞으로 나와 "동궁의 명령만 듣고서는 백성들이 믿을 수 없으니, 임금님께서 친히 타이르는 말씀을 반드시 들어야겠습니다"라고 했다. 하는 수 없이 이튿날 임금께서 대동관 문 앞에 나갔다. 그리고 승지를 시켜 어제 세자의 말로 그대로 타이르시니, 부로 수십 명이 절을 한 다음 물러갔다. 마침내 그들은 성을 나가서 각자 산골 속에 숨어 있던 늙은이, 어린이, 남녀, 자제들을 불러 모았다. 이로 인해 성안이 백성들로 가득 찼다.

그런데 대동강 가에 일본군이 나타났다. 재신 노직盧稷 등은 종묘와 사직의 위판位版을 받들고 궁인을 호위하여 먼저 성문을 나갔다. 그러자 성안에 있는 이속과 백성들이 난을 일으켜 칼을 들고 재신들의 길을 가로막았다. 백성들이 재신들을 내려치니 신주가 길바닥에 떨어졌다. 그들은 재신들에게 "너희들은 평소에 나라의 녹만 도적질하다가 이제 나랏일을 그르치고 백성들을 이렇게 속이려 한단 말이냐?"라고 큰 소리를 꾸짖었다.

내가 연광정에서 임금이 계신 곳으로 달려가면서, 길 위에 모인 부녀와 어린 아이들을 살펴보니 모두 화가 나서 머리털을 곤두세우고 "이미 성을 버리고 도망치려고 하면서 왜 우리들을 속여 성 안으로 불러들여 왜적의 손에 어육이 되게 한단 말인가?"라고 외쳤다.

내가 궁궐문에 이르니 거리에 난민이 가득했다. 모두 팔뚝을 걷어붙이고 칼이나 몽둥이를 지닌 채, 사람을 만나는 대로 후려치니 매우 소란스럽고 북적거려서 제지할 수가 없었다. 성문 안 조당朝堂에 있던 여러 재신들도 다 얼굴빛이 하얗게 변하여 뜰 안에 서 있었다.

나는 난민들이 궁문으로 들어올까 걱정되어 문 밖으로 나가 층계 위에 섰다. 그중 나이가 많고 수염이 많은 사람을 보고 손짓하여 불렀다. 그는 바로 달려왔다. 그는 그 지방 관리였다. 나는 "너희들이 힘을 다하여 성을 지키고 임금께서 성 밖으로 나가지 않기를 바라고 있으니 나라를 위하는 충성이 지극하구나. 다만 이 일로 인하여 난을 일으키고 궁성 문까지 가로막고 요란하게 만들었으니 매우 놀라운 일이다. 또 조정에서 임금께 성을 굳게 지킬 것을 요청하여 허락을 받았는데, 너희들은 무슨 일로 이렇게 소란을 떠느냐? 너의 모습을 보니 식견이 있는 사람 같으니 이 뜻을 여러 사람들에게 잘 타일러서 물러가도록 하라. 그렇지 않는다면 너희들은 앞으로 무거운 죄를 짓게 되어 그때는 용서를 받지 못할 것이다"라고 했다.

그러자 그 사람은 곧 몽둥이를 버리고 손을 모아 빌며 "소인은 나라에서 이 성을 버리려 한다는 말을 듣고 분개한 마음을 참지 못해 이렇게 망령된 짓을 한 것입니다. 지금 말씀을 들으니 소인은 비록 미련하고 어리석으나 가슴이 다 후련해집니다"라고 말했다. 그가 손을 휘두르자 그 무리가 흩어졌다.

이보다 앞서 조정의 신하들은 일본군이 곧 평양 가까이 접근해 온다는 말을 듣고 성을 나가 피할 것을 요청했다. 사헌부와 사간원, 홍문관은 날마다 대궐문 앞에 엎드려 성을 나갈 것을 청했다. 인성부원군 정철은 더욱 출성하기를 주장했다. 나는 "지금의 상황은 앞서 한성에 있던 지난번과는 다릅니다. 한성에서는 군대와 백성들이 함께 무너져버려서 지키려고 해도 지킬 수가 없었습니다. 그런데 평양성은 앞이 강으로 가로막혔고 백성들의 마음이 매우 굳건합니다. 또 중원지방이 가까워 며칠만 굳게 지킨다면 명나라 군사가 반드시 와서 구원할 것이니, 그에 힘입어 일본군을 물리칠 수 있습니다. 성을 지키지 못하면 여기서부터 의주에 이르기까지 다시 의지할 만한 성이 없습니다. 반드시 나라가 망하는 상황에 이르게 될 것입니다"라고 말했다. 좌의정 윤두수도 내 의견에 동의했다.

나는 또 정철에게 "평상시에 나는 늘 당신이 나라를 위하는 일이라면 강개해서 어려운 일이든 쉬운 일이든 피하지 않는다고 생각했는데, 오늘의 논의가 이와 같을 줄은 생각하지 못했습니다" 했다. 좌의정 윤두수가 송나라 충신 문천상文天祥의 시詩인 '내가 칼을 빌려 가지고 아첨하는 신하를 베어버린다면'을 읊으니, 정철은 매우 화를 내고 옷소매를 뿌리치며 자리에서 일어났다. 평양 사람들도 내가 성을 지키자는 의견을 주장했다는 말을 들었기 때문에 이날 순종하면서 물러간 것이다. 저녁에 평안감사 송언신宋彦愼을 불러 난민을 진정시키지 못한 것을 문책했다. 그는 앞장을 선 세 사람을 묶어서 대동문 안에서 목 베어 죽였다. 그 나머지 무리들은 모두 흩어져버렸다.

이때 임금께서는 평양성을 나가기로 결정하였으나 갈 곳을 알지 못했다. 조정의 대신들은 대부분 함경북도는 궁벽하고 길이 험하여 난리를 피할 만하다고 했다. 이때 일본군은 벌써 함경도를 침입하여 길이 막혔고, 또 변고를 보고하는 사람도 없었으므로 조정에서는 알지 못했다.

동지 이희득李希得이 전에 영흥부사로 정사를 잘 베풀어 민심을 얻었다고 하여 그를 함경도 순검사로 임명하고, 병조좌랑 김의원金義元을 종사관으로 삼아 함경북도로 가게 했다. 중전 및 궁빈 이하의 사람들을 먼저 성 밖으로 내보내 북으로 향하게 했다.

나는 "임금께서 서쪽으로 피난하신 것은 본래 명나라 군사의 구원을 받아 부흥을 도모하려고 했기 때문입니다. 지금 명나라에 구원병을 요청했는데, 함경북도로 깊숙이 들어가 일본군이 중간에서 가로 막아 명나라의 소식이 통할 길이 없을 텐데, 하물며 나라의 회복을 바라겠습니까? 또 일본군이 여러 도로 흩어져 나갔는데 어찌 함경북도에는 일본군이 없겠습니까? 만약 불행하게도 그곳으로 들어갔다가 일본군이 쫓아 온다면 달리 갈 곳도 없어 북쪽 오랑캐로 가는 길밖에 없는데 어느 곳에 의지하겠습니까? 위태롭고 급박함이 역시 심하지 않겠습니까? 지금 조정의 대신들 가족들이 북도에 피난하고 있기 때문에 각각 사사로운 계교를 생각하여 다 북도로 가자고 하는 것입니다. 신에게도 늙은 어머니가 있는데 역시 동쪽 방면으로 피난을 나왔다고 들었습니다. 지금 어머니가 계신 곳을 알지 못하나 반드시 강원도나 함경도 사이로 흘러들어 갔을 것입니다. 신도 역시 사사로운 생각으로 말하면 어찌 북쪽을 향할 마음이 없겠습니까? 다만 국가를 위한 계교가 남들과 신의 뜻이 같지 않기 때문에 간곡히 말씀드리는 것입니다" 하고 눈물을 흘리며 말했다. 임금께서는 측은하게 여기시며 "경의 어머니는 어떻게 지내는지 나의 탓이구나"라고 말씀하셨다. 내가 물러나온 후 지사 한준韓準이 또 홀로 임금께 뵙기를 요청하고 북도로 가는 것이 옳다고 말했다. 중전께서 드디어 함경도를 향해 떠났다.

이때 일본군이 대동강에 도착한 지가 3일이나 되었다. 우리들은 연광정에서 있으면서 건너편을 바라보니 일본군 한 명이 나무 끝에 작은 종이를 매달아 강가의 모래 위에 꽂아놓고 갔다. 화포장火砲匠 김생려金生麗에게 작은 배를 타고 가서 이것을 가져오게 했다. 일본군은 무기를 갖고 있지 않은 채 김생려와 손을 잡고 등을 두드리며 친하게 대하면서 서신을 들려 보냈다.

좌의정 윤두수는 일본군이 보낸 서신을 열어보려고 하지 않았다. 나는 "열어보는 것이 무엇이 해롭겠습니까?" 하고 열어보았다. 그 서면에 "조선국 예조판서 이공 각하에게 올립니다."라고 씌여 있었는데, 이 서신은 야나가와 시게노부와 겐소가 이덕형에게 보낸 것으로, 이덕형과 강화를 의논하고자 한 것이었다.

이덕형은 작은 배를 타고 강 가운데서 야나가와와 겐소를 만났다. 서로 위로하고 안부를 묻는 것이 평일과 같았다. 이때 겐소는 "일본이 길을 빌려 중국에 조공을 하고자 하는데, 조선이 이를 허락하지 않았기 때문에 일이 이 지경에 이른 것입니다. 지금도 역시 한 가닥의 길을 빌려주어, 일본이 중국에 통할 수 있게 해준다면 아무 일도 없을 것입니다"라고 했다. 이덕형은 전일의 약속을 어긴 것을 책망하고, 군사를 물러가게 한 다음 강화를 논의하자고 말했다.

그러나 야나가와의 말이 공손하지 않으므로 각기 회담을 파하고 헤어지고 말았다. 이때 저녁 일본군 수천 명이 몰려와 대동당 동쪽 위에 진을 쳤다.

6월 11일 임금께서 평양성을 떠나 영변으로 향했다.

대신 최흥원, 유홍, 정철 등이 임금을 호종하고, 좌의정 윤두수, 도원수 김명원, 순찰사 이원익은 평양성에 머물렀다. 나도 명나라 장수를 접대하기 위해 평양성에 함께 머물렀다. 이날 일본군이 평양성을 공격했다. 좌의장, 도원수, 순찰사, 나는 연광정에 있었고, 평안감사 송언신은 대동성 문루를 지키고, 평안도 병마절도사 이윤덕李潤德은 부벽루浮碧樓 위쪽의 강여울을 지키고, 자산군수 윤유후 등은 장경문을 지켰다. 성안의 군사와 민부는 합하여 3~4천 명인데, 이 인원으로 성첩을 나누어 배치했다. 부대편성이 명확하지 않았기 때문에 성 위에 있는 사람들이 혹은 드문드문 혹은 빽빽하며 혹은 사람 위에 사람이 서서 어깨와 등이 서로 부딪쳤다. 혹은 연달아 몇 살받이 터에는 한 사람도 없기도 했다. 그리고 옷가지를 을밀대乙密臺 근처의 소나무 사이에 걸어놓고 이를 의병疑兵이라고 말했다.

대동강을 건너 일본군을 바라보니 역시 그렇게 많지는 않았다. 동대원東大院 언덕 위에 한 줄로 진을 치고 붉고 흰 깃발을 벌여 세웠다. 마치 우리나라의 만장挽章 모양과 같았다. 일본군은 10명의 기병을 내어 양각도羊角島로 향하여 강물 속으로 들어가니 물이 말의 배에 잠겼다. 그들은 모두 말고삐를 잡고 벌려 서서 곧 강을 건너오려고 했다. 나머지 일본군도 강 위를 왕래하는 자들은 한 두명 서너 명씩 짝을 지어 큰 칼을 메었는데 햇빛이 칼날에 비치자 번개처럼 번쩍였다. 어떤 사람은 이것은 진짜 칼이 아니고 나무로 만든 칼에 백랍白鑞을 칠하여 남의 눈을 어질어질하게 하는 것이라 하였으나, 멀어서 잘 분별할 수가 없었다.

그리고 6~7명의 일본군이 조총을 가지고 강변에 이르러 평양성을 향해 쏘니, 그 소리가 매우 크고 탄환이 강을 지나 성안으로 들어왔다. 멀리 날아온 총탄은 대동관으로 들어오고 기와 위에 쏟아졌으며, 거의 1천 보 거리까지 날아왔다. 혹 성루 기둥에 맞은 것은 깊이가 몇 치쯤 들어박혔다. 그중 붉은 옷을 입은 일본군 하나가 연광정 위에 여러 대신들이 모여 앉아 있는 것을 보고, 장수인 줄 알고 조총을 겨누면서 차츰차츰 나와 모래벌판까지 이르러 탄환을 쏘아 정자 위에 있는 두 사람을 맞혔다. 그러나 거리가 먼 까닭으로 중상은 아니었다.

나는 군관 강사익에게 방패 안에서 편전片箭을 쏘게 했다. 화살이 모래벌판 위에까지 나가자, 일본군들은 이리저리 피하면서 물러갔다. 이를 본 도원수 김명원은 활 잘 쏘는 사람을 뽑아서 배를 타고 강 중류에 나가 일본군을 쏘았다. 배가 점점 동쪽 언덕에 가까워지자 일본군도 물러나 피했다. 우리 군사는 배 위에서 현자총玄字銃을 쏘고 화전火箭이 서까래같이 뻗어 강을 지나가 떨어졌다. 일본군의 무리들은 이를 바라보고 비명을 크게 지르면서 흩어졌다. 일본군은 화전이 떨어진 곳으로 달려와 이를 구경했다.

이날 즉시 병선을 정비하지 않았다고 해서 공방리工房吏 한 사람을 베어 죽였다. 이때 오랫동안 비가 오지 않아서 강물이 날마다 줄어들었다. 일찍이 재신을 나누어 보내 단군, 기자, 동명왕묘에서 비를 오게 해달라고 빌었다. 그래도 비는 오지 않았다. 나는 윤두수에게 "이곳은 강물이 깊고 배도 없어서 일본군들이 건널 수 없으나, 상류에는 얕은 여울이 많으니 머지 않아서 일본군들이 반드시 여기로 건너올 것입니다. 그렇게 된다면 성을 지킬 수 없으니, 어찌 엄중히 방비하지 않습니까?"라고 하니, 성품이 느린 김명원이 말하기를 "이윤덕에게 명령하여 지키게 했습니다"라고 했다. 나는 "이윤덕 같은 사람을 어떻게 의지하다는 말입니까" 하고 순찰사 이원익을 가리키면서 말하기를, "공들이 한자리에 모여 앉아 있는 것이 마치 잔치 모임과 같아서 일하는 데는 아무런 도움이 없으니, 당신이

나가서 강 여울을 지키면 안 되겠는지요?" 했다. 이원익은 "저에게 가라고 명령하신다면 어찌 힘을 다하지 않겠습니까"라고 말했다. 그러자 윤두수가 이원익에게 "그대가 가는 것이 좋을 것 같습니다" 하니 이원익이 일어나서 나갔다.

나는 그때 임금의 명령을 받아 다만 명나라 장수만 접대하고 군사 일에는 참여하지 않았다. 가만히 생각하니 반드시 패망할 것만 같아서, 빨리 명나라 장수를 중도에서 맞아서 속히 와서 구원하여 도움이 되게 하는 것만 같지는 못하겠다고 여겼다. 그래서 날이 저물 때 드디어 종사관 홍종록洪宗祿, 신경진辛慶晉과 함께 성을 떠나 밤이 깊어서야 순안에 도착했다. 도중에 회양淮陽에서 돌아오는 이양원의 종사관인 김정목金廷睦을 만나 적병이 철령에 이르렀다는 말을 들었다. 그 다음날 숙천을 지나 안주에 도착했다. 요동진무 임세록이 다시 왔는데, 그 자문咨文을 받아서 행재소로 보냈다.

그 다음날 임금께서 이미 영변으로 떠나 박천에 행차했다는 말을 들었다. 나는 박천으로 달려갔다. 임금께서는 동헌에 나오시어 나를 불러 보시고 "평양성을 지킬 수 있겠는가?" 하고 물으셨다. 나는 "사람들의 마음이 매우 굳건하여 지킬 것 같습니다. 다만 구원병을 빨리 보내지 않으면 안 되겠습니다. 신은 명나라 군사를 맞아 속히 달려 구원하기를 청하려 합니다. 지금까지 구원병이 오는 것이 보이지 않으므로 이를 안타깝게 생각하고 있습니다" 하니, 임금께서는 손수 윤두수의 장계를 가져다가 나에게 보이면서 말하기를 "어제 이미 늙은이와 어린이들을 성 밖으로 나가게 했다고 하니 어떻게 지킬 수 있겠는가?" 하셨다. 나는 "실제로 임금께서 생각하시는 것과 같습니다. 신이 그곳에 있을 때에는 아직 이런 일을 당하지는 않았습니다. 그곳의 형세를 보면 일본군들이 얕은 여울로 건너왔을 것이니, 마땅히 마름쇠를 물 속에 많이 늘어 놓아 이를 방비해야 합니다"라고 하니, 임금께서 이 고을에 마름쇠가 얼마나 있는가를 물었다. 곧 알아 보니 수천 개가 있었으므로 그대로 보고했더니, 임금께서 "급히 사람을 모아 이것을 평양으로 보내라"고 했다.

내가 "평양 서쪽의 강서, 용강, 증산, 함종 등 여러 고을에는 창고에 곡식도 많고 백성들도 많은데, 일본군이 가까이 온다는 말을 들으면 백성들이 반드시 놀라고 흩어질 것입니다. 급히 시종 한 사람을 보내어 이들을 타이르게 하시고, 또 군사를 수습하여 평양을 구원하도록 하는 것이 좋을 것 같습니다"라고 했다. 임금께서는 "누가 갈 만한가" 하고 물었다. 나는 "병조정랑 이유징이 계략이 있으니 그를 보내는 것이 좋겠습니다"라고 했다. 또 "신은 사세가 급박하여 지체할 수 없습니다. 마땅히 밤새도록 달려가서 명나라 장수를 맞아서 구원군이 올 때를 의논하겠습니다" 하고 하직하고 물러나왔다. 나는 이유징李幼澄에게 임금께 드린 말씀을 전했다. 이유징은 감짝 놀라서 "그곳은 곧 적의 소굴인데 어떻게 간다는 말씀입니까" 했다. 나는 "국록을 먹고 있으면 난리를 피하지 않는 것이 신하의 도리요. 지금 나라일의 위험하기가 이와 같으니, 비록 끓는 물이나 불 속에 뛰어들라고 하더라도 피해서는 안 될 터인데, 이 한번 가는 것을 가지고서 어렵게 생각하는가"라고 꾸짖었다. 이유징은 아무 말도 하지 않았지만 원망하는 기색이 뚜렷했다.

그리고 대동강에 도착하니 벌써 해는 서산으로 기울었다. 고개를 돌려 광통원廣通院을 바라보니 들판에 흩어진 군사들이 잇달아 오고 있어, 평양성이 함락된 것이 아닌가 하고 의심하여 군관 몇 사람을 시켜 달려가서 거두어 오게 했다. 그들은 의주, 용천 등지의 군사로서 평양에서 강여울을 지키던 사람들이었다. 그들은 "어제 일본군들이 이미 왕성탄王城灘으로부터 강을 건너왔으므로 강가를 지키던 군사들이 다 무너지고, 평안도 병마절도사 이윤덕은 도망쳐 버렸습니다" 했다. 나는 크게 놀라서 도중에 서장을 만들어서 군관 최윤원崔允元을 보내어 행재소에 급히 알리게 했다. 밤에 가산군으로 들어갔다.

이날 밤 왕비께서는 박천에 이르렀다. 이는 북으로 향하다가 일본군이 벌서 함경북도로 들어갔기 때문에 더 앞으로 나가지 못하고 돌아온 것이다. 이때 통천군수 정구鄭逑가 사람을 보내 서신을 올렸다.

평양이 함락되었다.

임금께서는 가산으로 행차하시고, 세자는 종묘와 사직의 신주를 받들고 박천 산골에 있는 마을로 들어갔다. 처음에는 일본군이 강가의 모래 위에 나누어 주둔했다. 10여개 둔진을 만들고 풀을 엮어 장막을 치고 있었다. 벌써 여러 날이 지났으나 강을 건널 수가 없었고 그 경비도 만만치 않았다. 김명원은 성 위에서 이것을 바라보고 밤을 타서 엄습할 수 있을 것이라 생각하고는 고언백高彦伯 등에게 날랜 군사를 뽑아서 거느리게 하여 부벽루 밑 능라도綾羅島 나루에서 몰래 배로 군사를 건너게 했다.

처음 밤 12시 경에 거사하기로 약속했다. 시간을 어겨서 다 건너가고 보니 벌써 새벽이었다. 일본군의 여러 막사를 살펴보니, 그들은 아직 일어나지 않았으므로 먼저 제1진이 돌격하니 일본군이 놀라서 소란해졌다. 우리 군사는 일본군을 많이 쏘아 죽였다. 이때 토병 임욱경任旭景이 먼저 적진으로 뛰어들어 힘써 싸웠으나 일본군에게 사로잡혀 죽었다. 이 전투에서 일본군의 말 3백여 필을 빼앗았다. 그런데 갑자기 여러 곳에 주둔해 있었던 일본군들이 다 일어나서 크게 달려드니, 우리 군사는 물러서서 도로 배로 달려왔다.

그러나 배 위에 있던 사람은 일본군이 이미 뒤쪽에서 추격해오므로 감히 물가로 가서 배를 대지 못했다. 그리하여 물에 빠져 죽은 사람이 많았고, 나머지 군사들은 또 왕성탄으로부터 어지럽게 강을 건너왔다. 이를 본 일본군은 비로소 강물이 얕은 것을 알고, 이날 저녁 무렵 많은 무리를 휘몰아 강을 건너왔다. 이때 여울을 지키던 우리 군사들은 화살 한 대도 쏘지 못하고 다 흩어져 달아났다.

일본군들은 대동강을 건너와서도 오히려 성안에 수비대가 있을 것을 의심하여 머뭇거리면서 전진하지 못했다. 이날 밤 좌의정 윤두수와 도원수 김명원은 성문을 열어 성안 사람들을 모두 내보내고, 병기와 화포를 풍월루風月樓 못 속에 가라앉혔다. 윤두수 일행은 보통문으로 나와 순안에 도착했는데, 뒤따라오는 일본군은 없었다. 종사관 김신원은 홀로 대동강으로 나와 배를 타고 물을 따라 강 서쪽을 향해 갔다. 이틀 날 성 밖에 도착한 일본군은 모란봉에 올라 한참 동안 성을 바라보다가 성이 텅 비어 사람이 없다는 것을 알고 그제야 성안으로 들어갔다.

처음 임금이 평양에 도착했을 때, 조정에서는 군량을 걱정하여 여러 고을의 전세미를 거두어 평양으로 운반해두었다. 이제 성이 함락되어 창고의 곡식 10여만 석까지 모두 일본군이 차지했다.

이때 내가 올린 장계가 박천에 도착했고, 평양에서 온 순찰사 이원익과 종사관 이호민도 일본군이 강을 건너온 상황을 전해주었다. 그러자 밤중에 임금과 중전께서 가산으로 향해 떠나시며 세자에게 종묘와 사직의 위패를 받들고 딴 길로 가서 사방에 있는 군사를 불러 모아 나라의 부흥을 도모하라고 명했다. 일부 신료들은 세자를 따라가게 했다. 영의정 최흥원이 임금의 명령을 받아 세자를 따라나섰다. 우의정 유홍도 세자를 따라가겠다고 자청했으나 임금께서는 대답이 없었다. 임금의 행차가 이미 떠나는데 유홍은 길가에 엎드려 하직하고 떠나가려 했다. 우의정 유홍이 하직하기를 청한다고 내관이 여러 번 아뢰었으나 임금께서 끝내 답이 없으셨다. 유홍은 마침내 세자를 따라 떠났다. 이때 평양에 있던 좌의정 윤두수는 돌아오지 않았으므로 임금이 계신 곳에는 대신이라고는 없었고, 다만 정철이 예전 정승의 신분으로 임금의 행차를 따랐다. 가산에 도착하니 벌써 새벽 3~5시가 되었다.

임금께서 정주, 선천으로 행차하셨다.

임금의 행차가 평양을 떠난 뒤로 인심이 무너졌다. 난민들이
지나는 곳마다 창고에 들어가 곡물을 약탈했다. 순안, 숙천, 안주,
영변, 박천 등의 고을 창고가 차례로 모두 약탈당했다. 이날 임금의
행차가 가산을 떠났을 때, 군수 심신겸沈信謙이 나에게 "이 고을에
는 곡식이 매우 넉넉하여 관청에도 쌀이 1천 석이나 있어, 명나라
구원병을 먹이려 했습니다. 그런데 불행히도 일이 이 지경에 이르
렀습니다. 영상(공)께서 이곳에 잠깐 머물러 민심을 안정시켜 주신
다면 고을 사람들이 감히 동요하지는 못할 것입니다. 그렇지 않으
면 우리도 이곳에 있을 수 없으므로 이제 해변으로 피신하고자 합
니다"라고 했다.

이때 심신겸은 이미 부하들에게 명령할 수 없는 상태였다. 다
만 내가 데리고 있는 군관 6명과 오는 길에 모은 패잔병 19명은 나
와 약속하고 자진해서 따르게 했으므로 각기 활과 화살을 가지고
곁에 있었다. 심신겸은 이 군사들을 믿고 자신을 보호하고자 그런
말을 한 것이었다. 나는 차마 갑자기 떠날 수가 없어 대문에 잠깐
앉아 있었는데, 해가 벌써 중천이었다. 다시 생각해보니 임금의 명
령도 없이 내 마음대로 머물러 있고 떠나지 않는 것이 도리상 죄스

러워 마침내 심신겸과 작별하고 길을 떠났다. 효성령曉星嶺에 올라 가산을 바라보니 고을 안이 벌써 요란해지고 있었다. 심신겸이 창 고 곡식을 모두 잃어버리고 도망쳤기 때문이었다.

이튿날 임금께서 정주를 떠나 선천으로 향하면서 나는 정주에 머물러 있으라고 명하셨다.

고을 사람들은 사방으로 흩어져 피난하고, 다만 늙은 아전 백 학송白鶴松 등 몇 사람만이 성안에 남아 있을 뿐이었다. 나는 길가에 엎드려 성 밖으로 나가는 임금의 행차를 전송하고 눈물을 닦고 연 훈루延薰樓 아래 앉아 있었다. 군관 몇 사람이 좌우의 계단 밑에 있 었고, 거두어 모은 패잔병 19명도 아직 떠나지 않고 길가 버드나무 에 말을 매어놓고 둘러앉아 있었다.

해가 질 무렵 남문을 바라보니 몽둥이를 든 사람들이 연달아 와서 왼쪽으로 향해 가고 있었다. 군관을 가보게 했더니 창고 아래 벌써 사람들 수백 명이 모여 있었다. 생각해 보니 내가 거느린 군사 는 수가 적고 약한데 만일 난민이 더욱 많아져서 그들과 서로 싸우 면 제어하기 어려울 것이니, 먼저 약한 자를 쳐서 흩어지게 하는 것 이 옳다고 생각했다. 이때 성문을 보니 또 10여 명이 잇달아 모여들 고 있었다. 나는 급히 군관을 불러 19명의 군사를 데리고 달려가서 난민들을 잡아오게 했다. 그 사람들은 이를 보고 도망쳤으나 추격하여 9명을 잡아왔다.

나는 이들의 머리털을 풀어 흩뜨리고 두 손을 뒤로 합쳐 묶어 벌거벗긴 다음 창고 옆 길가에서 목을 베어 돌려보였다. 군사 10여 명이 그 뒤를 따르면서 "창고를 약탈하는 도적은 사로잡아 죽여서 목을 매달겠다"고 큰 소리로 외쳤다. 성안의 사람들이 이 광경을 보고, 이미 창고 아래 모여든 사람들도 이를 바라보고 모두 놀라서 서문으로 달아나버렸다. 이로 인하여 정주 창고에 있는 곡식은 겨우 보전되었고 용천, 선천, 철산 등 여러 고을에서도 창고를 약탈하려고 하는 사람은 없었다.

정주판관 김영일金榮一은 무인이었다. 그는 평양에서 도망쳐와서 처자식을 바닷가에 두고 창고 곡식을 훔쳐내 보내려 했다. 나는 이 말을 듣고서 그의 잘못을 하나 하나 들어 "너는 무장의 몸으로 싸움에 패하고 죽지 않았으니 그 죄만으로도 죽일 만한데, 감히 관곡을 훔쳐내려 하느냐? 이 곡식은 장차 명나라 구원병을 먹이려는 것이지 네가 사사로이 먹을 것이 아니다" 하고 곤장 60대를 때렸다.

조금 뒤 윤두수, 김명원, 무장 이빈 등이 평양으로부터 정주에 도착했다. 임금께서 정주를 떠나실 때 "만약 좌의정 윤두수가 오게 되면 정주에 머물러 있도록 하라"고 명령하셨다. 윤두수가 정주에 도착해서 나는 그에게 임금의 명령의 전달했다. 윤두수는 대답도 하지 않고 바로 행재소로 떠났다. 나도 역시 김명원과 이빈 등에게 정주를 지키게 하고, 임금의 행차를 쫓아 용천까지 갔다.

이때 평양성이 함락되었다는 소식을 들은 각 고을의 백성들은 일본군이 뒤따라올 것이라 생각하고는 모두 산골짜기로 숨어버려 길에는 한 사람도 보이지 않았다. 강변의 여러 고을 중에서 강계 같은 곳이 그러했다고 한다. 나는 길을 떠나 곽산의 산성 아래에 도착했는데, 두 갈래 길이 있으므로 하졸에게 "이 길은 어디로 가는 길이냐?" 하고 물었다. 그는 "이 길은 귀성으로 가는 길입니다" 했다. 나는 말을 세우고 종사관 홍종록을 불러 "길가에 있는 창고가 모두 텅텅 비었으니, 명나라 구원병이 온다고 하더라도 무엇으로 공급할 수가 있겠는가? 이 부근에서는 오직 귀성 한 고을만 창고에 저장한 곡식이 넉넉한 것 같으니, 그대는 오랫동안 귀성에 있었으니 그곳 사람들이 만약 그대가 왔다는 말을 들으면 산골짜기에 숨어 있더라도 반드시 나와서 보고 일본군의 형세를 들으려고 할 것이다. 그대는 급히 귀성으로 달려가서 그들을 타일러 '일본군이 평양성으로 들어왔으나 아직 나오지 않았다. 머지 않아 명나라 구원병이 올것이니 곧 수복할 것이다. 너희들은 품관이든 아전이든 따지지 말고 모두 온 고을의 힘을 다하여 군량을 옮겨다가 군용에 모자라지 않도록 한다면 뒷날에 반드시 큰 상을 받을 것이다'라고 전하라. 이와 같이 한다면 아마도 마음과 힘을 합쳐서 군량을 정주, 가산까지 운반해서 일을 성공시킬 수 있을 것이다" 했다. 홍종록은 기축년 옥사에 연루되어 귀성으로 귀양가 있었는데, 임금께서 평양에 오신 뒤로 비로소 풀려나 사옹정司饔正으로 임명했다. 그는 사람됨이 충직하고 성실하여 자신을 잊고 나라의 일을 위해 험한 곳을 피하지 않았다.

임금의 행차가 의주에 도착했다.

명나라 참장 대모戴某와 유격장군 사유史儒가 각각 한 부대의 군사를 거느리고 평양으로 향하다가 임반역에 이르러, 평양성이 벌써 함락되었다는 말을 듣고 의주로 돌아와 주둔했다. 명나라 조정에서는 군사들에게 은 2만 냥을 주어 명나라 관원이 가지고 의주에 도착했다.

이보다 먼저 요동에서는 우리나라에 왜변이 있다는 말을 듣고 곧 조정에 보고하였으나, 조정의 논의가 다들 달랐으며 심지어는 우리가 일본을 인도하고 있다고 의심하기도 했다. 그러나 오직 병부상서 석성石星만이 우리나라를 구원하자고 강력하게 주장했다.

이때 우리나라 사신 신점申點이 옥하관玉河館에 있었다. 병부상서 석성은 그를 불러 요동에서 적변을 보고한 문서를 보여주자, 신점은 일행들과 아침저녁으로 마치 국상을 당해 통곡하는 것처럼 울면서 구원병을 보내줄 것으로 청했다. 상서 석성은 황제에게 2개 부대의 군사를 보내 국왕을 호위하도록 하고 경비로 은도 내려 줄 것을 청했다.

신점이 통주로 돌아왔을 때 우리 고급사告急使 정곤수鄭崑壽가 뒤이어 도착했다. 병부상서 석성은 그를 화방火房으로 인도하여 친히 상황을 물으면서 때로 눈물을 흘렸다고도 한다. 이때 연이어 파견한 사신이 요동에 와서 조선의 위급함을 알리며 구원병을 요청하고, 또 명나라에 귀부歸附할 것을 간청했다. 일본군이 이미 평양성을 함락시켰다면 그 형세가 물병을 지붕에서 쏟는 것처럼 세차서 아침이나 저녁으로 꼭 압록강까지 다다를 것이라 생각되어, 일의 위급함이 이와 같아서 명나라에 귀부하려는 데까지 이른 것이다.

그런데 다행히 일본군은 이미 평양성에 들어와서 자취를 감추고, 순안, 영유가 평양과 지척인데도 오히려 침범하지 않았다. 이로 인해서 민심이 차츰 안정되고 남은 군사를 거두어 모으고, 명나라 구원병을 맞아들여 마침내는 나라를 회복하는 공을 이루게 됐다. 참으로 하늘이 도운 것이지 사람의 힘만으로는 어려운 일이었다.

7월 요동부총병 조승훈이 군사 5천 명을 거느리고 와서 조선을 구원할 것이라는 기별이 왔다.

이때 나는 치질痔疾병이 심하여 자리에 누워서 일어날 수 없었으므로, 임금께서는 좌의정 윤두수에게 나가서 군사들의 식량을 보살피라고 하셨다. 나는 종사관 신경진을 통해 임금께 "행재소에 현직 대신은 윤두수 한 사람만이 남아 있을 뿐이므로 그가 나가서는 안 됩니다. 신이 이미 명나라 장수를 접대하라는 명령을 받았으니, 비록 병이 들었다고 해도 한번 가볼까 합니다"라고 아뢰었다. 임금께서 이를 허락하셨다.

7월 7일 병을 무릅쓰고 행궁으로 가서 임금께 절하고 하직 인사를 하니, 임금께서 부르시니 기어들어가 아뢰기를 "명나라 군사가 지나가는 길인 소곶所串 남쪽에서 정주, 가산까지는 5천 명의 군사가 지나갈 동안에 하루 이틀 먹을 식량은 준비되었으나, 안주, 숙천, 순안의 세 고을은 양식을 저장한 것이 없습니다. 명나라 군사가 여기를 지날 때 마땅히 먼저 3일 동안 먹을 식량을 준비해야 합니다. 만일 구원병이 평양에 이르러서 그날로 수복한다면, 성안에는 좁쌀이 많으므로 식량을 보급할 수 있습니다. 비록 성을 포위하는 데 여러 날이 걸린다고 하더라도 평양의 서쪽 강서, 용강, 함종의 세 고을의 곡식을 힘을 다하여 옮겨다 군대가 있는 곳에 공급할 수 있어 군량이 모자라지는 않을 것입니다. 이러한 사정을 이곳에 있는 여러 신하들로 하여금 명나라 장수들과 서로 의논하여 융통성 있게 계획하시고 편리한 대로 시행하시옵소서"라고 아뢰었다. 임금께서는 "그렇게 하겠다"라고 말씀하셨다. 그 앞을 물러나오니 임금께서는 웅담과 납약을 내어주시고, 내의원의 노복 용운龍雲이라는 사람은 나를 성밖 5리까지 전송하면서 통곡했는데 내가 전문령箭門嶺에 이를 때까지 울음소리가 들렸다.

저녁 때 소곶역에 도착하여 보니 아전과 군사들이 다 도망가버려 그림자도 보이지 않았다. 군관을 시켜 몇 사람을 데리고 왔다. 나는 애써 타이르기를 "나라에서 평소 너희들을 어루만져 기르는 것은 오늘 같은 날에 쓰려는 것인데 어떻게 도망을 간다는 말이냐? 또 명나라 구원병이 이르러 나랏일이 정말로 급하니, 이때야말로 너희들이 수고로움을 다하여 공을 세울 때다" 하고는 공책자 한 권을 꺼내어 먼저 온 사람의 성명을 써보이면서 말하기를, "뒷날 마땅히 이것으로써 그 공로를 임금께 알려 상 줄 것을 의논하고, 여기에 기록되어 있지 않는 사람은 하나하나 조사하여 벌을 줄 것이니, 한 사람도 그 죄를 면할 수는 없을 것이다" 했다. 그랬더니 조금 뒤에 사람들이 잇달아 와서 말하기를 "소인들이 볼일이 있어서 잠시 나갔었습니다. 어찌 감히 할 일을 피하겠습니까? 원컨대 저희들 이름을 써넣어 주십시오" 했다. 나는 사람들의 마음을 수습할 수 있음을 알고 곧 공문을 각처로 보내, 고공책을 비치하여 놓고 공로의 많고 적은 것을 써두었다가 보고하는 데 참고하여 시행하도록 했다.

그러자 명령을 들은 사람들은 다투어 나와서 땔나무와 말 먹일 풀을 운반하여 집을 짓기도 하고, 가마솥을 걸어 놓기도 하여 며칠 동안에 모든 일이 차츰 이루어져 나갔다. 이때 나는 난리를 만난 백성들을 다급하게 부려서는 안 되겠다고 생각하고 정성을 다하여 잘 타이르고 매질도 하지 않았다.

그 길을 나아가 정주에 이르러, 홍종록이 귀성 사람들을 일으켜서 말 먹일 콩과 좁쌀을 운반하여 정주, 가산에 도착시킨 것이 2천여 석이나 된 것을 알았다. 나는 오히려 구원병이 안주에 온 뒷일을 근심했는데, 마침 충청도 아산 창고에 있는 세미 1천 2백 석을 배에 싣고 장차 행재소로 향하려 하다가 정주의 입암立嵓에 이르러 정박하고 있었다. 나는 매우 기뻐하며 달려가서 임금께 "먼 곳에 있는 곡식이 마치 약속한 듯이 도착했습니다. 이는 하늘이 중흥의 운수를 돕는 것 같습니다. 부디 군량을 보충하게 하시옵소서"라고 아뢰었다. 이어 수문장 강사웅姜士雄을 시켜 입암으로 달려가게 하여

2백 석을 정주로, 2백 석을 가산으로, 8백 석을 안주로 나누어 옮기게 했다. 안주는 일본군이 있는 곳과 가까우므로 아직 배에 머물러 기다리게 했다.

이때 선사포첨사 장우성張佑成은 대정강大定江의 부교를 만들고, 노강첨사 민계중閔繼仲은 청천강의 부교를 만들어 명나라 군사들이 건널 수 있게 준비하게 하고, 나는 먼저 안주로 가서 군수품을 징발했다. 이때 일본군은 평양성으로 들어가서 오래도록 나오지 않았는데, 순찰사 이원익은 평안병사 이빈과 함께 순안에 주둔하고 도원수 김명원은 숙천에, 나는 안주에 있었다.

7월 19일 총병 조승훈祖承訓의 군사가 평양성을 치다가 불리하여 물러가고, 유격 사유가 전사했다.

이보다 먼저 조승훈이 의주義州에 도착하자, 사유는 그 부대의 선봉이 되었다. 조승훈은 요좌의 용맹스러운 장수로 여러 번 북쪽 오랑캐와 싸워 공을 세웠으므로, 이번 행군에서도 일본군을 반드시 물리칠 수 있을 것이라고 말하며 가산에 와서 우리나라 사람에게 묻기를 "평양성에 있는 일본군이 벌써 달아나지 않았소?"라고 하므로 "아직 물러가지 않았습니다"라고 대답했다. 조승훈은 술잔을 들고 하늘을 우러러보며 축도하기를 "일본군이 아직 있다고 하니, 반드시 하늘이 나로 하여금 큰 공을 이루게 하심입니다" 했다.

이날 그는 순안에서 삼경에 군사를 출발시켜 나아가 평양성을 공격했다. 마침 큰 비가 와서 성 위에는 지키는 군사도 없었다. 명나라 군사는 칠성문을 통해 성안으로 들어갔는데, 길은 좁고 꼬불꼬불한 골목길이라서 말을 달릴 수 없었다. 일본군은 이러한 곳에 의지하여 어지럽게 조총을 쏘는데, 유격 사유는 총알을 맞고 그 자리에 쓰러져 죽고, 군사와 말들도 많이 죽었다. 조승훈은 마침내 군사를 후퇴시켰다. 일본군은 급히 쫓아오지는 않았으나, 뒤에 있는 군사들은 진흙구덩에 빠져서 나오지 못해 모두 적에게 붙잡혀 죽고 말았다.

조승훈은 남은 군사를 이끌고 돌아서서 순안, 숙천을 지나 밤중에 안주성 밖에 이르러서 말을 세우고 통역관 박의검朴義儉을 불러 말하길, "우리 군사는 오늘 일본군을 많이 죽였으나 불행히 유격 사유가 부상을 당하여 죽고, 날씨도 큰 비가 와서 진흙투성이가 되어 일본군을 섬멸시킬 수가 없었으나, 마땅히 군사를 더 보태어 다시 쳐들어갈 것이다. 너의 재상에게 말하여 동요하지 말게 하고, 부교 또한 철거해서는 안 된다" 하고는 말을 달려 두 강을 건너 군사를 공강정에 주둔시켰다.

조승훈은 싸움에 패하여 겁을 먹고 적병이 뒤쫓아올까 두려워서 앞을 두 강으로 가로막으려고 이와 같이 빨리 서둘렀던 것이다. 나는 종사관 신경진을 보내어 위로하게 하고 또 양식과 음식을 실어 보냈다.

조승훈이 공강정에 머무른 이틀 동안 날마다 큰 비가 와서 여러 군사들이 들판에서 노숙을 하고 있었으므로 옷과 갑옷이 다 젖어 조승훈을 원망했는데, 얼마 안 되어 물러나 요동으로 돌아갔다. 나는 인심이 동요될까 두려워 임금께 요청하여 그대로 안주에 머무르면서 후군이 오는 것을 기다리기로 했다.

전라좌도수군절도사 이순신은 경상우수사 원균,
전라우도수군절도사 이억기李億祺 **등과 함께 일본군을 거제도**
바다 한가운데서 크게 격파했다.

이보다 먼저 일본군이 바다를 건너 육지로 올라왔을 때 원균은 일본군의 형세가 대단한 것을 보고 감히 나가서 치지 못하고, 전선 1백여 척과 화포, 군기를 바닷속에 침몰시켜버린 다음, 수하의 비장裨將 이영남李英男, 이운룡李雲龍 등과 함께 네 척의 배를 타고 달아나 곤양의 바다 어귀에 이르러 육지로 올라가서 일본군을 피하려고 했다. 그리하여 수군 1만여 명이 다 무너져버렸다. 이영남이 "공은 임금의 명령을 받아 수군절도사가 되었는데, 지금 군사를 버리고 육지로 내려간다면 뒷날 조정에서 죄를 조사할 때 무슨 이유를 들어 스스로 해명하겠습니까? 그보다는 구원병을 전라도에 청하여 일본과 한 번 싸워 보고, 이기지 못하겠으면 그 연후에 도망하여도 늦지는 않을 것입니다" 했다. 원균은 그렇게 하는 것이 옳겠다고 생각하여 이영남을 이순신에게 보내어 구원병을 요청하게 했다.

그러나 이순신은 "각각 분담한 경계가 있으니 조정의 명령이 아니면 어찌 함부로 경계를 넘을 수 있겠습니까?" 하며 거절했다. 원균은 다시 이영남을 보내어 대여섯 차례나 구원을 요청했는데, 이영남이 돌아갈 때마다 원균은 뱃머리에 앉아서 바라보고 통곡했다.

얼마 뒤에 이순신은 판옥선 40척을 거느리고 이억기와 함께 약속한 대로 거제에 이르렀다. 그리하여 원균과 함께 군사를 합세하여 나아가 일본군의 배와 견내량에서 만났다. 이순신은 말하기를 "이곳은 바다가 좁고 물이 얕아서 마음대로 돌아다니기 어려우니 거짓으로 물러가는 척하며 일본군을 유인하여 넓은 바다로 나가서 서로 싸우는 것이 좋겠습니다" 했다. 원균은 분함을 못이겨 바로 앞으로 나아가서 싸우려고 했다. 그러자 이순신은 "공은 병법을 모릅니다. 그렇게 하다가는 반드시 패하고 말 것입니다"라고 말하고 깃발을 가지고 배들을 지휘하여 물러나니, 일본군들은 크게 기뻐하여 앞을 다투어 따라 나왔다. 배가 좁은 어귀를 벗어났을 때 이순신이 북소리를 한 번 울리니, 모든 배들이 일제히 노를 돌려저어 바다 가운데 열지어 벌여 서서 바로 적선과 맞부딪치니 서로의 거리는 수십 보 가량 떨어져 있었다.

이보다 먼저 이순신은 거북선을 창조했다. 이 배는 널빤지로 배 위를 덮어 그 모양이 활처럼 가운데가 높고 주위가 차츰 낮아져서 거북과 같았다. 싸우는 군사들과 노젓는 사람들은 다 그 안에서 활동하고 왼쪽, 오른쪽, 앞, 뒤에는 화포를 많이 싣고 마음대로 이리저리 드나드는 것이 마치 베짜는 북 드나들 듯했다.

이순신은 적선을 만나자 대포를 쏘아 이들을 쳐부수고 여러 배들이 합세하여 한꺼번에 공격하니 연기와 불꽃이 하늘에 가득했고, 적선을 불태운 것이 헤아릴 수 없이 많았다. 이때 적장은 누선을 타고 있었는데, 그 높이가 두어 길이나 되고, 그 위에는 높은 망대가 있어 붉은 비단과 채색 담요로 그 밖을 둘러쌌었다. 이 배도 또한 우리 대포에 맞아 부서져버리고 배에 탔던 적들은 모두 물에 빠져 죽었다. 그 뒤에도 일본군들은 싸움마다 연달아 패하여, 결국 부산, 거제로 도망쳐 들어가서 다시는 나오지 못했다.

하루는 이순신이 싸움을 독려하다가 날아오는 총알에 그의 왼쪽 어깨에 맞아서 피가 발꿈치까지 흘려내렸으나, 이순신은 아무 말도 하지 않았다. 그는 싸움이 끝난 뒤에야 비로소 칼로 살을 베고 총알을 꺼내니, 두어 치나 깊이 박혀 있어 보는 사람들은 얼굴빛이 까맣게 질렸으나, 이순신은 말하고 웃는 것이 태연하여 여느때와 다름없었다.

첩보가 알려지자 조정에서는 크게 기뻐하여 임금께서는 이순신에게 한 품계 벼슬을 더 높여주려고 했으나, 간하는 사람이 너무 지나친 일이라 하여 이순신을 정헌대부로, 이억기와 원균을 가선대부로 높였다.

이보다 먼저 일본 장수 고니시 유키나가는 평양에 이르러 글을 보내기를 "일본의 수군 10만여 명이 또 서해로부터 올 것입니다. 알지 못하겠습니다만 대왕의 행차는 이제 어디로 가시겠습니까?"

라고 했는데, 대체로 일본은 본래 수군과 육군이 합세하여 서쪽으로 내려오려고 했던 것이다.

그런데 이 한 번의 싸움에 힘입어 드디어는 그 한 팔이 끊어져 버렸다. 그래서 고니시 유키나가는 비록 평양성을 빼앗았다고 하더라도 그 형세가 외로워서 감히 다시는 전진하지 않았다. 이리하여 나라에서는 전라도와 충청도를 확보할 수 있었고, 아울러 황해도와 평안도 연안 일대도 보전할 수가 있었다. 또 군량을 조달하고 호령을 전달할 수가 있어서 나라의 중흥을 이룩할 수 있었다. 그리고 요동의 금, 복, 해, 개주와 천진 등지는 적의 침해를 당하지 않고, 명나라 군사도 육지로 와서 일본군을 물리치게 된 것이니, 이는 다 이순신이 싸운 한 번의 승리로 인한 공이었다. 아아, 이 어찌 하늘의 도움이 아니겠는가?

이순신은 이로 인해 경상, 전라, 충청의 삼도 수군을 거느리고 한산도에 주둔하여 일본군이 서쪽으로 침범하려는 길을 막았다.

전 의금부도사 조호익이 군사를 강동에서 모아 일본군을 토벌했다.

조호익曺好益은 창원 사람으로 지조와 덕행이 있었는데 무고를 당하여 온 가족이 강동江東으로 이주되었다. 그는 빈곤하여 생도를 가르치는 교수로 생활을 이어간 지 거의 20년이나 되었어도 지조는 더욱 굳건했다.

　임금의 행차가 평양에 이르자, 그의 죄를 용서하여 불러서 의금부도사로 임명했다. 평양이 일본군에게 포위당하자, 조호익은 강동으로 가서 군사를 모집하여 평양을 구원하려고 했다. 평양성이 함락되자 군사와 백성들이 다 무너졌다. 조호익은 행재소로 돌아왔다. 나는 그를 양책역에서 만나 "명나라 구원병이 곧 올것이니 그대는 의주로 가지 말고 강동으로 돌아가 계속 군사를 모집하여 명나라 군사와 평양에서 모여 군세를 돕도록 하는 것이 좋겠다"라고 하자, 조호익은 내 말을 따랐다. 나는 드디어 사유를 적어 임금께 보고를 올리고, 군사를 일으켜 공문을 작성하여 조호익에게 주고 무기도 더해주었다.

　조호익은 바로 떠나서 군사를 모집하여 수백 명이나 모였다. 그는 상원에서 나와 진을 치고 일본군을 많이 베어 죽였다. 조호익은 서생이기에 활을 쏘고 말을 달리는 무예에는 익숙하지 못했다. 그러나 충성과 의리로써 군사들의 마음을 격려했다. 그는 동짓날에 군사를 거느리고 멀리 행재소를 바라보며 네 번 절하고 밤새도록 통곡했다. 모든 군사들이 눈물을 흘렸다고 한다.

일본군이 전라도를 침입하자 김제군수 정담과 해남현감
변응정이 힘을 다하여 싸웠으나 전사했다.

이때 일본군이 경상우도에서 전주의 경계로 들어오자 정담鄭
湛과 변응정邊應井 등은 웅령熊嶺에서 막았다. 목책을 만들어 산길을
가로질러 끊고 병사들을 독려하여 종일토록 크게 싸워 일본군을 쏘
아 죽였다. 일본군이 물러가려 할 무렵 날이 저물고 화살이 다 떨어
졌다. 일본군이 다시 쳐들어와 두 사람이 일본군을 막다 함께 전사
하고 군사들도 결국 무너졌다.

다음날 일본군이 전주에 들어오자 관리들이 달아나려고 했다.
전주 사람인 전 전적 이정란李廷鸞은 성으로 들어가 아전과 백성들
을 일으켜 굳게 지켰다. 이때 일본군은 정예부대가 웅령에서 많이
죽어서 기세가 이미 흩어져버렸다. 전라감사 이광은 성 밖에 의
병疑兵을 설치하고 낮에는 깃발을 많이 벌여 세우고 밤에는 횃불을
온 산에 벌여놓으니, 일본군은 성 아래에 도착했다가 몇 번을 살펴
보고 감히 공격하지 못하고 돌아갔다. 일본군은 퇴각하면서 웅령에
도착하여 전사한 사람의 시체를 모두 길가에 묻어 몇 개의 큰 무덤
을 만들고 나무를 그 위에 세웠는데 "조선국 충간忠肝, 의담義膽을
조상한다"라는 글을 써놓았다. 이는 정담과 변응정이 힘써 싸운 것
을 칭찬한 것이다. 이로 인해 전라도 일대가 오로지 온전했다.

8월 1일 순찰사 이원익, 순변사 이빈 등이 평양성을 공격했으나 불리하여 퇴각했다.

이때 이원익과 이빈은 수천 명의 군사를 거느리고 순안으로 가고, 별장 김응서 등은 용강, 삼화, 증산, 강서 네 고을의 군사를 거느리고 20여 개의 진을 만들어 평양 서쪽에 있었다. 김억추는 수군을 거느리고 대동강 하류에 있으면서 서로 호응하고 있었다.

이날 이원익 등은 평양성에서부터 북쪽 병사를 출진시켰는데, 일본군의 선봉을 만나 20여 명을 쏘아 죽였다. 그런데 많은 일본군이 달려들자 우리 군사들은 놀라서 무너졌다. 강변의 용맹스러운 군사들이 많이 죽거나 다쳤다. 드디어 순안으로 돌아와 주둔했다.

9월 명나라 유격장군 심유경이 왔다.

처음에 조승훈이 이미 패전하고 돌아가자, 일본군은 더욱 교만해져 우리 군사들에게 글을 보냈다. 거기에 "염소 떼가 한 호랑이를 친다"는 말이 있었다. 염소는 명나라 군사를 비유한 것이고 호랑이는 자기들을 자랑한 것이다. 일본군들이 가까운 시일에 서쪽으로 내려간다고 소문을 퍼뜨렸다. 의주 사람들은 모두 피난가려는 짐을 지고 서 있었다. 심유경은 원래 절강성 사람인데, 명나라 병부상서 석성은 그가 일본의 실정을 잘 안다고 하여 가칭 유격장군이라고 이름 붙이고 조선에 보냈던 것이다. 그는 순안에 도착하자 급히 일본군 장수에게 글을 보내 명나라 만력제의 교지로 "조선이 일본에 무슨 잘못을 저지른 일이 있는가? 일본은 어찌하여 마음대로 군사를 일으켰는가?" 하고 꾸짖었다.

이때 왜변이 갑자기 일어나고 또 잔인하고 혹독함을 두려워하여 감히 그들의 병영을 살피는 사람이 없었다. 심유경은 황색 보자기에 편지를 싸서 부하 한 사람을 시켜 등에 지고 말을 달려 평양성 보통문을 통해 성안으로 들어가게 했다. 일본 장수 고니시 유키나가는 그 편지를 보고 "직접 만나서 일을 의논하자"고 바로 회답했다. 심유경이 곧 가려고 하자, 사람들은 위태로운 일이라며 그만두라고 권하는 사람이 많았다. 심유경은 웃으며 "저들이 어찌 나를 해칠 수 있겠는가?" 말하고, 부하 서너 명을 데리고 평양성으로 갔다. 고니시 유키나가, 소 요시토시, 겐소 등은 군대의 위세를 크게 베풀고 나와서, 평양성 북쪽 10리 밖 강복산 아래에서 만났다.

우리 군사들은 대흥산 꼭대기에 올라가 그 광경을 바라보니, 일본군은 매우 많고 창칼이 눈빛처럼 번득였다. 심유경이 말에서 내려 일본군의 진중으로 들어가니, 일본군이 떼지어 사면을 에워싸서 붙잡히게 되는가 의심했다. 날이 저물어 심유경이 돌아왔다. 일본군은 심유경을 공손하게 전송하여 예를 다했다.

그 다음날 고니시 유키나가는 글을 보내 안부를 묻고 또 말하기를 "대인께서는 시퍼런 칼날 속에서도 낯빛 하나 변하지 않으시니, 비록 일본 사람이라 하더라도 이보다 더 할 수 없을 것 같습니다"라고 말했다. 심유경은 "너희들은 당나라 때 명장 곽자의가 있다는 말을 듣지 못했는가? 그는 혼자서 흉노족의 회흘回紇의 만군 속으로 들어가서도 조금도 두려워하지 않았다. 난들 어찌 너희를 두려워하겠는가?" 했다. 그리고 일본군과 약속하기를 "내가 돌아가서 우리 황제에게 보고하면 마땅히 처분이 있을 것이니, 50일을 기한으로 하여 일본군은 평양성 북쪽 10리 밖으로 나와 재물을 약탈하는 일이 없도록 하라. 조선 군사도 그 10리 안으로 들어가서 그와 싸우지 말도록 할 것이다"라고 했다. 곧 그곳에 경계의 나무를 세워 금표를 만들어놓고 갔는데, 우리나라 사람들은 그 내용을 알 수 없었다.

경기감사 심대가 일본군의 습격을 당해 삭녕에서 전사했다.

심대는 사람됨이 강개하여 변고가 일어난 뒤로부터 항상 분개했는데 사명을 받들고 험한 곳을 출입할 때도 피하지 않았다. 1592년 가을에 심대는 권징을 대신하여 경기감사가 되어 행재소로부터 근무지로 떠나가는데, 길이 안주로 나오게 되므로 나와 백상루에서 만났다. 심대는 나라의 어려움을 말하면서 분개했다. 그의 뜻을 살펴보니 강직하여 친히 시석을 무릅쓰고 일본과 싸우려 했다. 나는 그에게 "옛날 사람이 말하지 않았는가? 밭을 가는 일은 마땅히 종에게 물으라고, 그대는 서생이므로 싸움터의 일은 결국 능숙하지 못할 것이다. 그곳에 양주목사 고언백이라는 사람이 있는데 용맹스러워 잘 싸울 것이다. 그대는 다만 군병을 모아주고 고언백에게 이를 거느리게 한다면 공을 세울 수 있을 것이다. 스스로 삼가 군사를 거느리고 공격하지 말도록 하게나"라고 경계하여 말했다.

심대는 "예, 예"라고 대답하였지만 속으로 매우 못마땅한 눈치였다. 나는 그가 홀로 떠나 일본군이 있는 곳으로 들어가는 것을 보고, 의주사람으로 활 잘 쏘는 군관 장모張某를 보내어 심대와 함께 가도록 했다.

심대가 떠난 지 몇 달 동안 경기도 사람인 그는 늘 행재소에 보고할 일이 있어, 안주를 지나는 이가 있을 때마다 꼭 편지로 나에게 안부를 물었다. 나도 그 사람에게 경기도에서 일본의 형세와 심대가 어떻게 하고 있는지 물었다. 그는 "경기도는 일본군의 잔학한 피해가 다른 도보다 심합니다. 일본군은 날마다 나와 불을 지르고 약탈을 하여 온전한 곳이라고는 없는 상황입니다. 전에는 감사와 수령 이하의 관원들은 모두 깊은 곳에 몸을 피하고, 그를 따라다니는 사람들도 평복으로 입고 몰래 다니고 혹은 이리저리 자주 옮겨, 있는 곳을 정하지 않아서 일본군의 환난을 막았습니다. 그런데 지금 감사는 일본군을 두려워하지 않고 늘 순행할 때마다 먼저 공문을 보내 알리기를 평소처럼 하고, 깃발을 세우고 나팔을 불며 다니고 있습니다"라고 했다.

나는 이 말을 듣고 몹시 걱정하여 거듭 글을 써 보내 일전에 말한 것과 같이 경계할 것을 당부했으나, 심대는 그 태도를 바꾸지 않앗다. 그는 이미 스스로 군사를 모아 거느리고 "서울을 회복할 것이다" 하고 소리쳐 소문을 퍼뜨리고, 날마다 사람을 보내 성안으로 들어가서 군사를 불러 모아 안에서 호응하라고 약속했다. 사람들은 난리가 진정된 뒤에 일본군에 부역했다는 죄를 받을까 두려워 연명하여 글을 써서 나와 경기감사 심대에게 스스로 성안에서 내응할수 있는 사람이라고 말하니, 이런 사람이 날로 천 백 명을 헤아렸다. 그들은 '약속을 받은 패, 군기를 옮기는 패, 적정을 알리는 패'니 하면서 사람마다 왕래하는 데 거리낌이 없었다. 그중에는 일본의 앞잡이가 되어 우리나라의 동정을 살펴가는 사람도 많았다. 이처럼 서로 들락거리고 뒤섞였음에도 심대는 이를 의심하지 않았다.

심대는 삭녕군에 있었는데 일본군은 이것을 정탐하여 알고는 밤에 대탄大灘을 건너와서 습격했다. 심대는 놀라 일어나서 옷을 입고 달아나니 일본군이 추격하여 그를 죽였다. 군관도 역시 함께 살해되었다. 일본군이 물러간 뒤 경기도 사람들은 심대와 군관의 시체를 거두어 임시로 삭녕군 안에서 장사를 지냈다. 며칠 뒤 일본군은 돌아와 심대의 머리를 베어 가져다가 서울 종루 거리 위에 매달았는데, 50~60일이 지나도 심대의 얼굴빛이 산 사람과 같았다. 경기 사람들은 그의 충의를 안타깝게 생각하여 서로 재물을 모아, 지키는 일본군에게 뇌물을 주어 그 머리를 찾아와 함에 넣어 강화도로 보냈다. 이후 일본군이 물러간 뒤에 그 시체와 함께 고향 산으로 환송하여 장사지냈다.

심대는 청송사람으로 자는 공망公望이다. 그의 아들 심대복沈大

復은 조정에서는 심대를 대신하여 벼슬을 받아 현감이 되었다.

강원도 조방장 원호가 일본군을 구미포에서 섬멸했다.

원호는 춘천에서 싸우다가 전사했다. 이때 일본군의 큰 부대가 충주와 원주에 있었다. 일본군의 병영은 경성까지 연이어져 있었다. 충주에 있는 일본군은 죽산, 양지, 용인 길을 왕래하고, 원주에 있는 일본군은 지평, 양근, 양주, 광주 등지로부터 경성에 이어져 있었다.

원호는 일본군을 여주의 구미포龜尾浦에서 섬멸시켰다. 이천부사 변응성은 배에 활쏘는 군사를 태우고 안개 낀 틈을 타서 여주 마탄馬灘에서 일본군을 많이 사살했다. 이로부터 원주의 일본군의 길은 결국 끊어져 모두 충주의 길을 경유하여 다니게 됐다. 이천, 여주, 양근, 지평동 고을의 백성들은 일본군의 칼날에서 벗어나게 된 것이 원호의 공이라고 생각했다.

순찰사 유영길은 원호를 재촉하여 춘천의 일본군을 치도록 했다. 그는 벌써 일본군을 쳐서 이겼기 때문에 일본군을 얕잡아 보는 마음이 있었다. 그런데 춘천의 일본군은 원호가 곧 쳐들어올 것을 알고 복병을 설치하고 기다렸다. 원호는 일본군이 복병을 설치해 둔 것을 알지 못하고 나아갔다. 그러다 일본의 복병이 일어나 그는 결국 살해되었다. 이로 인해 강원도에서 일본군을 막을 사람이 없게 되었다.

훈련부봉사 권응수權應銖와 정대임鄭大任 등이 향병을 거느리고 영천에 있던 일본군을 격파하고 드디어 영천성을 되찾았다.

권응수는 영천 사람으로 담력이 있고 용맹했다. 그는 정대임과 함께 향병 천여 명을 이끌고 영천성을 포위했다. 우리 군사들이 일본군을 두려워하여 앞으로 나가지 못했다. 그는 군중의 몇 사람을 목 베었다. 이후 우리 군사들은 다투어 기운을 내서 영천성을 넘어 들어갔다. 일본군과 좁은 골목에서 싸워 쳐부수었다. 일본군은 우리 군사를 당해내지 못하고 도망쳐 창고 속으로 들어갔다. 혹은 명원루 위로 올라갔다. 우리 군사는 불로써 일본군을 공격하여 모두 태워 죽였다. 그 시체 타는 냄새가 몇 리까지 풍겼다. 살아남은 일본군 수십 명은 경주로 도망쳤다.

이로부터 신녕, 의흥, 의성, 안동 등지의 일본군도 다 한쪽 길로 모이게 되었다. 그리고 경상좌도 여러 고을이 보전될 수 있었던 것은 영천에서 한 번 싸워 이긴 공 때문이었다.

경상좌병사 박진朴晉이 경주를 수복했다.

　박진은 처음에 밀양에서 달아나 산속으로 들어갔다. 조정에서는 전 경상 좌병사 이각이 성을 버리고 도망했다고 하여 즉시 그가 있는 곳에서 베어 죽이고, 박진을 경상 좌병사로 임명했다. 이때 일본군이 각지에 가득하여 행재소의 소식이 남쪽 지방에 통하지 않은 지가 이미 오래되었다. 사람들 마음의 동요가 심해 어찌해야 할지 알 수가 없었다. 박진이 경상 좌병사가 되었다는 소식을 듣고 흩어졌던 백성들이 차츰 모여들었다. 수령들도 산골짜기로부터 다시 나오니 비로소 조정이 일하고 있는 것도 알게 되었다.

　권응수가 영천을 되찾자, 박진은 경상도의 군사 1만 명을 이끌고 경주성 아래에 도착했다. 이때 일본군은 몰래 경주성 북문으로 나와 우리 군사의 뒤를 습격했다. 박진은 군사를 거느리고 안강安康으로 퇴각했다. 다시 그는 밤에 군사를 경주성 아래에 몰래 매복시켜놓았다가 성안으로 비격진천뢰를 쏘았는데, 일본군이 있는 객사의 뜰안에 떨어졌다.

　그런데 일본군들은 비격진천뢰가 어떻게 만들어졌는지 알지 못하여, 이것을 구경하면서 서로 밀고 굴려보기도 하며 살펴보았다. 갑자기 비격진천뢰가 폭발하여 소리가 천지에 진동했고 쇳조각이 별처럼 부서져서 흩어졌다. 이에 맞아서 즉사한 사람이 30여 명이나 되었고, 맞지 않은 사람도 쓰러졌다가 한참 후에야 일어났다. 놀라고 두려워하지 않은 일본군이 없었다. 일본군은 그것이 어떻게 만들어졌는지는 알지 못했는데, 모두 신통한 재주를 부린다고 생각했다. 그리하여 일본군은 이튿날 모든 군사를 이끌고 경주성을 버리고 서생포로 도망쳤다.

박진은 드디어 경주성으로 들어가 남아 있는 곡식 1만여 석을 확보했다. 경주성을 수복했다는 소식이 조정에 알려지자, 박진을 가선대부, 권응수를 통정대부로 품계를 올려주었고, 정대임을 예천군수에 임명했다.

비격진천뢰를 쏘아 공격한 일은 옛날에는 없던 전법이었는데, 군기시軍器寺 화포장 이장손이란 사람이 이 무기를 창안하여 만들어 낸 것이었다. 이것은 대완구에 넣어 쏘면, 거의 5, 6백 보를 날아가 땅에 떨어져, 한참 있으면 그 안에서 불이 일어나 터지는 것이었다. 일본군들은 이 비격진천뢰를 가장 두려워했다.

.

『징비록』 권2

제6장

의병의 활동과 명군의 평양성 탈환

이때 각 도에서 의병義兵이 일어나 일본군을 토벌하는 사람이
매우 많았다.

전라도에 있던 사람은 전 판결사 김천일金千鎰과 첨지 고경명高
敬命, 전 영해부사 최경회崔慶會였다. 김천일의 자는 사중인데, 병사
를 거느리고 먼저 경기도에 왔다. 조정에서는 이를 가상하게 여겨
그에게 창의군이라는 군호를 내려주었다. 얼마 뒤 군대를 잘 정비
할 수 없었기 때문에 강화도로 들어갔다. 고경명의 자는 이순이다.
고맹영高孟英의 아들로 글 재주가 있었다. 그는 향병鄕兵을 이끌고
여러 군현에 격문을 보내 일본군을 토벌했다. 일본군과 싸우다가
전사하자, 그의 아들 고종후가 대신하여 향병을 거느렸다. 그 군호
를 복수군復讎軍이라고 했다. 최경회는 뒤에 경상 우병사가 되어 진

주에서 전사했다.

경상도에 있던 사람은 현풍 사람인 곽재우郭再祐, 고령 사람 전 좌랑 김면金沔, 합천 사람 전 장령 정인홍鄭仁弘, 예안 사람 전 한림 김해金垓, 교서 정자 유종개柳宗介, 초계 사람 이대기李大期, 군위 교 생 장사진張士珍이다. 곽재우는 곽월郭越의 아들로 재략이 있었다. 곽재우는 여러 번 일본군과 싸웠다. 일본군은 그를 두려워했다. 그 는 정진을 굳게 지켜 일본군이 의령으로 들어올 수 없게 했다. 사람 들은 일본군이 의령으로 들어오지 못한 것이 곽재우의 공으로 생각 했다.

김면은 무장 고 김세문의 아들이다. 그는 거창 우적현에서 일 본군을 막았고, 여러 차례 일본군을 격퇴시켰다. 이 일이 알려지자 경상 우병사로 발탁되었다. 그는 병으로 군중軍中에서 사망했다. 유 종개는 의병을 일으킨 지 오래되지 않아 일본군을 만나 싸우다가 전사했다. 조정에서는 그의 뜻을 가상하게 여겨 예조 참의에 추증 했다.

장사진은 전후에 일본군을 매우 많이 쏘아죽였다. 일본군은 장 사진을 장장군張將軍이라 부르고 감히 군위의 경계에 들어오지 못했 다. 하루는 일본군이 복병을 설치하고 그를 유인했다. 장사진은 일 본군을 끝까지 쫓아가다가 그 복병 속에 빠져들었다. 오히려 그는 큰 소리를 지르며 힘써 싸우다 화살이 다 떨어졌다. 일본군은 달려 들어 장사진의 한쪽 팔을 끊었으나 그는 한 팔만으로도 힘껏 싸우 다가 드디어 전사했다. 이 사실이 임금에 알려지자 수군절도사에 추증했다.

　충청도에 있는 사람은 승려 영규靈圭와 전 도독관 조헌趙憲, 전 청주목사 김홍민金弘敏과 서얼 이산겸李山謙과 사인 박춘무朴春茂, 충주 사람 조덕공趙德恭, 내금위 조웅趙雄, 청주 사람 이봉李逢이다. 영규는 힘이 있고 싸움을 잘했다. 조헌과 함께 의병을 거느리고 청주를 회복했으나, 뒤에 일본군과 금산에서 싸우다가 패하여 모두 전사했다. 조웅은 더욱 용감하여 말 위에 서서 달릴 정도였다. 일본군을 수없이 죽였으나 전사하고 말았다.

　경기도에 있던 사람은 전 사간 우성전禹性傳, 전정 정숙하鄭淑夏, 수원 사람 최흘崔屹, 고양 사람 진사 이로李魯, 이산휘李山輝와 전 목사 남언경南彦經, 유학 김탁金琢, 전 정랑 유대진俞大進, 충의위 이질李軼, 서얼 홍계남洪季男과 사인 왕옥王玉이었다.

　홍계남이 가장 날쌔고 용감했다. 그 나머지 사람은 각각 향리에서 백여 명 혹은 수십 명을 모아 이끌고 의병이라 칭한 자는 그 수를 헤아릴 수 없었다. 그러나 기록할 만한 공적은 없었고, 이리저리 옮겨 다니면서 시일만 보낼 따름이었다.

　또 승려 유정은 금강산 표훈사에 있었다. 일본군들이 이 산속으로 들어오자 절에 있던 승려들은 모두 도망갔으나 유정은 움직이지 않았다. 일본은 감히 가까이 다가오지 못했다. 어떤 사람은 합장을 하고 공경하는 뜻을 표하고 가버렸다.

　내가 안주에서 공문을 사방에 보내 각각 의병을 일으켜 국난을 구하러 나오라고 했다. 그 문서가 금강산에까지 전달되자, 유정은 그 공문을 불탁 위에 놓고, 여러 승려를 불러놓고 이를 읽으며 눈물을 흘렸다. 드디어 그는 승군을 일으켜 거느리고 서쪽으로 달려와서 국난을 구하려 힘썼다. 그가 평양에 올 무렵에 그 수가 1천여 명이나 되었다. 유정은 평양의 동쪽에 주둔하고 순안에 있던 관군과 함께 굳건한 형세를 만들었다.

또 종실 호성감 이주李柱가 1백여 명의 의병을 거느리고 행재소로 달려갔다. 조정에서는 그의 벼슬을 올려 호성도정으로 삼아 순안에 주둔하여 대군과 합세하도록 했다. 함경북도에 있던 사람은 평사 정문부, 훈융첨사 고경민의 공이 가장 뛰어났다.

이일을 순변사로 임명하고 이빈을 행재소로 불러들였다.

처음에 이일은 대동강 여울을 지키다가 평양이 함락되자, 강을 건너 남쪽으로 들어가 황해도 안악으로부터 해주에 도착했다. (그는) 해주에서부터 강원도 이천까지 세자를 따라 군사 수백 명을 모았다. 이때 일본군은 평양성으로 들어와서 오랫동안 나오지 않았다. 명나라 구원병이 곧 올 것이라는 말을 듣고 드디어 평양으로 돌아와서 임원평에 진을 쳤다. 이곳은 평양성 동북쪽 10여 리 떨어진 곳이다. 이곳에서 의병장 고충경高忠卿 등과 함께 세력을 합하여 베어 죽인 일본군이 매우 많았다.

이빈은 순안에 있었는데 매번 군사를 싸움터로 보낼 때마다 번

번이 패했다. 무군사의 종관들이 이일을 이빈과 교체하려고 했다. 도원수 김명원은 홀로 이빈에게 그대로 맡길 것을 주장하여, 무군사와 의견이 같지 않아 서로 격돌할 기세였다. 조정에서는 나에게 순안 군중으로 가서 김명원과 무군사 간의 갈등을 진정시키도록 했다.

그러나 당시 조정의 공론이 이빈보다 이일이 낫다고 했고, 명나라 구원병이 곧 올 것이라 했다. 이에 이빈이 순변사의 임무를 감당할 수 없을 것이라고 걱정하여 이일로 대신하게 했다. 그리고 박명현에게 이일의 군사를 거느리게 하고, 이빈을 행재소로 돌아오게 했다.

일본군의 첩자 김순량金順良**을 사로잡았다.**

나는 안주에서 적을 치겠다는 전령을 군관 성남成男을 수군장군 김억추金億秋에게 보내 비밀리에 약속하게 했다. 이때가 12월 2일이었다. 나는 경계하여 말하기를 "6일 내에 전령에 대해 회보하라"고 했는데, 김억추는 그 기일이 지나도록 전령을 돌려보내지 않았다. 나는 성남에게 그 이유를 추궁했다. 그는 "벌써 강서의 군인 김순량에게 전령을 돌려보내라고 했다고 합니다"라고 했다. 나는 김순량을 잡아오게 하여 전령이 어디 있는가를 물었다. 김순량은 고의로 전혀 모른다고 했는데, 말하는 것이 꾸며대는 것 같았다. 성

남이 말하기를 "이 사람이 전령을 가지고 나간 후 며칠이 지나 군중으로 돌아왔는데, 소 한 마리를 끌고 와서 무리들과 잡아먹었습니다. 사람들이 "소를 어디에서 얻은 것인가"라고 묻자, 김순량이 대답하기를 "내 소인데 친척집에 맡겨 기르게 하다 지금 도로 찾아왔을 뿐이다"라고 했습니다. 그런데 지금 그 말을 들으니 행동이 의심스럽습니다"라고 했다.

나는 고문을 하여 김순량을 엄히 국문하니 "소인이 적의 첩자가 되어 그날 전령과 비밀공문을 받아서 곧 평양성으로 들어가 이를 적에게 보였습니다. 적장은 전령을 책상 위에 두고, 비밀공문은 보고 나서 찢어 없앴습니다. 그리고 저에게 소 한 마리를 상으로 주었습니다. 그리고 같이 첩자가 된 서한룡에게 명주 다섯 필을 상으로 주면서 다시 다른 비밀을 탐지하여 15일 안으로 와서 보고하라고 하기에 그렇게 약속하고 온 것입니다"라고 바른대로 고백했다.

나는 "첩자가 된 사람이 너뿐인가? 또 몇 사람이 되는가?"라고 물었다. 그는 "모두 40여 명이나 되는데, 순안, 강서의 여러 진영에 흩어져 있습니다. 또 숙천, 안주, 의주에 이르기까지 뚫고 들어가 돌아다니지 않는 곳이 없습니다. 일이 있는 대로 바로 알리고 있습니다"라고 답했다.

나는 매우 놀라서 즉시 임금께 이 사실을 보고했다. 또 그들의 이름을 조사하여 여러 진에 급히 알려 첩자를 잡도록 했다. 첩자는 잡히거나 혹은 도망쳐버렸다. 그리고 김순량을 잡아서 성 밖에서 목 베어 죽였다.

얼마 뒤 명나라 군사가 도착했는데 일본군은 이를 알지 못했다. 이는 첩자의 무리들이 놀라 도망갔기 때문이었다. 이것도 역시 중요한 일을 처리하는 데 우연한 일이었으나, 하늘의 도움이 아니라고 할 수 없다.

명나라에서 군사를 크게 일으켜 병부우시랑 송응창宋應昌을 경략, 병부원외랑 유황상劉黃裳과 주사 원황袁黃을 찬획군무로 임명하여 요동에 주둔하도록 했다. 제독 이여송李如松을 대장으로 임명하여 삼영장 이여백李如柏, 장세작張世爵, 양원楊元 및 남장 낙상지駱尚志, 오유충吳惟忠, 왕필적王必迪 등을 거느리게 하여 압록강을 건너오니 군사의 수가 4만여 명이었다.

이보다 먼저 심유경이 이미 돌아간 뒤 일본군은 병사를 거두고 움직이지 않았다. 이미 약속한 지 50일이 지났지만 심유경이 오지 않으니, 일본군은 의심하여 새해에는 압록강에서 말에게 물을 먹이겠다고 소문을 퍼뜨렸다. 일본군에게 사로잡혔다가 돌아온 사람은 모두 성을 공격할 때 쓰는 무기를 대대적으로 수리한다고 말하므로 사람들이 두려워했다.

12월 초에 심유경이 다시 와서 평양성으로 들어가 며칠 간 머무르면서 일본과 약속을 하고 돌아갔다. 그러나 심유경과 일본 장수 고니시가 약속한 내용은 알려지지 않았다. 이때 명나라 군대가 안주에 들어와서 성 남쪽에 병영을 설치하니, 그 깃발과 무기가 정돈되고 엄숙함이 귀신과 같았다.

내가 제독 이여송에게 만나서 할 말이 있다고 만나기를 요청했다. 동헌에 있던 제독 이여송이 허락하여 들어가서 만났다. 그는 대장부였다. 의자를 놓고 마주 앉았다. 나는 소매에서 평양지도를 꺼내놓고 그 형세와 군사들이 들어가야 할 길을 가리켜 보였다. 제독은 주의 깊게 듣더니 가리키는 곳마다 붉은 점을 찍어 표시했다. 그리고 제독 이여송이 말하기를 "왜적들은 다만 조총을 가지고 있을 뿐입니다. 우리는 대포를 사용하는데 모두 5, 6리를 지나가 맞으니 왜적들이 어떻게 당해내겠습니까?"라고 했다.

내가 물러나온 뒤 제독은 부채에 시를 지어 보내왔다.

군사를 거느리고 밤을 도와 압록강을 건너온 것은
삼한의 나라 안이 안정되지 못했기 때문이네
명주께선 날마다 첩보가 오기를 기다리시고
이 몸은 밤에도 술마시기를 그만뒀다네
봄철의 북두성 기운에 마음이 더욱 장한데
이로부터 왜적들은 벌써 뼈가 저리겠구나
담소엔들 어찌 감히 승산이 아니라 말하겠는가
꿈속에도 항상 말 타고 싸움터 달리고 있음을 생각한다네

이때 성안은 명나라 군사로 가득했다. 나는 백상루에 있었는데

밤중에 명나라 사람이 와서 군중의 비밀약속 세 가지를 보여주었다. 내가 그 사람의 이름을 물었으나 알려주지 않고 가버렸다. 제독은 먼저 부총병 사대수查大受를 순안으로 보내, 왜노들을 속여 말하기를 "명나라는 이미 일본과 화친을 허락하여 심유경이 또 왔다"라고 했다. 일본군은 매우 기뻐하고 겐소는 시를 지어 바치기를

일본이 싸움을 그치고 중화를 복종시켰으니
사해구주가 한집안이 되었네
기쁜 기운이 갑자기 밖의 눈을 녹이니
세상엔 봄이 이른데 태평화가 피었구나

이때는 1593년 정월 초하루였다. 일본군은 소장 타케우치 키치베에[竹内吉兵衛]에게 20여 명의 일본군을 거느리고 나와 순안에서 유격 심유경을 맞이하도록 했다. 부총병 사대수는 그들을 유인하여 함께 술을 마시다가 복병을 일으켜 그들을 마구 몰아쳐서 타케우치를 사로잡았다. 사대수는 타케우치를 따라온 일본군들을 거의 다 죽였다. 그중에서 세 사람이 도망쳐서 비로소 명나라 군사가 온 것을 알고 크게 소란해졌다.

이때 명나라 대군이 숙천에 도착하여 날이 저물었다. 바야흐로 병영을 설치하고 밥을 짓고 있었다. 이 보고가 이르자 제독이 화살을 쏘아 신호를 하고, 기병 몇 기를 보내 순안으로 달려오니, 모든 병영의 군사들이 연이어 출발하여 나왔다. 다음날 아침 진격하여

평양성을 포위하고 보통문과 칠성문을 공격했다. 일본군은 성 위로 올라가 붉은 기와 흰 기를 벌려놓고 싸웠다. 명나라 군사가 대포와 화전으로 이를 공격하니, 대포 소리가 땅을 진동했는데 몇십 리 밖의 산악까지 모두 움직였다. 화전이 공중에서 베 짜는 올처럼 펼쳐져 하늘을 덮었다. 화살이 성안으로 날아가 떨어져 곳곳에서 불이 일어나 나무들까지 다 불타버렸다.

낙상지駱尙志, 오유충吳惟忠 등은 몸소 병사를 이끌고 개미처럼 붙어 성을 기어 올라갔다. 앞사람이 떨어져도 뒷사람이 올라가 물러서는 사람이 없었다. 일본군의 칼이 성첩에 고슴도치처럼 아래로 드리워져 있었으나 명나라 군사는 더욱 힘껏 싸우니, 일본군들은 지탱하지 못하고 물러나 내성으로 들어갔다. 이 싸움에서 베어 죽이고 불태워 죽인 일본군의 수는 헤아릴 수 없이 많았다.

명나라 군사가 성안으로 들어가 내성을 공격했다. 성 위에 흙벽을 만들고 여기에 많은 구멍을 뚫어놓았는데 마치 벌집과 같았다. 일본군이 구멍으로 조총을 난사하여 쏘니 부상당한 명나라 군사가 매우 많았다. 제독은 궁색한 도적들은 죽기를 다할 것이라고 생각하고 군사를 성 밖으로 거두어 그들이 도망갈 길을 열어놓았다. 그날 밤 일본군은 얼은 대동강을 건너 도망했다.

이보다 먼저 내가 안주에 있을 때 명나라 대군이 나오려 한다는 말을 듣고 비밀리에 황해도 방어사 이시언李時彦과 김경로金敬老에게 도망가는 길목에서 맞아 치라고 하면서 경계하여 말하기를 "이시언과 김경로 양군이 길가에 복병을 설치하고 일본군이 지나갈 때 그 뒤를 짓밟아라. 일본군들은 굶주리고 피곤하여 싸움할 마음도 없을 것이니 다 잡아서 묶을 수 있을 것이다"라고 했다.

이때 이시언은 즉시 떠나 중화에 이르렀으나, 김경로는 다른 핑계를 대며 듣지 않았다. 나는 군관 강덕관을 파견하여 독촉했다. 김경로는 마지못해 중화로 나왔으나 일본군이 물러가기 하루 전 황해도 순찰사 유영경柳永慶의 공문으로 되돌아서 재령으로 달아나버렸다. 유영경은 해주에 있었는데 자신을 보위하려고 했다. 김경로는 일본군과 싸우는 것이 두려워 피해버린 것이었다.

일본군 장수 고니시 유키니가, 소 요시토시, 겐소, 야나가와 시게노부 등은 남은 군사를 거느리고 밤을 새워 도망쳤다. 그들은 기운이 빠졌고, 발은 부르터서 절룩거리면서 걸어갔다. 혹은 밭고랑 속에 배를 붙이고 기어가기도 했다. 또 입을 가리키며 밥을 빌어먹기도 했다. 그러나 우리나라에서는 한 사람도 나와서 공격하는 일이 없었고, 명나라 군사도 또한 일본군을 추격하지 않았다. 이시언이 홀로 그 뒤를 쫓았으나 감히 가까이 다가서지 못했다. 다만 굶주리고 병들어 뒤처진 60여 명의 목을 베었을 뿐이었다.

이때 일본군 장수는 경성에 머물러 있었던 우키다 히데이에[宇喜多秀家]였는데, 그는 도요토미 히데요시의 조카였다. 혹은 그 사위라고도 말하는데, 그는 나이가 어려서 모든 일을 주관할 수가 없었다. 이에 군사에 관한 일은 고니시 유키나가가 맡고 있었다. 그리고 가토 기요마사는 함경도에서 돌아오지 않았다. 만일 우리 군사가 고니시 유키나가, 소 요시토시, 겐소 등을 사로잡았다면 경성에 있는 일본군은 저절로 무너졌을 것이다.

그렇게 되었다면 가토 기요마사는 돌아올 길이 끊어졌겠고, 군사들의 마음은 흉흉하여 두려워서 반드시 바다를 따라 도망간다 해도 스스로 빠져나갈 수 없었을 것이다. 한강 남쪽에 주둔했던 왜적도 차례로 무너졌을 것이며, 명나라 군사가 북을 울리며 천천히 가기만 했어도 또 부산에 도착해서 싫도록 물을 마셨을 것이고, 잠깐 동안이라도 온 나라의 일본군은 숙청되었을 것이니 어찌 몇 해 동안 어지러웠겠는가? 한 사람 김경로의 잘못으로 사태가 나라의 운명에 관계되었으니 진실로 통분하고 애석한 일이다.

나는 임금께 글을 올려 김경로의 목을 베자고 요청했다. 이는 내가 평안도 체찰사로 있어서 김경로는 나의 관할 하에 있지 않았기 때문에 이것을 먼저 요청한 것이다. 조정에서는 선전관 이순일을 보내 표신을 가지고 개성부로 가서 그를 죽이려 하였으나, 먼저 제독 이여송에게 알렸다. 제독 이여송이 말하길 "그의 죄는 죽어야 마땅하나, 일본군이 아직 섬멸되지 않았으므로 한 사람의 무사라도 죽이기는 아까우니, 우선 백의종군하게 해서 그에게 공을 세워 속죄하게 하는 것이 좋을 것 같습니다"라고 하면서 공문을 작성하여 이순일에게 주어 돌려보냈다.

순변사 이일을 해임하고, 이빈을 순변사로 임명했다.

평양 전투에서 명나라 군사가 보통문을 통해 성안으로 들어가자, 이일과 김응서는 함구문을 통해 성으로 들어갔다. 군사를 거두자 모두 물러나와 성 밖에 주둔했다. 밤에 일본군이 도망갔는데도 그 다음날 아침에야 비로소 사실을 알았다. 제독 이여송은 우리 군사들이 경비를 잘 하지 않아서 일본군이 도망가는 사실도 알지 못했다고 꾸짖었다. 이때 일찍이 순안을 왕래하면서 이빈과 서로 친하게 지내는 명나라 장수들이 "이일은 장수 재목이 못되니 이빈으로 대신해야 한다"고 다투어 말했다. 제독 이여송은 이빈을 순변사로 임명할 것을 요청하는 공문을 조선 조정에 보냈다.

조선 조정에서는 좌의정 윤두수에게 평양으로 가서 이일의 죄를 묻고 군법으로 처리하도록 했다. 그러나 얼마 뒤 이일을 풀어주고, 다시 이빈으로 순변사를 대신하게 했다. 이빈에게 군사 3천 명을 뽑아 거느리고 제독 이여송을 따라 남쪽으로 가게 했다.

제독 이여송이 파주로 군사를 거느리고 나가, 일본군과 벽제의 남쪽에서 싸웠으나 불리하여 개성으로 돌아와 주둔했다.

이보다 먼저 평양성을 되찾자, 대동강 이남 연도에 주둔했던 일본군은 모두 도망쳤다. 제독 이여송은 일본군을 추격하면서 나에게 말하기를 "대군이 마침 전진하려고 하는데 앞길에 군량과 마초가 없다고 들었습니다. 의정께서는 대신으로서 마땅히 나라의 일을 생각하셔야 하니, 수고로움을 꺼리지 마시고 급히 가서 군량을 준비하는데 소홀하게 하지 마시고 착오가 없도록 하십시오"라고 했다.

나는 이여송과 작별하고 나왔다. 이때 명나라 군대의 선봉은 이미 대동강을 건너 남쪽으로 가고 있었는데, 어지럽게 달리면서 길이 막혀 다닐 수 없었다. 나는 옆길로 돌아서 빨리 달려 명나라 군대 앞으로 밤에 중화로 들어갔다가 황주에 도착했는데 이미 삼경이 되었다.

이때 일본군이 금세 퇴각한 뒤라 길이 어수선하여 백성들이 아직 모이지 않아 어떻게 할 계책이 서지 않았다. 황해감사 유영경에게 공문을 보내 군량 운반을 재촉하게 했다. 평양감사 이원익에게도 공문을 보내 김응서 등이 거느린 군사 중 싸움을 할 수 없는 사람을 뽑아 평양으로부터 곡식을 운반하여 황주까지 보내도록 했다. 또 배로 평안도 세 고을의 곡식을 옮겨 청룡포에서 황해도로 옮기도록 했다.

일이 미리 준비했던 것이 아니고 임시로 급히 서둘렀고 명나라의 대군이 뒤따라오기 때문에 군량이 부족할까 걱정하고 애를 쓰고 속을 태웠다. 유영경은 비축해 놓은 곡식이 매우 많았으나 일본군이 약탈하러 올까 걱정하여 산골짜기에 분산시켜 두었다. 이때 백성들을 독려해 수송하여 와서 연도에 군량이 모자라지는 않았다.

이후 명나라 군사가 개성부에 들어왔다.

1월 24일 경성으로 돌아온 일본군은 명나라 군사와 경성에 있는 백성들이 내응할까 의심했고, 평양에서 패한 것을 분하게 여겼다. 이에 경성 안에 있는 우리 백성들을 모두 죽이고, 관청, 여염집 할 것 없이 다 불태워 없애버렸다. 그리고 경성 서부 일대에 주둔했던 일본군들도 경성으로 모여서 명나라 군대를 저지하고자 했다.

나는 제독 이여송에게 빨리 진군할 것을 요청했다. 이여송은 머뭇거리다가 여러 날만에 진군하여 파주에 도착했다. 다음날 부총병 사대부는 우리 장수 고언백과 함께 군사 수백 명을 거느리고 먼저 가서 일본군의 동정을 정탐하다가, 벽제역 남쪽 여석령碼石嶺에서 일본군과 만나 백여 명을 죽였다.

제독은 이 말을 듣고 대군은 그대로 머물러 있게 하고 말 잘 타는 부하 1천여 명과 함께 여석령으로 달려가다 혜음령을 지나갔다. 말이 넘어져서 이여송이 땅에 떨어지니 부하들이 함께 붙들어 일으켰다. 이때 일본군은 많은 군사를 여석령 뒤에 숨겨놓고 수백 명만이 여석령 위에 있었다. 제독 이여송은 이를 바라보고 군사를 지휘하여 두 부대로 나누어 앞으로 나갔다. 일본군도 여석령으로부터 내려와 명군과 일본군이 서로 가까워졌다. 그런데 여석령 뒤에 숨어 있던 일본군이 갑자기 산 위로 올라와서 진을 치니, 그 숫자가 1만 명이나 되었다. 명나라 군사는 이를 바라보다가 마음속으로 두려워했으나, 이미 일본군과 싸움이 시작되어 어찌할 수가 없었다.

이때 제독 이여송이 거느린 군대는 모두 북방의 기병들이어서 화기도 없고, 짧은 칼을 가졌을 뿐이었는데 그마저도 무딘 것이었다. 일본이 사용하는 보병용 칼은 길이가 3, 4척이 되는 날카로운 칼이었다. 명나라 군사는 일본군의 공격에 견딜 수가 없었고, 서로 맞부딪쳐 싸우는데 일본군이 긴 칼을 좌우로 휘둘러 내리치니 사람과 말이 다 쓰러졌다. 명군은 일본군이 가진 무기의 날카로움을 당할 수 없었다. 제독 이여송은 형세가 위급한 것을 보고 후군을 불러보았으나 군사가 이르지 않았다. 군사가 이미 패하여 사상자 또한 매우 많았다. 일본군도 지쳐 군사를 거두고 급히 추격하지 않았다. 날이 저물 무렵 제독 이여송은 파주로 돌아왔다. 그는 벽제 여석령에서 패한 일을 숨겼으나 사기가 매우 떨어졌고, 밤에는 믿고 쓰던 부하들이 전사한 것을 슬퍼하여 통곡했다.

다음 날 제독 이여송은 군사를 동파로 후퇴시키려 했다. 나는 우의정 유홍, 도원수 김명원, 장수 이빈 등과 함께 제독의 장막 아래에 도착했다. 이여송은 일어서서 장막 밖으로 나가려 하므로 여러 장수들이 좌우에 늘어섰다. 나는 "이기고 지는 일은 병가에서 항상 있을 일입니다. 마땅히 형세를 보아 다시 진격하면 됩니다. 어찌 가볍게 움직이겠습니까?"라고 힘주어 말했다. 이여송은 "우리 군사는 어제 적을 많이 죽여서 불리한 일은 없지만, 이곳은 비가 온 뒤라 진창이 되어 군사를 주둔시키기에 불편하오. 동파로 돌아가서 군사를 쉬게 한 다음 진격할 것입니다"라고 했다.

나와 여러 사람들이 동파로 퇴각해서는 안 된다고 말리자, 이여송은 명나라 만력제에게 보고할 글의 초고를 내보였다. 거기에는

'적병으로 조선 경성에 있는 자가 20여만 명이니 적은 많고 우리는 적어서 대적할 수가 없습니다'라는 말이 있었고, 그 글 끝에는 "신은 병이 심하니 청컨대 다른 사람으로 제독의 소임을 대신하게 해주시옵소서"라고 적혀 있었다. 나는 깜짝 놀라 손으로 그 글을 가리키면서 "일분군은 아직 적은데 어찌 20만 명이나 있겠습니까?"라고 하니, 이여송은 말하기를 "내가 어찌 그것을 알 수 있겠습니까? 당신네 나라 사람이 그렇게 말한 것입니다"라고 했다. 이것은 핑계에 불과했다. 명나라 여러 장수들 중 장세작은 더욱 제독 이여송에게 병사를 물릴 것을 권했다. 그는 우리들이 굳이 간청하며 물러가지 않는다고 하여 순변사 이빈을 발로 차며 꾸짖었는데, 말소리와 얼굴빛이 다 격해 있었다.

이때 날마다 큰 비가 왔다. 또 길가의 모든 산은 일본군이 다 태워버려서 풀포기 하나가 없었다. 게다가 말의 역병이 돌아 며칠 동안 거의 만 필의 말이 쓰러져 죽었다.

이날 명나라 삼영(이여백, 장세작, 양원)의 군사들이 돌아가서 임진강을 건너 동파역 앞에 주둔했다. 다음날 동파역으로부터 개성부로 돌아가려고 했다. 나는 "대군이 한번 물러가면 왜적들은 기세가 더욱 교만해져, 멀고 가까운 백성들이 놀라고 두려워하여 임진강 이북도 보전할 수가 없을 것입니다. 원컨대 조금만 더 머물러 있으면서 틈을 보아 이동하도록 하십시오"라고 간청했다.

제독 이여송은 거짓으로 이를 허락했다. 내가 물러나온 후, 이여송은 바로 말을 타고 개성부로 돌아가니, 여러 명군 병영이 모두 개성으로 물러갔다. 오직 부총병 사대수와 유격 관승선의 군사 수백 명만이 임진강을 지켰다. 나는 그대로 동파에 있으면서 날마다 제독 이여송에게 사람을 보내 다시 진병해줄 것을 요청했다. 이여송은 거짓으로 수락하며 말하기를 "날씨가 개고 길이 마르면 마땅히 진격할 것입니다"라고 했다. 그러나 이여송은 사실 진격할 생각이 없었다.

대군이 개성부에 도착하여 여러 날이 지나자 군량이 이미 다 떨어졌다. 오직 수로로 소와 마초를 강화도에서 가져왔다. 또 배로 충청도, 전라도의 세곡을 조금씩 옮겨왔으나, 이내 바닥이 나서 상황이 급박했다.

하루는 명나라 여러 장수들이 군량이 다 떨어졌다는 것을 구실로 제독 이여송에게 군사를 돌리자고 요청했다. 이여송은 노하여 나와 호조 판서 이성중, 경기좌감사 이정형을 불러 뜰 아래 꿇어앉히고는 큰 소리로 꾸짖으며 군법을 시행하고자 했다. 나는 사과를 하면서도 나랏일이 이 지경에 이른 것을 생각하니, 나도 모르게 눈물이 주르르 흘렀다. 그러자 제독 이여송이 민망해하면서 다시 여러 장수들에 화를 내면서 "너희들이 지난 날 나를 따라 서하를 칠 때는 여러 날을 먹지 못했어도 돌아가겠다는 말을 감히 하지 않고 싸워서 마침내 큰 공을 세웠는데, 지금 조선이 우연히 며칠 군량을 지급하지 못했다고 어찌 감히 군사를 돌리겠다는 소리를 하느냐? 너희들이 가려면 어디 가봐라. 나는 적을 멸망시키지 않고는 돌아가지 않겠다. 오직 말가죽으로 시체를 싸가지고 가려 할 따름이다"

라고 하니, 명나라 여러 장수들이 머리를 조아리며 사과했다.

　나는 제독 군문의 밖으로 나온 후, 군량을 제때에 공급하지 못한 죄를 물어 개성경력 심예겸에게 곤장을 쳤다. 계속하여 군량을 실은 배 수십 척이 강화도로부터 서강에 도착하여 겨우 아무 일이 없었다. 이날 저녁 제독 이여송은 총병 장세작을 시켜 나를 불러 위로의 뜻을 전한 다음, 군사에 관해 논의했다.

제독 이여송은 평양으로 돌아갔다.

　이때 일본군 장수 가토 기요마사는 아직 함경도에 있었다. 어떤 사람이 전하기를 "가토 기요마사가 곧 함흥咸興에서 양덕 맹성을 넘어 평양성을 습격하려고 합니다"라고 했다. 이때 제독 이여송은 북으로 돌아갈 생각만 했는데, 그 기회를 얻지 못했다가 이 말을 듣고, "평양은 곧 근본이 되는 곳이므로 만일 이곳을 지키지 않으면 대군이 돌아갈 길이 없어질 것이니, 평양을 구하지 않을 수 없습니다"라고 하며 드디어 군사를 돌려 평양성으로 돌아갔다. 왕필적을 머무르게 하여 개성을 지키도록 했다. 그리고 이여송은 접반사 이덕형에게 "조선의 군사도 형세가 외롭고 구원병도 없으니 마땅히 모두 임진강 북쪽으로 돌아가는 게 좋겠습니다"라고 했다.

　이때 전라도 순찰사 권율은 고양군 행주에 있었고, 순변사 이빈은 파주에 있었다. 고언백과 이시언은 해유령에 있었고, 도원수 김명원이 임진강 남쪽에 있었다. 나는 동파에 있었다. 제독 이여송은 일본군이 쳐들어올까 두려워하여 그렇게 말한 것이다.

나는 종사관 신경진을 보내 제독 이여송을 보고 군사를 물리면 안 될 이유 다섯 가지를 설명하게 했다.

첫째, 선왕의 분묘가 다 경기 안에 있는데, 지금 왜적들이 있는 곳에 있으므로 신이나 사람이나 수복을 바라는 마음이 간절하니 차마 버리고 가서는 안 될 것입니다. 둘째, 경기도 이남에 있는 백성들은 날마다 구원병이 오기를 바라고 있는데, 갑자기 물러갔다는 소식을 듣게 되면 다시 굳게 지킬 뜻이 없어져서 서로 거느리고 왜적에게 귀의할 것입니다. 셋째, 우리나라의 강토는 한자 한치라도 쉽게 버릴 수 없습니다. 넷째, 우리 장병들은 비록 힘이 약하더라도 명나라 구원병의 힘에 의지하여 함께 진격하려고 도모하고 있는데, 철퇴하라는 명령을 듣게 되면 반드시 원망하고 분개하여 사방으로 흩어져버릴 것입니다. 다섯째, 구원병이 물러간 뒤에 일본군이 그 틈을 타서 공격해오면 비록 임진강 이북이라고 하더라도 역시 보존할 수 없을 것입니다.

그러나 제독 이여송은 이것을 보고도 아무 말 없이 떠나갔다.

전라도 순찰사 권율이 일본군을 행주에서 격퇴시키고 파주로 옮겼다.

이보다 먼저 광주목사 권율이 이광을 대신하여 순찰사가 되어 근왕군을 거느리게 되어, 이광 등의 근왕병도 거느리게 되었다. 권율은 이광 등이 들판에서 싸우다 패전한 것을 경계했다. 권율은 수원에 도착하여 독성산성에 의거하니 일본군들은 감히 쳐들어오지 못했다. 그는 명나라 구원병이 곧 경성으로 들어온다는 말을 듣고 한강을 건너 행주산성에 진을 쳤다.

이때 일본군이 경성으로부터 대거 일어나 공격해왔다. 군중은 흉흉하고 두려워하여 흩어지려고 했으나, 강물이 뒤에 있어서 달아날 길이 없었다. 할 수 없이 도로 성으로 들어와 힘을 다해 싸우니 화살이 비 오듯 쏟아졌다. 일본군은 부대를 세 진으로 나누어 들어와 번갈아 가며 쳐들어왔으므로 모두 패하고 말았다.

때마침 날이 저물자 일본군은 돌아서 경성으로 돌아갔다. 권율은 군사들에게 일본군의 시체를 가져다가 사지를 찢어 나뭇가지에 걸어놓아 맺혔던 한을 풀었다. 얼마 뒤 권율은 일본군이 다시 나와 반드시 원수를 갚으려 한다는 말을 듣고 매우 두려워했다. 그는 병영과 목책을 헐고 군사를 거느리고 임진강에 도착하여 도원수 김명원의 지휘를 받았다.

나는 이것을 듣고 단기로 달려가 파주산성에 올라가 그 형세를 살펴보았다. 큰 길의 요충으로 지형이 험준하여 근거지로 삼을 만

했다. 즉시 권율과 순변사 이빈에게 군사를 모아 굳게 지키게 하여, 일본군이 서쪽으로 내려오는 것을 막도록 하고, 방어사 고언백, 이시언과 조방장 정희현, 박명현 등을 유격병으로 임명하여 해유령을 막도록 했다. 의병장 박유인, 윤선정, 이산휘 등에게 오른쪽 길목을 따라 경릉慶陵·창릉昌陵 사이에 복병을 베풀고서 각각 군사를 거느리고 출몰하면서 공격하게 했다. 다만 일본군이 많이 나오면 싸우지 말고 피할 것이며, 적게 나오면 싸우도록 하라고 지시했다. 이로 인해 일본군은 성을 나와 땔나무와 마초를 마련할 수 없어서 말들이 많이 죽었다.

또 창의사 김천일, 경기수사 이빈, 충청수사 정걸 등에게 배를 타고 용산, 서강을 따라 일본의 세력을 분산시키록 했다. 충청도 순찰사 허욱이 양성에 있었는데, 그에게 다시 충청도로 돌아가 지키도록 했다. 허욱에게 일본군이 남쪽으로 내려오는 것에 대비하도록 한 것이었다. 공문을 경기, 충청, 경상도의 관군과 의병에게 보내, 각각 그곳에 주둔하면서 일본군의 이동을 차단하도록 했다. 양근 군수 이여검에는 용진을 지키도록 했다. 그리고 모든 장수들에게 일본군의 수급을 개성부의 남문 밖에 매달아놓게 했다. 제독 이여송과 참군 여응종이 이를 보고 기뻐하며 "조선 사람도 이제 적의 머리를 자르는 것을 공을 쪼개는 것처럼 합니다"라고 말했다.

하루는 일본군이 동문으로부터 대거 나와서 산을 수색했다. 양주 적성에서 대탄까지 수색을 했으나 아무것도 얻지 못했다. 명나라 장수 사대수는 일본군의 습격을 받을까 우려하여 나에게 알리기를, "첩자가 와서 '적들이 사총병과 유체찰을 사로잡으려 한다'고 하니, 잠시 동안 개성으로 피하는 것이 어떻겠습니까?" 했다. 나는 "첩자가 말한 것은 아마 근거가 없을 것입니다. 일본군은 가까이에 대군이 있다고만 의심하고 있습니다. 어찌 감히 경솔하게 강을 건너오겠습니까? 우리들이 움직이면 민심이 반드시 동요할 것이니, 조용히 기다리고 있는 것이 나을 것입니다" 했다. 사대수는 웃으면서 "그 말은 아주 옳은 말입니다. 만약 적이 오는 일이 있다 하더라도 나는 체찰사와 죽고 사는 것을 같이할 것이지, 어찌 감히 혼자 가겠습니까?"라고 했다. 드디어 사대수는 거느리고 있는 군사 수십 명을 나누어 보내서 나를 보호했다. 비록 비가 심하게 오더라도 밤새도록 경비하여, 잠시도 게을리하지 않았다. 일본군이 성안으로 들어간다는 말을 듣고서 나에 대한 보호를 그만 두었다.

그 뒤에 일본군은 권율이 파주산성에 있다는 사실을 알고 원한을 갚으려고 대군을 이끌고 서쪽으로 나와 광탄에 도착했다. 광탄은 파주산성과 몇 리쯤 떨어져 있으나 일본군은 군사를 머물러 두게 하고 진격하지는 못했다. 일본군은 오시午時에서 미시未時까지 공격하지 않고 있다가 돌아간 뒤 다시는 나오지 않았다. 이는 일본군이 지형을 살피고 권율이 있는 파주산성이 매우 험준한 것을 알았기 때문이었다.

나는 왕필적에게 공문을 보내어 말하기를 "일본군이 지금 험한 곳에 있으니 아직 쉽게 공격할 수는 없습니다. 대군은 마땅히 동파로 나와 주둔하고, 파주에서는 그 뒤를 밟아 이를 견제하고 남쪽의 군사 1만 명을 뽑아서 강화도로부터 한강의 남쪽으로 나와 불시에 일본의 여러 둔진을 격파한다면, 경성의 일본군들은 돌아갈 길이 끊어져 반드시 용진으로 달아날 것입니다. 이럴 때 뒤에 있는 군사들이 여러 강나루를 습격한다면, 한 번 군사를 일으켜 일본군을 소탕할 수 있을 것입니다" 했다.

왕필적이 무릎을 치며 신기한 계책이라고 칭찬하면서, 정탐군 36명을 뽑아 충청도 의병장 이산겸의 진으로 달려가 일본군의 형세를 살피게 했다.

이때 일본의 정예부대는 경성에 있고, 후방에 주둔한 일본군은 약한 소수의 군사들이었다. 정탐하러 갔던 군사들이 돌아와 "꼭 1만 명의 군사까지 필요하지 않고, 다만 2~3천이면 일본군을 쳐부술 수 있겠습니다"라고 기뻐 날뛰면서 보고했다. 제독 이여송은 북방 출신의 장수였다. 그는 이 싸움에서 남방 출신의 군사를 아주 억압했는데, 이는 그 성공을 꺼려 뜻대로 하는 것을 허락하지 않았다.

임금께 군량의 여분을 가지고 굶주린 백성들을 구제하자고 요청하였더니 이를 허락하셨다.

이때 일본군이 경성을 점거한 지 이미 2년이 되었다. 병화로 인한 피해로 천리 지방이 쓸쓸했고, 백성들은 농사를 지을 수 없어서 굶어 죽어가고 있는 상태였다. 경성에 남아 있던 사람들은 내가 동파에 있다는 소식을 듣고 서로 붙들고 짐을 이고 지고서 들어온 사람들이다. 그 수를 헤아릴 수가 없을 정도였다. 부총병 사대수는 마산으로 가는 길에 어린 아이가 죽은 어미의 젖을 빨고 있는 것을 보고 가엾게 여겨, 아이를 데려다가 군중에게 기르도록 했다. 그는 나에게 말하기를 "일본군이 아직 물러가지 않았는데 백성들의 삶이 이와 같으니 앞으로 어떻게 해야겠습니까?"라고 하면서 탄식하기를 "하늘도 탄식하고 땅도 슬퍼할 일입니다"라고 했다. 사대수의 말을 듣고 나도 모르게 눈물이 흘렀다.

이때 대군이 곧 다시 온다고 하자, 군량을 실은 배를 강 언덕에 매어놓게 하고 감히 달리 사용하지 못하도록 했다.

때마침 전라도 소모관 안민학安敏學이 겉곡식 1천 석을 모아 배로 싣고 왔다. 나는 매우 기뻐서 곧 임금께 보고하면서, 이 곡식을 가지고 굶주린 백성들을 구제할 것을 요청했다. 전 군수 남궁제南宮悌를 감진관으로 임명하여 솔잎을 따다가 가루를 만들어 쌀가루를 섞어 물에 타서 마시게 했다. 사람은 많고 곡식은 적어서 별 도움은 안 되었다.

명나라 장수들은 이 광경을 보고 불쌍하게 생각하여, 자기네들이 먹을 군량 30석을 나누어 백성들을 구제하게 했다. 그럼에도 백분의 일에도 미치지 못했다. 하루는 밤에 큰 비가 왔는데, 굶주린 백성들이 내가 있는 곳 좌우에 와서 신음하고 있었다. 나는 차마 들을 수가 없었다. 아침에 일어나 살펴보니 여기저기 죽은 사람이 많이 흩어져 있었다.

경상우감사 김성일도 나에게 전 전적 이로를 보내 급박한 사정을 알리며 말하기를 "전라좌도의 곡식을 빌려 굶주린 백성을 구제하고, 그 곡식으로 봄 밭갈이 종자로 하려고 하나 전라도사 최철견이 빌려주려는 것을 탐탁해 하지 않습니다"라고 했다.

이때 지사 김찬이 체찰부사가 되어 호서에 있었는데, 나는 즉시 김찬에게 공문을 보내 전라도로 달려가 남원 등지의 창고를 열어 곡식 1만 석을 영남으로 옮겨 백성들을 구제토록 했다.

이때는 일본군이 경성부터 남쪽 해변에 이르기까지 가로질러 있었고, 때는 4월인데 백성들은 다 산골짜기에 들어가 있어서 보리를 심는 곳이 한 군데도 없었다. 일본군을 다시 몇 달 동안 물러가게 하지 않았다면 우리 백성들은 모두 굶어 죽었을 것이다.

유경장 심유경이 다시 경성으로 들어와 일본군을 타일러 군사를 물리도록 했다.

4월 7일 제독 이여송은 평양으로부터 개성으로 돌아왔다. 이보다 먼저 창의사 김천일의 진중에 이신충이라는 사람이 있었다. 스스로 경성으로 들어가 일본의 정세를 탐지하겠다고 청하여, 임해군과 순화군, 장계군 황정욱을 만나보고 말하기를 "왜적들이 강화할 뜻을 가지고 있습니다"라고 했다. 이후 일본군이 용산에 있던 우리

수군에게 서신을 보내 화친을 청했다.

김천일이 일본군이 보낸 서신을 나에게 보냈다. 나는 "제독 이여송이 이미 싸울 생각이 없으니, 혹 강화를 구실로 일본군을 물리치려 생각한다면 다시 개성으로 돌아오지 않을 수 없을 수 없을 것이니, 그러면 거의 일을 끝낼 수 있을 것이다"라고 생각했다. 그 글을 명나라 부총병 사대수에게 보였더니, 그는 곧 가장 이경을 시켜 평양으로 달려가 제독 이여송에게 알리게 했다. 그때 다시 제독 이여송은 심유경을 오게 했다. 도원수 김명원은 심유경을 보고 말하기를 "왜적들이 평양에서 속은 것을 분하게 생각해 반드시 좋게 생각하지는 않을 것입니다. 어찌 다시 적진으로 들어갈 수 있겠습니까?"라고 했다. 심유경은 "적들이 스스로 빨리 물러가지 않았기 때문에 전투에서 패했던 것인데 나와 무슨 상관이 있다는 말입니까?"라고 하고 일본군 진영으로 들어갔다.

심유경이 일본군의 진중에서 말한 것은 알려지지 않았지만, 대체로 "조선의 왕자와 배신陪臣을 돌려보내라고 꾸짖고 일본군이 군사를 물려서 부산으로 돌아간 후에야 강화를 허락한다는 것이었다. 일본군은 심유경이 제시한 것을 약속하겠다고 했다. 제독 이여송은 드디어 개성부로 돌아왔다. 나는 제독 이여송에게 문서를 보내 "일본과 화호和好를 하는 것은 좋은 계책이 아닙니다. 일본군을 공격하는 것만 같지 못할 것입니다"라고 극진히 말했다. 제독 이여송은 "우선 내 마음도 그와 같습니다"라고 하면서도 나의 요청을 받아들일 생각은 없었다.

이여송은 유격장군 주홍모周弘謨를 일본군의 진영으로 보냈다. 때마침 나는 김명원과 함께 권율의 진중에 있으면서 주홍모를 파주에서 만났다. 그는 우리들에게 기패旗牌에 참배하게 했다. 나는 "이것은 일본군의 진영으로 들어갈 기패인데 어째서 우리가 참배를 해야 합니까? 경략 송응창이 왜적을 죽이지 말라는 패문도 있어 우리는 더욱 받아들일 수 없습니다"라고 말했다. 주홍모는 서너 번이나 기패에 참배할 것을 강요했으나, 나는 답하지 않고 말을 타고 동파로 돌아왔다.

주홍모는 사람을 시켜 제독 이여송에게 이 일을 보고했다. 제독 이여송은 크게 화를 내면서 "기패는 곧 황제의 명령으로 비록 오랑캐들이라도 보면 절을 하는데, 어찌하여 조선인들이 절을 하지 않는다는 말인가? 내가 군법을 시행한 후에 회군할 것이다"라고 했다. 접반사 이덕형은 나에게 급히 보고를 하면서 말하기를 "내일 아침에 와서 사과를 하지 않으면 안 되겠습니다" 했다. 다음날 나와 김명원은 개성으로 가 영문營門에서 이름을 알렸으나, 제독 이여송은 노하여 만나주지 않았고, 도원수 김명원은 물러가려 했다. 나는 "제독이 우리를 시험하는 것이니 조금 기다려 봅시다"라고 했다. 이때 비가 조금 왔다. 우리 두 사람은 팔짱을 끼고 문 앞에 서 있었다. 조금 뒤 제독 이여송이 보낸 사람이 우리를 엿보고 다시 들어갔다 나왔다 하기를 두어 번 되풀이했다. 잠시 뒤 우리를 들어오도록 했다. 제독은 당 위에 서 있었다. 내가 제독 앞에 가서 예를 표하고 사과를 하면서 "우리들이 비록 어리석고 용렬하더라도 어찌 기패를 공경해야 하는 것을 알지 못하겠습니까? 다만 기패 옆에 패문牌文이 있었는데, 우리나라 사람이 왜적을 죽이는 것을 허락하지 않으니, 사사로운 마음에서 분하게 생각하여 감히 참배하지 않은 것입니다. 그 죄를 벗어날 수는 없겠습니다"라고 하니 제독은 부끄러운 기색으로 "그 말은 아주 옳은 말씀입니다. 패문은 경략 송응창의 명령이니 나와는 관계가 없는 일입니다" 또 말하기를 "요즘 터무니 없는 소문이 매우 많습니다. 경략 송응창은 조선 배신이 기패에 참배하지 않았는데, 내가 만약 이를 용서하고 문책하지 않았다는 말을 들으면 나까지도 반드시 문책을 당할 것입니다. 의당 문서를 만들어 대략 이와 같은 사정을 변명하여 보내도록 하시오. 만약 경략 송응창이 그대들을 문책하는 일이 있으면 내가 그 문서로 해명할 것이고, 송응창이 묻지 않으면 나는 이 문제를 그대로 덮어 두겠습니다"라고 했다. 우리 두 사람은 제독에게 인사를 하고 물러나와서, 제독의 말대로 문서를 만들어 보냈다.

이때부터 제독 이여송은 일본군의 진영에 사람을 보내 자주 왕래했다. 하루는 내가 도원수 김명원과 함께 제독 이여송의 동정을 엿보고 동파로 돌아오다 천수정 앞에 도착했는데, 명나라 부총병 사대수의 가정 이경을 만났다. 그는 동파에서 개경으로 가는 길이었는데, 말 위에서 서로 읍만 하고 지나쳤다. 우리가 초현리에 도착했을 무렵 명나라 사람 셋이 말을 타고 내 뒤를 쫓아와 큰소리로 "체찰사는 어디 계시오"라고 물었다. 나는 "내가 체찰사입니다"라고 했더니 그들은 "말을 돌리시오"라며 호통을 쳤다. 그중 한 사람은 손에 쇠사슬을 들고 긴 채찍으로 내가 탄 말을 후려갈기면서 큰 소리로 "달려, 달려라"라며 길을 재촉했다. 나는 무슨 영문인지 알지도 못한 채, 그에게 이끌려 개성으로 말을 달렸다. 그 명나라 사람은 내 말 뒤에서 채찍질하는 것을 그치지 않았다. 나를 수행했던 사람들은 모두 뒤처졌고, 오직 군관 김제와 종사관 신경진만이 힘을 다해 뒤쫓아왔다. 청교역靑郊驛을 지나 토성 모퉁이에 도착했을 때, 또 명나라 기병 한 사람이 성안으로부터 말을 달려 나와 명나라 기병 세 사람에게 무슨 말을 수근거렸다. 그러자 세 사람의 기병이 나에게 읍하면서 "돌아가셔도 좋습니다"라고 했다.

나는 멍하니 무슨 까닭인지 헤아리지 못하고 돌아왔다. 다음날 이덕형의 통지를 보고서야 비로소 그 이유를 알았다.

그것은 제독 이여송이 신임하는 가정 한 사람이 밖으로 나갔다 들어와서 제독에게 말하기를 "체찰사 유성룡이 강화를 하지 않으려고 임진강의 배들을 모두 없애버려서, 강화를 위한 사신들이 일본군의 진영으로 들어가지 못하고 있습니다"라고 했다. 제독 이여송은 갑자기 화를 내며 나를 잡아다 곤장 40대를 치려고 했다는 것이었다. 나는 아직 거기에 도착하지 않았다. 제독 이여송은 눈을 부릅뜨고 팔을 걷어붙인 채 앉았다 일어났다 하므로 좌우에 있던 사람들이 무서워 떨었다. 얼마 후 이경이 돌아오자, 제독 이여송은 임진강에 배가 있는지 없는지를 물었다. 이경이 말하기를 "배가 있어서 왕래하는 데 아무런 지장이 없습니다"라고 말하니, 이여송이 곧 사람을 보내 나를 데리고 가는 사람에게 멈추라고 했고, 가정이 거짓말을 했다고 하면서 그에게 수백 대나 심한 매질을 하여 숨이 끊어진 뒤에야 끌어냈다고 한다. 제독 이여송은 나에게 노여워한 것을 뉘우치며 사람들에게 "만약 체찰사 유성룡이 온다면 내가 어떻게 해야 하는가?"라고 물었다. 제독 이여송은 내가 화의를 받아들이지 않는다고 평소부터 불편한 마음을 가졌기 때문에 남의 말을 듣지마자 살펴보지도 않고 갑자기 이와 같이 화를 냈던 것이었다. 사람들은 내가 위급하다고 생각했다. 며칠 뒤 제독 이여송은 유격 척금戚金, 전세정錢世禎 두 사람에게 기패를 가지고 동파에 도착하여, 나와 도원수 김명원, 관찰사 이정형을 불러 함께 앉아서 조용히 말하기를 "적이 두 왕자와 배신을 돌려보내고 경성에서 물러날 것을 요청하니, 곧 요구하는 것에 따라 그들을 속여 성을 나오게 한 뒤에 계책을 써 추격합니다" 했다. 이것은 제독 이여송이 그들을 시켜 내가 강화를 좋아하는지 싫어하는지를 탐색했던 것이었다. 나는 오히려 강화를 반대하는 뜻을 고집하여 서로 오가는 것을 마다하지 않았다. 명나라 유격 척금은 성질이 조급하여 화를 내며 "그렇다면 그대들 국왕은 어찌 도성을 버리고 도망갔는가?"라며 소리 높여 말했다. 나는 천천히 "임시로 국도를 옮겨 회복을 도모하는 것도 역시 한 가지 방도라 할 것입니다"라고 말했다. 명나라 유격 전세정 등은 드디어 돌아갔다.

4월 19일 제독 이여송은 대군을 거느리고 동파에 도착하여 부총병 사대수의 막사에 유숙했다. 이것은 일본군이 벌써 퇴군할 것을 약속했기 때문에 경성으로 들어가려고 했기 때문이었다. 나는 제독 이여송의 숙소를 찾아가 안부를 물었으나, 그는 나를 만나주지 않고 통역관에게 전해 말하기를 "체찰사는 나에게 불쾌한 생각을 갖고 있을 텐데 또 찾아와서 문안을 하는 겁니까?"라고 할 뿐이었다.

제7장

도성 수복과 백성들의 동향

4월 20일 수복되었다.

　명나라 군대가 도성으로 들어오고 제독 이여송은 소공주댁(후에 남별궁으로 칭했다)에 객관을 정했다. 이보다 하루 전 일본군은 도성을 빠져나갔다. 나도 명나라 군대를 따라 도성으로 들어왔다. 성안에 남아 있는 백성은 백명 중 한 명도 살아 있는 사람이 없는 형편이었고, 살아 있는 사람도 굶주리고 병들어 얼굴빛이 귀신같았다. 이때 날씨가 매우 더웠는데, 죽은 사람과 죽은 말이 곳곳에 노출되어 있어서 썩는 냄새가 성안에 가득 차서, 다니는 사람이 코를 막고서 지나가야 할 정도였다. 관청과 여염집 할 것이 모두 없어져버렸다. 오직 숭례문으로부터 동쪽, 남산 밑 일대에 일본군이 주둔했던 곳에만 건물들이 남아 있었다.

종묘와 세 대궐 및 종루, 관학 등 큰 길 이북에 있던 건물들은 모두 타 없어지고, 오직 재만 남아 있을 뿐이었다. 제독 이여송이 머문 소공주댁은 일본군 장수 우키다 히데이에가 머물러 있던 곳으로 남아 있게 된 것이었다.

나는 우선 종묘를 찾아가 통곡했다. 다음으로 제독 이여송이 거처하는 소공주댁에 도착하여, 문안하려고 온 여러 사람들을 보고 한참 동안 소리치며 통곡했다.

다음날 아침 다시 제독 이여송을 찾아가 안부를 묻고, "일본군이 막 물러갔지만 여기서 떠나갔다 해도 반드시 멀리 가지는 못했을 것입니다. 군사를 일으켜 급히 추격해주시기를 바랍니다"라고 하니, 제독 이여송은 "나도 그렇게 해야 한다고 생각합니다만, 급히 추격하지 않는 이유는 한강에 배가 없기 때문입니다"라고 했다. 나는 "만일 제독께서 일본군을 추격하려고 한다면 내가 먼저 한강으로 나가 배를 징발하겠습니다"라고 말했다. 제독은 "아주 좋습니다"라고 말했다. 나는 곧 한강으로 달려갔다.

이보다 먼저 나는 경기 우감사 성영, 경기수사 이빈에게 공문을 보내, 일본군이 물러간 뒤에 강 중에 있는 크고 작은 배들을 수습하여 실수 없이 다 모을 것을 명령했다. 이때 이미 80여 척이나 도착했다. 나는 바로 사람을 보내 제독 이여송에게 "배가 준비되었다"고 알렸더니, 조금 뒤 명나라 영장 이여백이 1만여 명의 군사를 거느리고 강변으로 나왔다. 명나라 군사가 한강을 반쯤 건넜을 때 해가 저물고 있있다. 이때 이여백이 갑자기 병이 났다고 핑계를 대면서 말하길 "성안으로 돌아가 병이 나은 후에 진격하겠다"라고 하며 가마를 타고 돌아가버렸다. 그러자 이미 한강 남쪽으로 건너가 있던 명나라 군사들도 다 돌아가 성안으로 들어가 버리고 말았다.

나는 마음속으로 통분했지만 어찌할 수가 없었다. 이것은 제독이여송이 실제로 일본군을 추격할 의사가 없으면서 다만 거짓으로 추격하는 것처럼 속이려는 수작이었다. 4월 23일 나는 병이 나서 자리에 누웠다.

5월 제독 이여송은 일본군을 추격하여 문경까지 갔다가 돌아왔다.

경략 송응창은 비로소 패문을 제독 이여송에게 발송하여 일본군을 추격하게 했다. 이때 일본군이 경성에서 퇴각한 지 수십 일이나 되었는데, 경략 송응창은 남들이 자신이 일본군을 놓아 보내 추격하지 않는다고 비난할까 염려하여 이와 같은 일을 꾸민 것이었다. 실제로는 제독 이여송이 일본군을 두려워하여 감히 진격하지 못하고 돌아온 것이었다. 이때 일본군은 천천히 가면서 때로는 머무르기도 했다. 연도를 지키는 우리 군사들도 모두 자취를 감추고 감히 나와 일본군을 공격하는 자가 없었다.

일본군은 퇴각하여 바닷가에 나누어 진을 쳤다. 그들은 울산 서생포로부터 동래, 김해, 웅천, 거제까지 머리와 꼬리가 서로 이어졌다. 모두 16둔인데 모두 산과 바다에 의지하여 성을 쌓고 참호를 파고 오래도록 머물 계획을 세웠다. 바다를 건너 돌아가려고 하지 않았다.

명나라 조정은 사천 총병 유정에게 복건, 서촉, 남만 등지에서 모집한 군사 5천 명을 거느리고 연이어 나왔다. 그는 성주, 팔거에 주둔하고, 남장 오유충은 선산, 봉계에 주둔하게 했다. 이녕, 조승훈, 갈봉하는 거창에 주둔하고, 낙상지, 왕필적은 경주에 주둔하게 했다. 그들은 사면으로 둘러싸고 서로 버티기만 하며 진격하지 않았다. 명군의 군량은 호서 지방과 호남 지방에서 가져왔는데, 험준한 산길을 넘어 와서 여러 진둔에 나눠 공급하게 하니 백성들은 더욱 곤궁해졌다.

제독 이여송은 심유경에게 가서 일본군을 타일러 바다를 건너가게 하라고 했다. 그는 또 서일관, 사용재를 나고야로 들여보내 관백 도요토미 히데요시를 만나보게 했다.

6월에 일본군은 비로소 두 왕자 임해군과 순화군, 재신 황정욱, 황혁 등을 돌려보내고, 심유경으로 하여금 돌아가서 보고하게 했다.

한편으로 일본군은 나아가 진주성을 포위하고서 "지난 해 싸움에서 패한 원수를 갚겠다"는 소문을 퍼뜨렸다.

이것은 일본군이 1592년 진주를 포위했으나, 목사 김시민이 막아 이기지 못하고 퇴각했기 때문에 그렇게 말한 것이었다.

진주성은 일본군이 포위한 지 8일 만에 함락되었다. 목사 성예원, 판관 성수경, 창의사 김천일, 경상병사 최경회, 충청병사 황진, 의병 복수장 고종후 등이 모두 전사하고 군인과 백성 6만여 명이 죽었다. 닭, 개, 짐승들까지도 남지 않았다. 일본군은 성을 무너뜨리고 참호를 메우고 우물을 묻고, 나무를 베어 없애서 지난해 패했던 분풀이를 멋대로 했다. 이때는 6월 28일이었다.

이보다 먼저 조정에서는 일본군이 남하했다는 말을 듣고 연달아 왕명을 내려, 여러 장수들을 독려하여 일본군을 추격하게 했다. 도원수 김명원, 순찰사 권율 이하 관군과 의병은 모두 의령에 모였다. 권율은 행주 싸움에서 이긴 데 자신을 가져 기강을 건너 전진하고자 했다.

곽재우, 고언백은 말하기를 "일본군의 세력이 강성한데 우리 군사는 오합지졸이라 싸움을 감당해낼 만한 사람은 적으며, 또 군량도 없으니 경솔하게 진격해서는 안 됩니다"라고 하자, 다른 사람도 머뭇거릴 뿐이었다.

이빈의 종사관 성호선은 어리석고 사세를 제대로 판단하지도 못하면서 팔을 휘두르며 여러 장수들이 머뭇거린다고 책망했다. 그는 권율과 의견이 맞아 드디어 군사를 거느리고 기강을 건너 함안에 이르렀다. 성은 텅 비어 아무것도 얻을 것이 없었다. 여러 군사들은 식사도 못하고 익지 않은 감을 따서 먹게 되니, 다시 싸울 마음조차 없어졌다.

다음날 첩보에는 "일본군이 김해로부터 오고 있다"고 했고, 어떤 사람은 "마땅히 함안을 지켜야 한다"고도 하고, 어떤 사람은 "물러나서 정진을 지켜야 한다"는 등 의견이 분분해 결정을 하지 못했다. 일본군의 포성이 들려오자 사람들의 마음이 흉흉하고 두려워하여 앞 다투어 성 밖으로 나가거나, 조교弔橋에서 떨어져 죽는 사람들이 매우 많았다.

돌아와 정진을 건너 바라보니 일본군이 수륙으로 몰려오는데, 들판을 덮고 강을 메우면서 오니, 여러 장수들이 각자 흩어져 달아나버렸다. 권율, 김명원, 이빈, 최원 등은 먼저 전라도로 향해 나갔다. 오직 김천일, 최경회, 황진 등은 진주로 들어갔는데, 일본군이 뒤따라 와서 진주성을 포위했다.

진주 목사 서예원, 판관 성수경은 명나라 장수의 지대차사원支待差使員이었으므로 오랫동안 상주에 있었다. 그들은 일본군이 진주로 향한다는 소식을 듣고 황급히 돌아왔으나, 이틀 뒤에 일본군이 쳐들어왔다. 진주성은 원래 사면이 험준한 곳에 있었는데, 1592년에 동쪽으로 내려다 평지에 옮겨 쌓았다. 이때 일본군이 비루飛樓를 세워놓고 그 위에 올라가서 성안을 내려다보며 공격할 수 있었다. 성 밖의 대밭에서 대나무를 베어 큰 다발을 만들어 둥글게 둘러쳐서 화살과 돌팔매로 막게 하고, 그 안에서 조총을 쏘니 마치 비가 쏟아지는 것과 같았다. 성안의 사람들은 감히 밖으로 머리를 내놓지도 못했다. 김천일이 거느린 군사들은 다 경성의 시정에서 모집한 무리들이고, 그는 전쟁에 대해서 잘 알지도 못하면서 자기 주장이 강했다. 그는 평소 서예원을 싫어하여 주인과 나그네 사이에 서로 시기했기 때문에, 호령이 어긋나니 이로 인해 더욱 실패했던 것이었다.

오직 황진은 동쪽 성을 지키면서 며칠 동안 싸우다 날아오는 총탄에 맞아 전사했다. 이때 군사들은 기세를 잃었고, 밖에서 구원하는 군사도 오지 않았다. 마침 비가 와서 성이 무너지니 일본군이 개미떼처럼 성으로 쳐들어왔다. 성안 사람들은 가시나무를 묶어 세우고, 돌을 던지면서 힘을 다해 막아 일본군이 거의 물러갔다. 이때 김천일이 이끄는 군사는 북문을 지키다 성이 이미 함락된 것으로 여겨 먼저 무너져버렸다. 일본군은 산 위에 있다가 김천일의 군사가 무너지는 것을 보고 일제히 성으로 기어오르니, 우리 군사들은 크게 당황했다.

이때 김천일과 최경회는 촉석루에서 함께 손을 붙들고 통곡하면서 강물로 뛰어들어 죽었다. 진주성에서 빠져나와 살아난 군사나 백성은 얼마 되지 않았다. 왜적의 변란이 일어난 이후로 이 싸움처럼 심하게 패한 것은 없었다.

조정에서는 의를 위해서 죽었다고 하여 김천일에게 의정부 우찬성에 추증했다. 또 권율이 용감하게 싸우고 일본군을 두려워하지 않는다고 하여 김명원을 대신하여 도원수에 임명했다.

명나라 장수 총병 유정은 진주성이 함락되었다는 소식을 듣고 팔거에서 합천으로 달려갔고, 오유충은 봉계에서 초계에 도착하여 경상우도를 지켰다. 한편 일본군도 진주를 함락시키고 난 후 부산으로 돌아가, 명나라 조종이 강화를 허락하는 것을 기다렸다가 바다를 건너 돌아가겠다고 했다.

1593년 10월 임금께서 도성으로 돌아오셨다.

12월 명나라 행인사行人司**의 행인사헌**行人司憲**이 우리나라에 왔다.**

이보다 먼저 심유경은 일본군 장수 고니시 히小西飛를 데리고 관백 도요토미 히데요시의 항복문서를 가지고 돌아왔다. 명나라 조정에서는 그 항복 문서가 히데요시에게 나온 것이 아니라 고니시 유키나가가 꾸며서 만든 것이라고 의심했다. 또 심유경이 막 돌아오자 마자 진주성이 함락당하게 되니 강화하겠다는 것은 진실이 아니라고 생각하여, 고니시 히를 요동에 머물게 하고 오래도록 회답하지 않았다.

제독 이여송과 여러 장수들이 모두 돌아가고, 오직 유정, 오유충, 왕필적 등 1만여 명의 군사가 팔거에 주둔하고 있었다. 중앙과 지방에 굶주림이 심했다. 또 군량을 운반하던 늙은이와 아이들이 도랑과 골짜기에 쓰러졌고, 장정들은 도적이 되었다. 게다가 전염병으로 거의 다 죽게 되었다. 부자父子와 부부夫婦가 서로 먹는 지경에 이르렀다. 죽은 사람의 뼈가 잡초처럼 드러나 있었다.

얼마 안 되어 유정의 군대가 팔거로부터 남원으로 이동했고, 남원에서 도성으로 돌아와 10여 일 동안 머물고 있다가 서쪽으로 돌아갔다. 오히려 일본군은 바닷가에 있었으므로 사람들이 매우 두려워했다.

이때 명나라 경략 송응창이 탄핵을 당하여 돌아가고, 새로 고양겸이 경략으로 임명되어 요동으로 오는데, 그는 참장 호택胡澤이 보낸 공문을 가지고 와서 우리 군신들을 타일렀다. 그 내용은 다음과 같았다.

"왜놈들이 이유없이 너희 나라를 침입했는데, 그대들은 대나무가 쪼개지는 것 같이 경성, 개성, 평양 등 세 도가 점거되었고, 그대 나라의 땅과 백성의 10분의 8,9를 차지했으며, 너희 왕자와 배신들을 사로잡았다. 황제께서는 크게 노하시어 군대를 일으켜 한번 싸워 평양의 적을 격파하고, 재차 진격하여 개성을 되찾았다. 마침내 왜놈들은 경성에서 도망가고, 왕자와 배신을 돌려보냈으며,

2천여 리의 땅을 되찾았다. 소비한 내탕금도 많았고, 죽은 군사와 마필의 수도 적지 않았다. 우리 조정에서 속국(조선)을 대접하는 은혜가 이에 이르렀고, 황제의 망극한 은덕은 역시 매우 과했다. 지금 군량을 이미 다시 운반할 수 없었다. 군사도 이미 다시 쓸 수 없게 되었다. 왜놈도 역시 우리 위엄을 두려워하여 항복을 요청하고 또 봉공을 애원했다. 명나라 조정에서도 왜적의 봉공을 허락하고 외신으로 두고자 하며, 왜적들을 다 몰아내어 다시는 너희 나라를 침범하지 않게 하며 전쟁을 종식시키려 함은 너희 나라를 구원할 계획을 마련하기 위한 까닭이다. 지금 너희 나라는 양식이 다 떨어지고, 백성들이 서로 잡아먹는 상황이다. 또 무엇을 믿고 군사를 청하려고 하는가? 명나라에서 이미 너희 나라에 군량을 주지 않을 것이다. 왜놈에게 봉공의 청을 끊어버리면, 반드시 노여움을 너희 나라에 분출하여 너희 나라는 반드시 멸망할 것이다. 어찌 스스로 계책을 마련하지 않는가? 옛날 월나라 구천이 회계에서 어려움을 당했을 때 오나라 부차를 씹어먹고 싶지 않았겠는가? 그러나 얼마 동안 치욕을 참고 견딘 것은 뒷날을 도모했기 때문이었다. 그 자신은 부차의 신하가 되었고, 그의 아내는 부차의 첩이 되었다. 하물며 지금 왜놈은 신하나 첩이 될 것을 중국에 요청하고 있으니, 스스로 너그럽게 받아들이고 천천히 도모하는 것은 구천이 군신 관계를 맺는 것보다 나은 것이다. 이것을 능히 참지 못한다면 이것은 발끈하여 화를 내는 졸장부의 소견에 불과할 따름이다. 원수를 갚고 부끄러움을 씻는 영웅다운 모습은 아닌 것이다. 너희가 왜적을 위하여 봉공을 요청해 만약 이것이 이루어진다면, 왜는 반드시 더욱 중국에 감동할 것이고 조선에 고맙게 생각하여 군사를 거두어 돌아갈 것이다. 왜놈들이 가버린 뒤에 너희 나라의 군신들이 애를 쓰고 속을 태우며 와신상담하여 구천이 하던 일을 이행한다면, 하늘의 운수가 좋게 돌아와서 어찌 왜놈에게 원수를 갚을 날이 오지 않겠는가?"

고양겸顧養謙이 누누이 말한 것은 천백 마디의 뜻이 이와 같았다. 참장 호택은 객관에 묵고 있는 3개월여 동안 조정은 의견을 결정짓지 못했다. 임금도 난처한 일로 생각하고 있었다. 나는 이때 병으로 휴가 중이었으나 장계를 올려 "왜적에게 명나라에게 봉공을 청하게 한다는 것은 이치에 맞지 않은 것으로 받아들일 수 없습니다. 오직 요사이 사정을 상세히 적어 명나라에 아뢰 그 처분을 듣는 것이 좋을 것입니다"라고 여러 번 아뢰었다. 그제서야 임금은 이를 허락하셨다. 이에 허욱을 진주사로 명나라에 파견했다.

이때 경략 고양겸은 남이 비난하는 말 때문에 돌아갔고, 새로 경략에 임명된 손광孫鑛이 조선에 왔다. 명나라 병부에서 황제에게 요청하여 왜사 고니시 히를 데리고 명나라 도성으로 들어오게 하여 세 가지 일을 따졌다.

첫째, 다만 봉작만 요구하고 조공은 요구하지 말 것
둘째, 한 사람의 왜병도 부산에 머물러 있지 말 것
셋째, 영원히 조선을 침범하지 말 것.
만일 약속대로 하면 즉시 봉작을 시행할 것이나, 약속대로 하지 않으면 안 될 것이다.

고니시 히는 하늘을 가리켜 맹세하며 약속을 지키겠다고 했다. 드디어 심유경에게 다시 고니시 히를 데리고 왜영으로 들어가 명나라 황제의 뜻을 알리게 하고, 이종성李宗誠, 양방형楊方亨을 상사와 부사로 삼아 일본으로 가서 도요토미 히데요시를 일본 국왕으로 봉하게 했다. 그리고 이종성 등으로 하여금 조선의 도성에 머물러, 일본군이 다 철수하는 것을 살펴보고 일본으로 출발하도록 했다.

1595년 4월 이종성 등이 조선의 경성에 와서 왜적에게 바다를 건너 돌아갈 것을 재촉하는 사자를 잇따라 보냈다.

이에 일본군은 먼저 웅천의 여러 진과 거제, 장문, 소진포 등 여러 둔진을 철수하여 신뢰를 보이고, "평양에서와 같이 속임수에 당할까 염려되니, 원컨대 명나라 사신이 빨리 우리의 군영으로 들어오면 마땅히 모든 것을 약속한 대로 하겠습니다"라고 했다.

1995년 8월에 양방형이 명나라 병무의 공문에 따라 먼저 부산에 도착했다.

일본군은 시일을 끌면서 즉시 철수하지 않았다. 일본이 다시 상사 이종형이 올 것을 요청하니 많은 사람들이 일본군이 철수하지 않을까 의심했다. 명나라 병부상서 석성은 심유경의 말을 믿고 일본이 봉공 외에 다른 뜻은 없다고 생각했다. 또 석성은 일본군을 조선에서 물러가게 하는 게 급하여 재차 이종성을 재촉하여 먼저 일본 군영으로 떠나게 했다. 비록 명나라 조정에서는 다른 논의가 많았으나, 병부상서 석성이 분연히 자기 자신이 책임지고 이 일을 맡고 나섰다.

1595년 9월 이종성이 양방형의 뒤를 이어 부산에 도착했다.

일본 장수 고니시 유키나가는 이종성을 즉시 와서 만나보지 않았다. 그러면서 말하기를 "관백에게 다녀와서 일이 결정된 후에 명나라 사신을 맞이하겠다"고 했다. 명나라 사신과 고니시 유키나가는 일본에 들어갔다가, 1596년(선조 29) 1월에 비로소 부산 일본 군영으로 돌아왔다. 오히려 군사를 철수하는 일에 대해서는 분명하게 말하지 않았다. 이때 심유경과 이종성과 양방형이 부산에 머물렀고, 홀로 고니시 유키나가와 먼저 바다를 건너가 장차 명나라 사신을 맞이할 예절을 의논하여 결정지으러 간다고 말했다. 그러므로 사람들은 그 내막을 헤아릴 수가 없었다.

심유경은 비단옷을 입고 일본으로 가는 배에 탔는데, 네 글자로 '두 나라를 조정하여 싸움을 그만두게 한다'라고 쓴 깃발을 뱃머리에 달고 일본으로 출발했다. 이미 일본으로 떠났지만 오랫동안 회보가 없었다.

이종성은 명나라 개국공신 이문충의 후손인데, 그 공으로 벼슬을 이어받은 부유하고 귀한 집안의 제자였으나 겁이 많았다. 어떤 사람이 이종성에게 말하기를 "왜추(도요토미 히데요시)는 사실 봉작을 받을 의사는 없고, 이종성 등을 꾀어 데려다가 일본에 가두어 두고 곤욕을 보이려고 하는 것이다"라고 했다. 이종성은 몹시 두려워하여 밤중에 평복으로 갈아입고 병영을 빠져나왔다. 그는 하인과 행장, 소용품과 인장, 부질 등을 모두 나 버려두고 도망쳤다.

이튿날 아침 일본군이 비로소 이 사실을 알고 길을 나누어 이종성을 뒤쫓아 가서, 경상좌도 양산의 석교까지 가보았으나 찾지 못하고 돌아왔다. 명나라 책봉 부사 양방형은 홀로 일본의 군영에 머물러 있으면서, 여러 일본군을 잘 타일렀다. 그는 우리나라에도 공문을 보내 놀라 동요하지 말라고 했다. 이때 이종성은 감히 큰 길로 경유해서 가지 못하고, 산골로 들어가 숨어다니느라 며칠 동안 밥도 먹지 못하다가 경주에 도착하여 서쪽으로 갔다. 이미 심유경과 고니시 유키나가는 부산으로 돌아와 있었다. 일본군은 서생포, 죽도 등지에 주둔했던 군사를 철수시켰는데, 아직 철수하지 않은 것은 오직 부산의 네 둔진뿐이었다. 이어 심유경은 부사 양방형을 데리고 바다를 건너 일본으로 갔다. 이때 심유경은 우리나라 사신도 일본에 동행할 것을 요구하여, 자신의 조카 심무시沈懋時를 보내어 조선의 사신도 빨리 파견할 것을 재촉했다. 조선 조정에서는 이를 좋아하지 않았지만 심무시가 반드시 조선 사신도 함께 가야 한다고 재촉했다. 조정에서는 마지못해 무신 이봉춘李逢春 등을 수행 배신으로 삼아서 명나라 심유경의 요구에 응하기로 했다. 이때 어떤 사람이 "무인이 일본에 가면 실수하는 일이 많을 것이니 마땅히 사리를 잘 아는 문관이 가는 것이 좋겠다"라고 말했다. 이때 황신黃愼이 심유경의 접반사로 왜군의 병영에 가 있었으므로, 황신에게 명 사신을 따라 일본으로 들어가게 했다.

제8장

일본군의 재침과 정유재란의 전개

명나라 책봉 부사 양방형과 유격 심유경이 일본으로부터 돌아왔다.

이보다 먼저 양방형 등이 일본에 도착하니, 관백 도요토미 히데요시가 관사를 성대하게 장식해 놓고 사신을 영접하려고 했다. 때마침 하룻밤 새에 큰 지진이 일어나서 관사가 거의 다 허물어져 버려서 결국 다른 곳에서 맞이했다. 도요토미 히데요시는 양방형과 심유경을 한두 차례 만났다. 처음 그는 명나라의 봉작을 받는 것처럼 하다가 갑자기 크게 화를 내며 말하기를 "우리가 조선의 왕자 임해군과 순화군을 돌려보냈으니, 조선에서는 마땅히 왕자가 와서 사례를 해야 할 것인데도, 벼슬이 낮은 사람을 사신으로 보냈다. 이는 곧 우리를 업신여기는 것이다"라고 했다. 그래서 황신 등은 임금의 분부도 전하지 못했다. 그는 양방형과 심유경 등에게도 돌아가라고 재촉하니 그대로 돌아왔다. 역시 명나라에도 사은하는 예가 없었다.

이때 일본 장수 고니시 유키나가는 부산포로 돌아왔고, 가토 기요마사는 다시 군사를 이끌고 서생포로 와서 계속 주둔하면서 "조선의 왕자가 와서 사례를 해야만 비로소 전쟁을 그만둘 것이다"라고 소문을 퍼뜨렸다. 대체로 관추(도요토미 히데요시)가 요구하는 것은 아주 커서 봉공으로 만족하지 않았다. 명나라 조정에서는 봉작만 허락하고 조공을 허락하지 않았다. 심유경은 고니시 유키나가와 서로 친하여 임시 미봉책으로 구차스럽게 일을 성사시켜보려 했다. 그 실정을 명나라 조정과 우리나라에는 알리지 않았으므로 일이 마침내 순조롭게 합의되지 못했다. 우리나라에서는 즉시 명나라에 사신을 보내 그 사실을 빨리 보고했다. 이에 명나라 병부상서 석성과 심유경은 모두 죄를 얻었고, 명나라 군사도 다시 조선에 출병하게 되었다.

삼도수군통제사 이순신을 체포하여 옥에 가두었다.

처음에 원균은 이순신이 와서 구원해준 것을 은덕으로 여겨 서로 사이가 매우 좋았다. 얼마 후 전공을 다투어 점차 서로 어울리지 않았다. 원균은 성품이 험악하고 간사했다. 또 중앙과 지방의 인사들과 수시로 연락하여 이순신을 모함하느라 여념이 없었다. 그는 항상 "처음에 이순신이 우리를 구하러 오지 않는 것을 내가 굳이 요청하여 온 것이니, 적을 이긴 공으로 말하면 내가 으뜸일 것이다"라고 했다.

이때 조정의 의논이 둘로 나눠져 주장하는 것이 같지 않았다. 처음에 이순신을 추천한 사람은 나였기 때문에, 나를 좋아하지 않는 사람은 원균과 함께 이순신을 심하게 공격했다. 오직 우의정 이원익은 그렇지 않다는 것을 밝히고 또 말하기를 "이순신과 원균은 제 각기 지켜야 할 지역이 나누어져 있었으니, 처음에 이순신이 바로 구원하지 않았다고 해도 크게 잘못되었다고 할 수 없습니다"라고 했다. 이보다 먼저 일본 장수 고니시 유키나가는 자신의 부하 요시라要時羅를 경상 우병사 김응서의 진으로 왕래하며 친밀하게 지내게 하고 있었다. 막 가토 기요마사가 다시 출정하려고 하자, 요시라는 비밀리에 김응서에게 "우리 장수 고니시 유키나가의 말에 '이번에 화의가 이루어지지 않은 것은 가토 기요마사의 잘못 때문이므로 나도 그를 몹시 미워한다'고 했습니다. 어느 날에는 가토 기요마사가 꼭 바다를 건너올 것입니다. 조선에서는 수전水戰을 잘하니 만일 바다 가운데서 맞이한다면 반드시 쳐부술 수 있을 것이니 실패하지 않도록 하십시오"라고 했다.

김응서가 요시라에게 들은 것을 조정에 보고하니, 조정에서는 이 내용을 믿었다. 해평군 윤근수는 김응서의 보고를 듣고 더욱 좋아 날뛰면서 이런 기회를 놓쳐서는 안 되겠다고 생각했다. 그는 임금께 이순신을 전진시킬 것을 여러 차례 재촉했다.

이수신은 왜적들의 간사한 속임수가 있는 것을 의심하여, 출전하지 않고 여러 날 동안 머뭇거렸다. 그러자 요시라는 김응서에게 또 와서 말하기를 "지금 이미 가토 기요마사가 육지에 상륙했는데, 어찌해서 조선은 이를 막지 않았습니까?"라고 하면서 거짓으로 한탄하면서 애석해 했다.

이 사실이 알려지자, 조정에서는 모두 이순신이 잘못했다고 나무랐고, 대간은 임금께 이순신을 잡아 국문하자고 요청했다. 현풍사람 박성이라는 자도 그때 조정의 논의에 영합하여 이순신의 목을 베어야 한다고 극단적으로 말하기도 했다. 드디어 조정에서는 의금부도사를 파견하여 이순신을 잡아오도록 했고, 대신 원균을 삼도수군통제사로 임명했다.

오히려 임금께서는 들리는 소문이 다 사실이 아니라고 의심하여 특별히 성균사성 남이신南以信을 파견하여 한산도에 내려가서 사실을 조사해오게 했다. 남이신이 전라도에 들어서자 군민들은 길을 막고 이순신이 원통하게 잡혔다는 것을 호소했다. 그 사람들의 수는 헤아릴 수 없었다. 그러나 남이신은 사실대로 보고 하지 않고 "가토 기요마사가 해도에 머무르는 7일 동안 만일 우리 군사가 나갔다면 반드시 적장을 잡아올 수 있었을 것입니다. 이순신이 머뭇거리고 나가지 않아서 그 기회를 놓쳐버렸습니다"라고 했다. 이순신이 하옥되자, 임금께서는 대신에게 이순신의 죄를 물을 것을 명령했다. 이때 판중추부사 정탁이 "이순신은 명장이오니 죽여서는 안 됩니다. 군사상 기밀의 이해 관계는 멀리서 헤아리기 어려운 것입니다. 그가 싸우러 나가지 않은 것은 반드시 생각하는 것이 없지 않았을 것입니다. 청컨대 너그럽게 용서하시어 뒷날의 공을 세우도록 하시옵소서"라고 했다. 조정에서는 한 차례 고문을 시행했다. 사형을 감하여 삭탈한 다음 군대에서 복무하도록 했다.

이순신의 노모가 아산에 있었는데, 아들이 옥에 갇혔다는 말을 듣고 애를 태우다가 죽었다. 이순신은 감옥에서 나와 아산을 지나가는 길에 상복을 입고 곧바로 권율의 마하로 가서 백의종군했다. 사람들은 이 소식을 듣고 몹시 슬퍼했다.

명나라 조정에서는 병부시랑 형개邢玠**를 총독군문, 요동포정사 양호**楊鎬**를 경리조선군무, 마귀**麻貴**를 대장으로 임명했다. 양원**楊元**, 유정**劉綎**, 동일원**董一元 **등이 서로 잇달아 우리나라로 나왔다.**

1597년 5월 명나라 장수 양원이 3천 명의 군사를 거느리고 먼저 조선에 들어왔다. 그는 경성에 며칠 동안 머무르다가 전라도로 내려가 남원에 주둔하여 지켰다. 남원은 호남과 영남의 요충지로 성도 견고하고 완전했다. 지난 날 낙상지가 남원성을 증축하여 견고하게 만들었기 때문이었다. 남원성 밖에는 교룡산성이 있는데, 여러 사람들이 이 산성을 지키려 했다. 그러나 양원은 남원성을 지켜야 한다고 하여 성 위에 담을 더 높이 쌓고 호를 팠다. 호 안에는 양마장을 설치했는데 밤낮으로 일하여 한 달 후 대략 완성되었다.

1597년 8월 한산도의 수군이 무너졌다.

삼도수군통제사 원균, 전라 우수사 이억기가 죽었다. 경상 우수사 배설裵楔은 먼저 달아나서 죽음을 면했다.

이보다 먼저 원균이 한산도에 통제사로 부임했는데, 그는 이순신이 정해 놓은 제도를 다 변경하고, 이순신이 신임하던 장수와 군사들도 모두 내쫓아버렸다. 원균은 이영남이 지난날 자신이 패하여 도망한 사실을 알고 있다는 이유로 더욱 미워했다. 군사들은 속으로 원균을 원망하고 분개했다.

이순신이 한산도에 있을 때 운주당運籌堂이라는 집을 짓고, 밤낮으로 그 안에서 지내면서 여러 장수들과 함께 군사에 관한 일을 의논했다. 비록 졸병이라고 해도 군사에 관한 일을 말하려고 하는 사람은 와서 말하게 했다. 군대의 상황을 소통하게 하였으며, 매번 싸움을 할 때 장수들을 모두 불러 계교를 묻고 전략이 결정된 뒤에 싸웠기 때문에 패한 일이 없었다.

원균은 애첩을 데려가 운주당에 살게 하고 이중으로 울타리를 쳐서 안팎을 막아놓으니, 여러 장수들은 원균의 얼굴을 보는 것도 드물었다. 또 원균은 술 마시기를 좋아하여 날마다 주정을 부리고 화를 내면서, 형벌에도 법도가 없었다. 군중에서는 수군거리기를 "만약 적을 만나면 오직 달아나는 수밖에 없다"고 하며 여러 장수들은 몰래 그를 비웃었다. 또 군사에 관한 일을 다시 보고하지 않고 두려워하지도 않아서 원균의 호령은 부하들에게 시행되지 않았다.

이때 일본군이 다시 쳐들어왔는데, 적장 고니시 유키나가는 또 요시라를 파견하여 김응서를 속여 "왜선은 아무날에는 꼭 더 들어올 것입니다. 조선의 수군은 이를 맞아 칠 수가 있을 것입니다"라고 했다. 도원수 권율은 이 말을 더욱 믿었고, 전에 이순신이 주저하고 싸우지 않았다 죄를 얻었기 때문에 날마다 원균에게 나가 싸울 것을 독촉했다. 또한 원균도 늘 "이순신은 적군을 보고도 진격하지 않는다"고 했었다. 이것으로 이순신을 모함하고 자기가 삼도수군통제사의 소임을 대신 맡게 되었는데 이제 와 비록 그 형세가 어려운 줄 알면서도 부끄럽게 거절할 구실이 없었다. 그는 다만 전함을 거느리고 앞으로 진격할 수밖에 없었다.

이때 언덕 위에 있던 일본의 병영에서는 우리 배가 지나가는 것을 굽어보고 서로 보고를 전하고 있었다. 원균이 절영도에 도착하니 바람이 불고 파도가 일었는데, 날은 이미 저물어 배를 정박할 곳이 없었다. 일본의 배가 바다 가운데서 나타났다 숨었다 하는 것이 보이니, 원균은 여러 군사를 독려하여 앞으로 진격했다. 배 안의 군사들은 한산도로부터 하루 종일 노를 저어 오느라 쉴 수 없었고, 배가 고프고 갈증이 나서 제대로 배를 움직일 수가 없었다. 여러 배들이 가로세로로 밀려 드나들기도 하고, 잠깐 앞으로 나갔다가 뒤로 밀려나기도 했다. 일본군은 우리 군사들을 피로하게 만들려고, 우리 배에 가까이 왔다가 갑자기 피하여 달아나며 맞부딪쳐 싸우지 않았다. 밤이 깊고 바람이 세차게 불어서 우리 배들은 사방으로 흩어져 표류하여 어느 곳으로 가는지도 알지 못했다.

원균은 간신히 남은 배를 수습하여 가덕도에 도착했는데, 군사들은 갈증이 심하여 다투어 배에서 내려 물을 마셨다. 일본군이 섬 가운데서 뛰쳐나와 습격하므로 장병 400여 명을 잃었다. 원균은 물러나와 거제 칠천도에 도착했다.

권율은 고성에 있었는데 원균이 아무것도 얻은 것이 없다고 해서 격서를 보내 불러다가 곤장을 치고 다시 나가 싸울 것을 독촉했다. 군중으로 돌아온 원균은 더욱 분하고 화가 나서 술을 마시고 취해 누워버렸다. 여러 장수들이 원균을 만나서 군사에 관한 일을 말하려고 하였으나 만날 수 없었다. 이날 밤중 일본군이 습격하여 우리 군사는 크게 무너졌다. 원균은 도망하여 바닷가에 이르러 배를 버리고 언덕으로 달아나려 했으나, 살이 찌고 몸이 둔하여 올라가지 못하고 소나무 아래에 앉아 있었다. 좌우에 있던 사람들은 모두 흩어져버렸다. 어떤 사람은 원균이 일본군에게 살해되었다고도 말하고, 어떤 사람은 그가 도망하여 죽음을 면했다고 했다. 그 사실은 확실하게 알 수가 없었다.

이억기는 배 위에서 바다로 뛰어들어 죽었다. 이보다 먼저 배설은 원균에게 "반드시 패할 것입니다"라고 여러 차례 간언했다. 이날에도 "칠천도는 수심이 얕고 매우 좁아서 배를 움직이기가 쉽지 못하니, 마땅히 진을 다른 곳에 옮겨서 치는 것이 좋겠습니다"라고 말했으나 원균은 듣지 않았다. 배설은 자신이 거느리고 있는 배들과 몰래 약속하고 엄히 경계하고 싸움을 기다리고 있다가, 일본이 와서 침범하는 것을 보고 항구를 벗어나 먼저 달아났기 때문에 그 군사들은 홀로 온전했다.

배설은 한산도로 돌아와 불을 질러 여사와 양곡, 무기들을 태워버리고, 남아 있던 백성들에게 왜적을 피해 떠나게 했다. 한산도에서 패전한 후, 일본군은 기세를 몰아 서쪽을 향해 쳐들이가시 남해와 순천이 차례로 함락되었다. 일본배들이 두치진豆恥津에 도착하여 육지에 내려 남원을 포위하자, 전라도와 충청도가 크게 진동했다.

일본군이 1592년에 우리나라에 쳐들어온 뒤 오직 수군에게만 패전을 당하여, 도요토미 히데요시는 이를 분하게 여겨 고니시 유키나가에게 반드시 조선 수군을 쳐부술 것을 명령했다. 고니시 유키나가는 거짓으로 김응서에게 실정을 알려주는 것처럼 하여 이순신이 죄를 얻도록 했다. 또 원균을 꾀어 바다 가운데로 나오게 하여 그 허실을 알고 습격했다. 그 계략은 지극히 교묘하여 우리들은 그 꾀에 모두 떨어지고 말았으니 참으로 슬프도다.

일본군이 황석산성黃石山城**을 함락시켰는데 안음 현감**

곽준郭越**과 전 함안 군수 조종도**趙宗道**가 전사했다.**

처음에 체찰사 이원익, 도원수 권율이 도내의 산성을 수리하여 일본군을 막는 일을 의논했다. 공산, 금오, 용기, 부산 등의 산성을 쌓았는데, 공산산성과 금오산성에는 백성의 힘을 더욱 많이 들였다. 이웃 고을의 무기와 양곡을 모두 거두어 성안에 쌓아두고 수령들을 독려하여 늙은이와 아이, 남자와 여자들을 모두 거느리고 산성으로 들어가 지키게 하니 멀고 가까운 지방이 모두 소란했다.

일본군이 다시 쳐들어오자, 가토 기요마사는 서생포로부터 서쪽 전라도로 출발하여 고니시 유키나가와 수로로 오는 군사와 함께 모여 남원을 공격하려고 했다. 도원수 권율 이하 모두는 일본군의 위풍을 바라보다가 피하여 물러갔고, 전령을 보내 각처의 산성을 지키는 사람들에게 각각 흩어져 적병을 피하게 했다.

오직 의병장 곽재우만이 창녕 화왕산성으로 들어가서 죽기를 각오하고 지키니, 일본군은 산성 아래에 도착하여 산성의 형세가 험준하고, 성안의 사람들이 안정되고 동요하지 않은 것을 보고 공격하지 않고 그대로 돌아갔다.

안음 현감 곽준이 황석산성에 들어가니, 전 김해부사 백사림白士霖도 성으로 들어갔다. 백사림은 무인이었으므로 모든 사람들이 그를 마음속으로 의지하여 든든하게 여겼다. 일본군이 성을 공격한 지 하루 만에 백사림이 먼저 도망가자, 모든 군사들이 무너지고 말았다. 일본군이 성으로 들어가자 안음 현감 곽준은 아들 곽이상, 곽이후와 함께 일본군을 맞아 싸우다 모두 전사했다. 곽준의 딸은 유문호柳文虎에게 시집갔는데, 유문호는 일본군에 포로가 되었다. 곽씨는 이미 성 밖으로 나와 이 말을 듣고 그 여종에게 "아버지가 돌아가셨어도 내가 죽지 않은 것은 남편이 살아 있기 때문이었는데, 지금 남편마저 잡혔다고 하니 내가 어찌 살 수 있겠느냐" 하고 스스로 목을 매어 죽었다.

함양 군수 조종도가 말하기를 "나도 일찍이 대부大父의 뒤를 이어 벼슬하던 사람인데 도망하여 숨는 무리들과 함께 어울려 풀 속에서 헤매다가 죽을 수는 없다. 죽는다면 마땅히 대장부답게 떳떳하게 죽을 것이다"라고 했다. 그는 처자를 거느리고 성안으로 들어왔었는데

공동산 밖이라면 사는 것이 오히려 기쁘겠고
순원성 안에서 죽는 것이 또한 영광스럽네

라는 시를 지어 읊었다. 성이 함락되자 드디어 곽준과 함께 일본군에게 살해되었다.

제9장

이순신의 재기용과 명량해전

이순신을 다시 삼도수군통제사로 임명했다.

원균이 칠천량에서 일본군에게 패전했다는 보고가 조정에 도착하자, 조정과 민간이 다 크게 놀랐다. 임금께서 비변사의 여러 신하들을 불러 모으시고 계책을 물었으나, 여러 신하들은 두렵고 당황하여 대답을 하지 못했다. 경림군 김명원과 병조판서 이항복은 조용히 "이것은 원균의 죄이니 마땅히 이순신을 기용하여 통제사로 삼는 길뿐입니다"라고 하니, 임금도 이 말을 따랐다.

이때 권율은 원균이 패했다는 말을 듣고 벌써 이순신을 보내 남아 있는 군사를 수습하도록 했다. 일본군의 기세가 한창 강성한 때였다. 이순신은 군관 한 사람을 데리고 경상도로부터 전라도로 들어갔는데, 밤낮으로 몰래 가서 진도에 도착하여 군사를 수습하여 일본군을 막으려고 했다.

일본군이 남원부를 함락시켰다.

명나라 장수 양원이 도망쳐 달아났고, 전라도 병마절도사 이복남李福男, 남원부사 임현任鉉, 조방장 김경로, 광양현감 이춘원李春元, 당장접반사 정기원鄭期遠 등이 모두 전사했다. 군기시의 파진군破陣軍 12명도 양원을 따라 남원으로 들어갔다가 모두 적병에게 죽임을 당했다. 오직 김효의金孝義라는 자가 홀로 빠져나와 나에게 남원성이 함락된 사실을 아주 자세하게 들려주었다.

총병 양원이 남원에 도착하여 성을 한 길이나 더 올려 쌓고, 성 밖 양마장에는 포를 쏠 수 있는 구멍을 많이 뚫어놓았다. 성문에는 대포 두세 대를 설치하고 깊은 참호를 1, 2장이나 깊이 파두었다. 한산도에서 이미 패전하자, 일본군은 수로와 육로로 몰려왔다. 사태가 매우 급박하다는 보고가 들어오니, 남원성 안은 흉흉해져 백성들은 도망쳐 달아나버렸다. 명나라 총병 양원이 홀로 요동 마군 3천 명을 성안에서 거느리고 있었다. 총병 양원은 격문을 보내 전라도 병사 이복남을 불러 함께 남원성을 지키고자 했다. 이복남은 시일을 지체하면서 오지 않았다. 양원은 잇달아 야불수를 보내 남원성으로 들어올 것을 재촉했다. 이복남은 마지 못해 군사 수백 명을 거느리고 성안으로 들어왔다. 광양 현감 이춘원과 조방장 김경로 등도 뒤이어 남원성에 도착했다.

8월 13일 일본군의 선봉 1백여 명이 남원성 아래에 도착하여 조총을 쏘다가 잠시 뒤에 그치더니, 밭고랑 사이에 흩어져 엎드려서 삼삼오오 떼를 지어 왔다 갔다 했다. 성 위에 있는 우리 군사들은 승자소포로 응사했으나 일본의 대부대는 먼 곳에 있어 유병遊兵을 출동시켜 교전하게 하고 드문드문 줄을 지어 나와 싸웠기 때문에 우리 군사가 포를 쏘아도 잘 맞히지 못했다.

그러나 성을 지키던 군사들은 일본군이 쏜 총알을 맞고 쓰러졌다. 조금 후에 일본군이 성 아래에 도착해서 성 위 사람에게 소리를 질러 서로 의논하자고 요구하므로, 총병 양원은 가정 한 사람을 시켜 통역관을 데리고 일본의 병영으로 가서 일본군의 서신을 가지고 왔다. 이 서신은 약전서였다.

8월 14일 일본군은 남원성을 삼면으로 둘러싸 진을 치고 어제와 같이 총포로 번갈아 가면서 공격해왔다.

이보다 먼저 성의 남문 밖에는 민가가 빽빽하게 있었다. 총병 양원은 일본군이 도착하기 전에 민가들을 불태워버리게 했는데, 돌담이나 흙벽은 그대로 남아 있었다. 일본군이 몰려와서 담과 벽 속에 몸을 숨기고 조총을 쏘아 남원성 위에 있던 사람들이 많이 맞았다.

8월 15일 일본군을 바라보니 성 밖의 잡초와 논의 벼를 베어 큰 다발을 수없이 만들어 담벽 사이에 쌓아 놓았다. 성안에서는 그것이 무엇에 쓰려고 하는 것인지 알 수 없었다. 이때 유격장군 진우

충陳愚衷이 3천 명의 군사를 거느리고 전주에 있었는데, 남원성의 군사들은 날마다 그가 와서 구원해주기를 바랐다. 그러나 오래도록 진우충이 오지 않으므로 군사들의 마음은 더욱 두려워졌다.

이날 저녁 성첩을 지키던 군사들이 머리를 맞대고 귓속말로 수군거리더니, 말안장을 준비하여 도망치려는 기색이 있었다. 밤 1경(오후 8시 경)에 일본의 진중에서 떠드는 소리가 크게 나고 서로 응답하기도 하고 물건을 운반하는 듯한 모양도 보였다. 한편으로는 모든 포기 성을 향해 있고 틴환이 어지럽게 닐아와 성안에 떨어졌는데 마치 우박이 쏟아지는 것과 같았다. 성 위에 있는 사람들은 목을 움츠리고 감히 밖을 내다보지도 못했다. 한두 시간쯤 지나 떠드는 소리가 그쳤는데, 일본군은 묶어서 세워놓았던 풀다발로 이미 호를 평평하게 메웠다. 풀다말을 양마장 안팎에 쌓아올려 잠깐 동안에 성의 높이와 같아졌다. 여러 일본군들이 이것을 밟고 성으로 올라왔다. 이미 성안은 크게 어지러워지고, 일본군은 성안으로 들어왔다고 떠들었다.

김효의는 처음에 남문 밖 양마장을 지키고 있다가 황망히 성안으로 들어와 보니 성 위에 있는 사람들은 벌써 없어졌다. 다만 성안의 곳곳에 불길이 일어난 것만 보였다. 그는 달아나서 북문에 도착했는데, 명나라 군사는 모두 말을 타고 성문으로 나가려고 했다. 성문이 굳게 닫혀 쉽게 열 수 없어서 말들의 발을 묶어 놓은 것과 같이 길을 꽉 매우고 있었다.

일본군들이 성 밖에서 두 겹 세 겹으로 둘러싸고 각각 요로를 지키고 있다가 긴 칼을 휘둘러 막 내려찍으니, 명나라 군사들은 다만 머리를 숙여 칼을 받을 뿐이었다. 때마침 달이 밝아서 빠져 나간 사람은 몇 사람 없었다. 이때 총병 양원은 가정 몇 사람과 말을 달려 빠져 나가 겨우 죽음을 면했다. 어떤 사람은 "일본군은 총병 양원인 줄 알면서도 일부러 달아나게 했다"고 했다.

김효의는 함께 남원성으로 들어간 사람과 성문을 나오다 그 사람은 일본군을 만나 죽었고, 자신은 논으로 뛰어들어 풀 속에 엎드려 있다가 일본군이 군사를 거두어 물러가는 것을 기다렸다가 빠져 나왔다고 했다.

총병 양원은 요동의 장수로 오랑캐를 막을 줄은 알았지만, 일본군을 막는 것은 알지 못했으므로 패했던 것이다. 또한 평지의 성을 지키는 것은 매우 어렵다는 것을 알겠으므로 김효의가 말한 것을 자세히 적어서 뒷날 성을 지키는 사람들에게 경계해야 할 것을 알리고자 한다.

남원성이 함락되자 전주 이북의 성들은 와해되어 어찌 할 수가 없었다. 뒤에 명나라 장수 양원은 마침내 남원성 전투에서 패한 일로 죄를 얻어 참형을 당했고, 그의 머리는 사방으로 조리돌려졌다.

통제사 이순신이 일본군을 진도 벽파정碧波亭 **아래서 격파하고 그 장수 마다시**馬多時**를 잡아 처형했다.**

이순신은 진도에 도착하여 병선을 모아 10여 척을 확보했다. 이때 연해 지방의 사람들은 배를 타고 피난가는 자가 매우 많았다. 이순신이 왔다는 소식을 듣고 기뻐하지 않는 사람이 없었다. 이순신이 여러 길로 나누어 불러 모으니 먼 곳 가까운 곳 할 것 없이 구름처럼 모여들었다. 이늘을 군중에 있게 한 뒤에 싸움을 돕게 했다.

일본장수 마다시가 해전을 잘 한다고 이름이 났는데, 그는 전선 2백여 척을 거느리고 서해를 침범하려고 했다가, 이순신이 거느린 군대와 벽파정 아래에서 만났다. 이순신은 12척의 배에 대포를 싣고 조수의 흐름을 이용하여 공격하니, 왜적들이 패하여 달아났다. 이순신이 거느린 군대는 명성을 크게 떨치게 되었다.

이때 이순신에게 이미 군사 8천여 명이 있어서 고금도古今島에 주둔했는데, 군량의 근심으로 해로 통행첩을 만들고 명령하기를 "경상, 전라, 충청 3도의 연해를 통행하는 공사 선박으로 통행첩이 없는 자는 간첩선으로 간주하여 통행할 수 없게 한다"고 했다.

이때 난을 피해 배를 탄 사람들은 모두 와서 통행첩을 받았다. 이순신은 배의 크고 작은 차이에 따라서 쌀을 바치고 통행첩을 받도록 했다. 큰 배는 3섬, 중간 배는 2섬, 작은 배는 1섬을 정했다. 피난하는 사람들은 모두 재물과 곡식을 싣고 왔으므로 쌀을 납부하는 것을 어렵게 생각하지 않았다. 그래서 10여 일 동안 군량 만여 석을 얻었다. 또 백성들이 가지고 있던 구리, 쇠를 모아다 대포를 주조하고, 나무를 베어다가 배를 만들어서 모든 일이 잘 진척되었다.

멀고 가까운 곳에서 병화를 피하려고 하는 사람들이 모두 이순신에게 의지하여 집을 짓고 막사를 만들고 장사를 하며 살아가니, 이들을 섬 안에 수용할 수가 없었다. 얼마 후 명나라 수병도독 진린陳璘이 나와서 남쪽 고금도로 내려와 이순신과 합세하게 되었다. 진린은 성질이 매우 사나워 다른 사람과 대부분 뜻이 맞지 않으니 사람들이 그를 두려워했다. 임금께서는 그를 보낼 때 청파 들판까지 나와 전송하셨다. 나는 진린의 군사가 수령을 때리고 욕하기를 주저하지 않고 찰방 이상규의 목에 새끼줄을 매어 끌고 다녀서 얼굴이 피투성이가 된 것을 보고, 내가 통관역을 시켜 말렸으나 듣지 않았다.

나는 함께 있던 재신에게 "애석하게도 이순신의 군사는 또 장차 패할 것입니다. 진린과 함께 군중에 있으면 행동이 제지당하고 의견이 서로 맞지 않을 것입니다. 그는 반드시 장수의 권한을 빼앗고 군사들을 마음대로 학대할 것입니다. 이를 제지하면 더욱 화를 낼 것이고, 그대로 따라주면 꺼리는 일이 없을 것입니다. 이순신의 군사가 어찌 패전하지 않을 수 있겠습니까?"라고 했다. 재신들도 "그렇습니다"하면서 서로 탄식만 할 뿐이었다.

이순신은 진린이 온다는 소식을 듣고 군인들에게 대대적으로 사냥과 고기잡이를 시켜서 사슴, 돼지, 해산물을 많이 확보했고, 성대하게 술잔치 준비를 하고 그를 기다렸다. 진린의 배가 바다에 들어오자, 이순신은 군사적 의식을 갖추고 멀리 나가서 영접했다. 진린이 도착하여 그 군사들을 크게 대접하니, 여러 장수들이 흠뻑 취하지 않은 이가 없었다. 사졸들이 서로 전하여 말하기를 "과연 훌륭한 장수다"라고 했다. 또한 진린도 마음속으로 매우 기뻐했다.

오래지 않아 일본 전선이 가까운 섬을 침범해오므로, 이순신은 군사를 보내 쳐부수고, 적의 머리 40급을 베어 모두 진린에게 주어 그의 공으로 만들어주었다. 진린은 기대했던 것보다 과분한 대우에 더욱 기뻐했다. 이로부터 모든 일을 이순신에게 물어서 처리했고, 박으로 나갈 때는 이순신과 가마를 나란히 하고 감히 먼저 가지 않았다. 이순신은 드디어 명나라 군사와 우리 군사들 사이에 어떤 차별을 두지 않겠다고 진린에게 약속을 받아냈고, 백성들의 물건을 조그만 것이라도 빼앗는 사람이 있으면 잡아다가 매를 치게 하니, 감히 그 명령을 어기는 사람이 없어서 섬 안이 조용했다.

진린은 임금께 글을 올려 "통제사 이순신은 천하를 다스릴 수 있는 재주와 국운을 만회시킨 공이 있습니다"라고 했다. 이는 마음속으로 감복했기 때문이었다.

제10장

일본군의 퇴각과 노량해전

일본군이 물러갔다.

이때 일본군은 3도를 짓밟았는데 지나는 곳마다 집을 모두 불사르고 백성들을 죽였다. 우리나라 사람을 잡기만 하면 모두 코를 베어서 위엄을 보였다. 일본군이 직산에 도착하자 도성 사람들은 벌써 다 달아나고 흩어졌다. 9월 9일 내전과 왕비께서 병란을 피하여 서쪽 지방으로 내려가셨다.

명나라 장수 경리 양호, 제독 마귀가 경성에 있으면서 평안도 군사 5천여 인을 거느리고 황해, 경기 군사 수천 명을 징집해와서 강 여울을 나누어 지키고 창고를 경비하게 했다. 일본군은 경기도 경계까지 쳐들어왔다가 다시 물러갔다. 가토 기요마사는 다시 울산에 주둔하고, 고니시 유키나가는 순천에 주둔하고, 시마즈 요시히로島津義弘는 사천에 주둔했는데 머리와 꼬리가 7, 8백 리나 되었다.

이때 도성을 지키지 못할 지경이었는데, 조신들은 서로 다투어 피난할 계책을 올렸다. 지사 신잡은 "임금께서는 마땅히 영변으로 떠나소서. 신이 일찍이 병사를 역임했던 적이 있으므로 영변의 사정을 자세히 알고 있습니다. 만약 미리 준비를 하지 않는다면 어찌 필요한 것을 이어 댈 수 있겠습니까?"라고 진언했다. 이 말을 듣는 사람들은 이 말을 서로 전하고 웃으면서 "신일辛日에는 장을 담그지 않는다"라고 했다.

한 대신이 조정에서 말하기를 "이번의 일본군은 어찌 걱정거리가 되겠습니까? 시일을 오래 끌면 저절로 물러가게 될 것입니다. 마땅히 임금의 행차를 받들어 편안한 곳으로 가고자 할 따름입니다"라고 했다.

도원수 권율이 경성에 도착했는데, 임금께서 그를 불러 정세를 물으셨다. 권율은 "당초에 임금께서 갑자기 경성으로 돌아오신 것이 적합한 처사는 아니었습니다. 마땅히 서쪽 지방에 머무르시면서 일본군의 형세가 어떠한가를 살펴보셔야 할 것입니다"했다. 얼마 뒤 일본군이 물러간다는 소식이 전해지자, 권율은 또 경상도로 내려갔는데, 대간들은 "권율이 계책이 없어 겁이 많으니 도원수로 삼는 것은 불가하다고" 논하였으나, 임금께서는 듣지 않으셨다.

1597년 12월 경리 양호, 제독 마귀는 기병과 보병 수만 명을 이끌고 경상도로 내려가서 울산에 있는 가토 기요마사의 진영을 공격했다.

이때 일본 장수 가토 기요마사는 울산군 동해변에 성을 쌓고 있었는데, 경리 양호, 제독 마귀는 기회를 틈타 그들을 엄습하여 철갑으로 무장한 정예기병으로 몰아치니 일본군은 쓰러져 견디지 못했다. 명나라 군사가 외책을 빼앗으니 일본군은 내성으로 달려 들어갔다. 명나라 군사들은 일본군이 두고 간 물건을 노획하는 데 욕심을 내어 곧바로 진격하지 않았다. 가토군이 성문을 굳게 닫고 지키니 명나라 군사가 공격을 했으나 이기지 못했다. 명군은 울산성 아래에 여러 진을 주둔시키고 포위했으나, 일본군은 13일이 지나도 나오지 않았다.

12월 29일 나는 경주에서 울산으로 가서 경리 양호와 제독 마귀를 만났다. 일본군의 진루를 바라보니 매우 고요하여 사람의 소리도 없었다. 성 위에는 여장女墻을 설치하지 않고 사면을 둘러 장랑長廊을 만들어놓았는데 지키는 군사는 모두 그 안에 있다가, 명나라 군사가 성 아래에 접근하면 총탄을 비가 쏟아지듯 쏘아댔다. 매일 이러한 싸움이 되풀이되어 명나라 군사와 우리나라 군사의 시체가 성 아래에 쌓일 뿐이었다. 이때 일본군의 배가 서생포로부터 와서 구원하는데, 물속에 벌려 정박한 모습이 물오리 떼와 같았다.

가토 기요마사가 주둔한 도산성에는 물이 없어서 일본군은 밤마다 성 밖으로 나와 물을 길어갔다. 경리 양호가 김응서에게 용사를 거느리고 성 밖의 우물가에 매복해 있다가 밤마다 연달아 백여 명을 사로잡았다. 그들은 다 굶주리고 지쳐서 겨우 목숨만 부지하고 있었다. 여러 장수들은 "성안에는 양식이 떨어졌으니 오랫동안 포위하고 있으면 일본군들이 저절로 무너져버릴 것이다"라고 했다.

이때는 날씨가 몹시 춥고 게다가 비가 와서 군사들의 손발이 얼어 터졌고, 얼마 뒤 일본군은 또 육로로부터 와서 구원하니, 경리 양호는 일본군에게 공격당할까 두려워하여 갑자기 군사를 돌리고 말았다. 1598년 1월 명나라 장수들은 모두 경성으로 돌아가서 다시 진격할 계획을 세웠다.

1598년 7월 경리 양호가 파면되고, 만세덕萬世德**이 신임 경리로 그를 대신했다.**

이때 군문총병 형개의 참모관 병부주사 정응태丁應泰는 '양호가 속이다가 일을 그르친 20여 가지 죄'를 탄핵하여 양호는 드디어 파면되어 돌아갔다. 임금께서 양호가 여러 경리들 중에서도 적군을 토벌하는 데 가장 힘썼다고 해서 곧 좌의정 이원익을 파견하여 양호를 구원하는 문서를 가지고 명나라 수도로 달려가게 했다. 7월 양호가 서쪽으로 떠나가므로 임금께서는 홍제원 동쪽까지 나가서 전송하는데 눈물을 흘리고 작별하셨다. 만세덕은 조선으로 출발하였으나 아직 도착하지 않았다.

9월 형개는 여러 군대를 나누어 배치했다. 제독 마귀는 울산을 맡게 하고, 동일원은 사천에 주둔하게 하고, 유정은 순천을 맡게 하고, 진린은 수로를 맡도록 하여 동시에 일본군을 치게 했으나 모두 이기지 못했다. 동일원의 군대는 오히려 일본군에게 패하여 죽은 사람이 가장 많았다.

10월 제독 유정이 다시 순천에 있는 일본의 병영을 공격하고, 삼도수군통제사 이순신이 수군을 거느리고 일본군의 구원병을 바다 가운데서 크게 쳐부쉈는데, 이순신은 이 전투에서 전사했다.

이때 고니시 유키나가는 순천 예교에 성을 쌓고 굳게 지켰으나, 결국 성을 버리고 도망가 부산, 울산, 하동 연해에 진을 치고 있던 일본군이 모두 물러갔다. 명나라 총병 유정은 대군을 거느리고 나가 공격했으나 불리하자, 순천으로 돌아와 얼마 뒤 다시 나가 공격했다.

이순신과 명나라 장수 진린은 바다 어귀를 제압하고 가까이 쳐들어가 고니시 유키나가는 사천에 있는 일본군 시마즈 요시히로에게 구원을 요청했다. 시마즈는 수로로 와서 고니시를 구원했는데,

이순신이 나가 공격하여 크게 격파했다. 적선 200여 척을 태웠으며, 죽인 일본군은 그 수를 헤아릴 수 없었다. 이때 우리 군사는 도망가는 일본군을 추격하여 남해의 경계에 이르렀다. 이순신은 몸소 시석을 무릅쓰고 힘껏 싸웠는데 날아오는 탄환이 가슴을 뚫고 등 뒤로 나갔다. 좌우에 있던 사람들이 부축하여 장막 안으로 들어가니 이순신은 "싸움이 급하니 삼가 내가 죽은 것을 알리지 말라" 하고는 숨을 거두었다.

이순신의 조카 이완李莞은 평소에 담력과 도량이 있는 사람으로 이순신의 죽음을 숨기고 이순신의 명령으로써 싸움을 독려하니 군중에서는 이 사실을 알지 못했다. 진린이 탄 배가 일본군에게 포위를 당하자, 이완은 군사를 지휘하여 진린를 구원했다. 일본군이 흩어져 달아나니 진린이 이순신에게 사람을 보내어 자기를 구원하여 준 것을 사례했다. 이때 진린은 비로소 이순신이 전사한 것을 알고 앉아 있던 의자에서 펄썩 땅바닥에 주저앉으며 말하기를 "나는 노야(이순신)께서 와서 나를 구원해 준 줄로 여겼는데 어쩌다가 돌아가셨단 말씀입니까?" 가슴을 치며 통곡했다. 군사들 모두 통곡하여 그 울음소리가 바다 가운데 진동했다.

일본 장수 고니시 유키나가는 우리 수군이 추격하여 그 병영을 지나가는 때를 틈타 뒤로 빠져나가 달아나고 말았다. 이보다 먼저 7월 왜추 도요토미 히데요시가 이미 죽었다. 그러므로 연해에 주둔했던 일본군은 모두 물러가버렸다. 우리 군사와 명나라 군사는 이순신의 전사 소식을 듣고 연달아 진영이 통곡하여 마친 자신의 어버이가 세상을 떠난 것처럼 슬퍼했다. 그의 상여 행렬이 이르는 곳마다 사람들이 곳곳에서 제사를 베풀고 상여를 붙잡고 통곡하기를 "공께서 우리를 살려놓으시더니 지금 우리를 버려두고 어디로 가십니까?" 하며 길을 막아서 상여가 지나가지 못하게 되었고, 길가 사람들도 눈물을 흘리지 않는 이가 없었다.

　나라에서는 그에게 영의정 우의정에 추증했다. 명나라 군문총독 형개는 바닷가에 사당을 세워 그의 충혼을 제사지내야 마땅하다고 했으나, 이 일은 결국 시행되지 못했다. 이에 해변의 사람들이 서로 모여 사당을 짓고 민충사라 하여 때에 따라 제사를 지냈고, 장사하는 사람들과 어선들이 왕래할 때 그 아래를 지나가는 사람들은 제사를 지냈다고 한다.

제11장

이순신의 인품

이순신의 자는 여해, 본관은 덕수다.

그의 선조 이변李邊은 벼슬이 판부사에 이르렀는데, 성품이 강직한 것으로 이름이 높았다. 증조부인 이거는 성종을 모셨다. 연산군이 세자로 있을 때 강관이 되어 너무 엄격해서 꺼림을 당했다. 일찍이 그가 장령으로 있을 때 탄핵하는 것을 회피하지 않으니, 백관들이 그를 두려워하여 호랑이 장령이라고 불렸다. 조부인 이백록은 가문의 음덕으로 벼슬을 했고, 그의 아버지 이정은 관직에 나가지 않았다.

이순신은 어렸을 때 영특하고 활달했다. 그는 여러 아이들과 함께 놀 때도 나무를 깎아 활과 화살을 만들어 가지고 길거리에서 놀았는데, 마음에 맞지 않는 사람을 만나면 그의 눈을 쏘려고 했다.

그러므로 어른들도 이순신을 꺼려 감히 이순신의 문 앞을 지나가지 못하는 이도 있었다.

이순신은 장성하여 화살을 잘 쏘았으므로 무과를 거쳐 출세했다. 이씨의 조상은 대대로 유교를 숭상하여 문관을 지냈는데, 이순신은 비로소 무과에 올라 권지훈련원봉사에 보직되었다. 병조 판서 김귀영은 서녀孽女를 이순신의 첩으로 삼으려 했으나 이순신은 응낙하지 않았다. 어떤 사람이 그 이유를 물으니 그는 "내가 처음으로 관직에 나왔는데, 어찌 감히 권세가 있는 집안에 의탁하여 승진하기를 도모하겠는가?"라고 말했다. 병조 정랑 서익이 자기와 친한 사람이 훈련원에 있었는데, 그 사람을 차례를 뛰어넘어 천거하여 보고하도록 했다. 원중장무관 이순신은 그것은 불가하다고 고집했다. 서익이 글을 보내 이순신을 뜰 아래로 불러 세우고 꾸짖었다. 그러나 이순신은 말씨와 얼굴빛이 전혀 변하지 않고 바르게 설명하여 굽히지 않았다. 서익은 크게 화를 내며 기승을 부렸으나 이순신은 조용히 대답하면서 끝내 굽히지 않았다. 서익은 본래 오기가 많고 남을 업신여겨서 동료들조차도 그를 꺼려서 말다툼을 하지 않으려고 했다.

이날 하리들이 계단 아래 있다가 서로 돌아보고 혀를 내두르면서 말하기를 "이 관원(이순신)이 병조 정랑에게 대항하니 앞길이 어찌 될지 생각하지 않는 것인가?"라고 말했다.

날이 저물어서야 서익은 이순신에게 돌아가도록 했다. 식자들은 이 일로 해서 차츰 이순신에 대해 알게 되었다. 이순신이 감옥에 간혔을 때 앞으로 일이 어떻게 될지 알 수 없었다. 한 감옥을 지키는 관리는 이순신의 조카 이분에게 "뇌물을 주면 감옥에서 풀려 날 수 있다"고 했다. 이순신은 이 말을 이분에게 전해 듣고 화를 내며 "죽었으면 죽을 따름이지 어찌 도리를 어기면서 살기를 바라겠느냐?"라고 했다. 그의 지조는 이와 같았다.

이순신은 말과 웃음이 적고 용모가 단아하여 마음을 닦고 몸가짐을 삼가는 선비와 같았다. 마음 속에 담력과 용기가 있어 자신의 몸을 돌보지 않고 나라를 위하여 목숨을 바쳤으니, 이것은 그가 평소에 수양을 했기 때문이다.

그의 형 이희신李羲臣과 이요신李堯臣 둘은 이순신보다 먼저 죽었는데, 이순신은 형들이 남겨놓은 자녀들을 자기의 아들딸처럼 키우고, 시집보내고 장가들이는 일은 반드시 조카들을 먼저 보내고 자기의 아들딸을 보냈다. 이순신은 재주가 있었으나 명운이 없어서 백 가지 경륜 가운데 한 가지도 뜻대로 베풀지 못하고 죽었다. 아아 애석한 일이다.

삼도수군통제사 이순신이 군중에 있을 때 밤낮으로 엄중히 경계하여 갑옷을 벗는 일이 없었다.

이순신이 견내량에서 일본과 서로 대치하고 있을 때, 여러 배들이 이미 닻을 내리고 있었고 밤에 달빛이 매우 밝았다. 통제사 이순신은 갑옷을 입은 채 북을 베고 누웠다가 갑자기 일어나 앉았다. 주위에 있는 사람을 불러 소주를 가져오게 하여 한 잔 마시고 여러 장수들을 모두 불러 앞으로 나오게 한 다음 그들에게 "오늘 밤은 달이 매우 밝구나. 왜적은 간사한 꾀가 많아 달 없을 때도 우리를 습격해 왔지만, 달이 밝은 때도 역시 꼭 와서 습격할 것 같으니 경비를 엄중히 해야 할 것이다"라고 말했다. 드디어 나팔을 불게 하여 여러 배들에게 닻을 올리게 했다. 또 척후선을 통해 전령을 보냈으나, 척후 임무를 맡은 군졸이 마침 잠을 자고 있었다. 그를 깨워 변고에 대비하도록 했다.

얼마 뒤 척후가 달려와 일본군이 쳐들어온다고 보고했다. 이때 달이 서산에 걸려 있고 산의 그림자도 바닷속에 거꾸로 기울어져 바다의 반쯤은 어슴푸레 그늘져 있었다. 일본의 배들이 헤아릴 수 없이 어두침침한 그늘 속에서 몰려와서 막 우리 배에 접근하려고 했다.

이에 우리 중군에서 대포를 쏘면서 고함을 지르니 여러 배들도 이에 다 호응했다. 그러자 일본군을 우리가 대비를 하고 있다는 것을 알고 조총을 쏘았다. 그 소리가 바다를 진동하고 날아오는 총알이 비가 쏟아지듯이 물속으로 떨어졌다. 결국 일본군은 감히 우리를 침범하지 못하고 물러나 달아나버리고 말았다. 이때 여러 장수들은 통제사 이순신을 귀신과 같은 장수라고 생각했다.

녹후잡기

◆ 녹후잡기는 유성룡이 『난후잡록』의 체재를 달리하여 초본 『징비록』을 저술하면서 본문에 포함하지 못한 『난후잡록』의 기사를 『징비록』 뒷부분에 '잡기'라는 형태로 부기한 것이다.

제1장

전란 발생의 전조

1578년(무인년) 가을에 장성長星이 하늘에 나타났는데 그 모양이
흰 비단과 같았다. 서쪽에서부터 동쪽으로 향하더니 수개월 후 사
라졌다.

1588년(무자년) 연간에 한강이 사흘 동안 붉었다. 1591년(신묘년)
에는 죽산 대평원 뒤에 있던 돌이 저절로 일어섰다. 통진현의 넘어
졌던 버드나무가 다시 일어섰다. 민간에서는 "장차 도읍을 옮길 것
이라" 하는 헛소문이 돌았다. 또 동해에서 잡히던 물고기가 서해에
서 잡혔고, 이 물고기는 점차 한강까지 올랐다. 청어는 본래 해주에
서 잡혔으나 근 10여 년 동안 전혀 잡히지 않았으며, 요동의 바다로
가서 잡히니 요동 사람들은 이를 신어라고 불렀다.

또 요동 팔참에 거주하던 백성들이 어느 날 이유 없이 놀라서
"도적이 조선에 들어오고 조선 왕자의 십정 교자가 압록강에 서로

전하여 말하니, 늙은이와 아이들은 산에 올라갔고, 며칠 후에야 진정되었다고 한다. 또 우리나라 사신이 명나라 북경에서 돌아와서 금석산에 있는 하씨의 집에서 머물렀는데, 그 주인 하씨는 "조선의 통역관이 나에게 '당신 집에 3년 된 술과 5년 된 술이 있거든 아끼지 말고 즐겁게 마시며 노시오. 오래지 않아 전쟁이 나면 그대들은 비록 술이 있더라도 누가 그것을 마실 것인가?'라고 했다. 이 말을 들은 요동 사람은 조선이 다른 뜻이 있는가 의심하여 매우 놀라고 의심하고 있다"고 한다.

명나라에 갔던 사신이 돌아와 임금께 보고하기를, 조정에서는 통역관 중 말을 만들어내어 일을 일으키고 조선을 모함하는 사람이 있을 것이라 판단했다. 통역관 서너 사람을 체포해 인정전 뜰에서 국문하여 압슬과 화형을 처했으나 모두 승복하지 않고 죽었다. 이것이 신묘년 무렵의 일인데 다음 해에 결국 왜변이 일어났다. 이러한 것을 볼 때 큰 난리가 발생하기 전에는 사람이 비록 깨닫지 못했더라도 여러 가지 조짐이 나타나는 것을 알 수 있다.

흰 무지개가 해를 꿰뚫고 금성이 하늘을 지나간 것이 어느 해든지 없을 때가 없었다. 그러나 사람들은 예사로 보고 있었다. 또 도성 안에 항상 검은 기운이 있어 연기도 아니고 안개도 아닌 것이 땅바닥에 서리어 하늘까지 닿았다. 이 같은 것이 거의 10년이나 계속되었다. 이외에도 다른 변괴도 다 기록하기 어려웠다. 하늘이 사람에게 경고하는 것이 매우 간절하였지만 사람들이 이를 살피지 못한 것뿐이었다.

두보의 시에 다음과 같은 것이 있는데, 대개 괴이한 일을 기록한 것이다.

장안성 위에 머리 흰 까마귀는
연추문 위로 밤에 날아와 부르짖네
또 인가를 향해 큰 집을 쪼니
집 밑에 달관이 오랑캐를 피해 가네

1592년 4월 17일 일본군이 침입했다는 보고가 도착하니 조정과 민간이 매우 황급해서 허둥지둥했다. 갑지가 괴이한 새가 궁중의 후원에서 울다가 공중으로 날아다니면서 혹은 가까이 있다가 혹은 멀리 있다가 했다. 다만 새는 한 마리인데도 그 울음 소리는 성 안에 가득 차서 그 소리를 듣지 못한 사람이 없었다. 밤낮으로 그 울음 소리가 멈추지 않았다. 이와 같은 지 10여 일만에 임금께서 피난을 떠났고, 일본군은 도성으로 들어와 궁궐, 종묘와 사직, 관청, 민간의 여염집들이 아무것도 없이 텅 비게 되었다. 아아 그것은 매우 괴이한 일이었다.

또 5월에 내가 임금을 따라 평양에 도착해서 김내진의 집에 머물렀다. 김내진이 나에게 "몇 해 전에 승냥이가 여러 번 성안으로 들어왔고, 대동강 물이 붉었는데 동쪽은 매우 탁하고 서쪽은 맑더니 이제 과연 이런 변고가 일어나게 됐습니다"라고 했다. 이때 일본군은 아직 평양에 오지 않았는데, 나는 이 말을 듣고 말없이 가만히 있었으나 마음속으로는 좋지 않았다. 얼마 지나지 않아 평양 또한 일본군에게 함락되었다.

승냥이는 들짐승이라 성안에 들어온다는 것은 맞지 않는 것이다. 그러나 『춘추』에 '구욕새 와서 깃들자, 여섯 마리 익새가 날아가고, 많은 사슴과 물여우가 있다'라고 기록된 것과 같이 그 반응이 없는 것이 드문 법이다. 하늘이 인간에게 현저하게 계시했으며 성인이 후세에 전한 경계가 깊으니 어떻게 두려워하지 않을 수 있겠는가?

1592년 봄과 여름 사이에 세성이 미성, 기성을 지켰다. 미성과 기성은 곧 연나라의 분야라서 옛날부터 우리나라와 연나라와 같은 분야라고 말했다. 이때 일본군이 날로 가까이 오므로 인심은 흉흉하고 두려워해서 어찌해야 할 바를 알지 못했다. 하루는 임금께서 "복성이 바야흐로 우리나라에 있으니 왜적을 두려워할 것이 없다"라고 교지를 내리셨다.

아마도 임금께서 이 말을 빌려 인심을 진정시키고자 했던 까닭이었다. 그러나 이 뒤에 도성을 비록 잃어버렸지만, 마침내 도성을 수복하여 돌아오게 되었다. 왜적의 우두머리인 도요토미 히데요시도 또한 흉악하고 반역적인 계획을 다 부리지 못하고 저절로 죽었다. 이것이 어찌 우연한 일이겠는가? 이것은 하늘의 뜻이 아닌 것이 없는 것이다.

제2장

전시 중 각종 대비책

**왜적은 간사하고 교활하여 군사를 쓰는 법에 있어서도 거의 한
가지 일도 남을 속이려는 꾀에서 나오지 않은 것이 없었다.
임진년의 일을 본다면 도성에서는 교묘했다고 할 수 있으나,
평양에서는 졸렬했다.**

우리나라는 태평세월이 백 년 동안이나 계속되어 백성들이 전
쟁을 알지 못하다가 갑자기 일본군이 쳐들어왔다는 말을 듣고 어찌
해야 할 바를 모르고 엎어지고 넘어져 멀고 가까운 곳 할 것 없이
바람에 쓰러지듯이 모두 넋을 잃어버렸던 것이다.

일본군은 파죽지세로 열흘만에 도성에 들이닥쳐서 지혜로운
사람은 계책을 도모하지 못하게 했고, 용감한 사람은 과감한 결단
을 내리지 못하게 했다. 인심은 무너져 수습할 수 없게 되었다. 이

것은 병가의 좋은 계책이며 일본군의 교묘한 계책이었다. 그러므로 도성을 뺏은 것을 교묘하다고 말하는 것이다.

이때 일본군은 항상 승리했던 위세를 믿고 뒷일을 돌보지 않고 여러 도로 흩어져 나아가서 마음껏 미쳐 날뛰었다. 군사가 나누어지면 세력이 약해질 수밖에 없다. 천리에 진영을 연이어 두고 시일을 허비하면서 오랫동안 버티었으니, 소위 "센 쇠뇌로 쏜 화살도 먼 데까지 나가서 힘이 다하면, 노나라에서 나는 얇은 깁도 뚫을 수 없다"라는 옛말과 송나라 장숙야가 "여진은 용병할 줄 알지 못하는데, 어찌 외로운 군사로 깊이 들어왔다가 잘 돌아갈 수 있겠는가"라고 말했던 것과 비슷한 것이라 하겠다.

이로써 명나라 군사는 4만 명으로 평양을 공격하여 쳐부쉈고, 평양성이 무너지자 여러 도에 퍼져 있던 일본군들 역시 기운이 꺾여버렸다. 비록 경성은 아직도 일본군이 점거하고 있었으나 대세는 벌써 위축되었다. 사방에 퍼져 있던 우리 백성들이 곳곳에서 공격하니, 일본군은 머리와 꼬리가 서로 구원할 수 없게 되어 마침내 도망가지 않을 수 없었다. 그러므로 평양에서는 졸렬하였던 것이다.

아아 적군의 잘못된 계책은 우리에게는 다행이었다. 진실로 우리나라에도 한 사람의 장수라도 수만 명의 군사를 거느리고 시기를 보아 특별한 계교라도 썼더라면 그 뱀처럼 늘어선 것을 쳐서 끊어놓아 그 긴요한 등성이를 나눠놓았을 것이다. 이것을 평양성에서 패전할 때 썼더라면 그 큰 장수를 힘들이지 않고 잡았을 것이다. 이것을 경성 이남에서 사용했더라면 일본의 한 수레도 돌려보내지 않앉을 것이다. 이렇게 된 후에야 일본군의 마음은 놀라고 간담이 서늘해져, 수십, 수백 년 동안이나 감히 우리를 바로 보지 못하고 다시는 염려가 없었을 것이다.

당시에 우리는 너무 쇠약하여 이것을 능히 처리할 수 없었다. 명나라의 여러 장수들도 또한 이런 계책을 쓸 줄 몰라 일본군에게 조용히 오고 가게 했다. 이 때문에 적이 조금도 징계하거나 두려워하지 않고 갖은 방법으로 이것저것 요구하게 되었다. 이때 일본에게 대처하는 전략은 하책에서 나와서 봉작과 조공으로써 그들을 견제하려고 했으니 탄식할 일이며 애석한 일이다. 지금에 와서 생각해보더라도 사람들이 팔을 걷어붙이고 분격할 일이다.

옛날에 중국 한나라 경제 때 사람 조조가 병사에 관하여 진언하기를 "군대를 사용하여 전장에 나가서 교전할 때 급한 세 가지가 있다.

첫째는 지형을 얻는 것이고, 둘째는 군졸이 잘 듣고 익히는 것이며, 셋째는 예리한 것을 병기로 쓰는 것이니, 이 세 가지가 전쟁을 하는 데 가장 요긴한 것이고, 승부가 결정되는 것이라 장수된 자는 반드시 알아야 될 것이다"

왜놈들은 공격하는 싸움에도 익숙하고 무기도 아주 예리했다. 옛날에는 조총이 없었으나 지금은 이것이 있어 멀리 가는 위력과 명중하는 기교가 화살보다 몇 배나 된다.

만약 우리가 평원의 넓은 들판에서 만나 맞대어 진치고 병법에 따라 교전했다면 일본군을 대적하기가 매우 어려웠을 것이다. 대개 화살의 위력은 백 보를 넘지 못하나 조총의 능력은 능히 수백 보에 이른다. 조총의 총알은 날아오는 것이 바람과 우박과 같아서 그것을 당해낼 수 없는 것은 당연한 것이다.

그러나 적보다 먼저 지형을 잘 가려서 그 산의 험준하고 숲이 빽빽한 곳을 잡아서, 활 잘 쏘는 군사를 매복시켜 적으로 하여금 그 형세를 보이지 않게 하고 좌우편에서 활을 한꺼번에 쏘았다면, 저들이 비록 조총과 창, 칼이 있더라도 다 쓸 수가 없어서 승리할 수 있는 것이었다.

지금 한 가지 일을 들어 증명한다면 1592년 일본군이 경성에 들어와서 날마다 성 밖에 흩어져 노략질하여 원릉元陵도 역시 보존할 수 없었다. 고양 사람 진사 이로는 활을 조금 쏠 줄 알고 담력도 있었다. 하루는 동료 두 사람과 각각 활과 화살을 가지고 창릉, 경릉으로 들어갔는데, 뜻밖에 일본의 무리들이 나와 산골짜기를 가득 메웠다. 이로 등은 어떻게 해야 할 계책이 없어서 등나무 칡덩굴이 빽빽한 숲속으로 달려 들어갔더니 일본군이 쫓아와서 수색했다. 일본군이 돌아다니며 기웃거리자 이로 등은 그 안에서 갑자기 활을 쏘았고, 일본군은 화살에 맞자 거꾸러졌다. 그들이 그 장소를 옮겨 이리저리 왔다 갔다 하니 일본군은 더욱 헤아릴 수가 없었다.

이로 인해 일본군은 도착하는 곳마다 우거진 숲만 보면 멀리멀리 도망가버리고 감히 가까이 오지 못하여 창릉, 경릉의 두 능을 보존할 수 있었다.

이 일로 미루어본다면 지형을 얻고 얻지 못하는 데에 따라 성패가 따른다는 것을 알 수 있다. 일본군이 상주에 있을 때 신립과 이일 등이 만일 이러한 계교를 쓸 줄 알아서 먼저 토천이나 조령 사이의 수십 리 사이에 활 잘 쏘는 사람 수천 명을 매복시키고 일본군으로 하여금 군사의 수의 많고 적음을 헤아릴 수 없게 만들어 놓았더라면 적을 제압할 수 있었을 것이다. 그러나 오합지졸을 거느리고 그 험한 요새를 버리고 평탄한 곳에서 승부를 겨루었으니, 그렇게 패한 것은 당연한 일이었다. 내가 용병의 기밀에 대해서는 앞서 상세히 말했는데, 지금 또다시 기록하여 훗날의 경계로 삼는 것이다.

성이라는 것은 포악한 도적을 막고 백성을 보호하는 것이므로 마땅히 견고함을 으뜸으로 한다.

옛날 사람들은 성의 제도를 말할 때 치雉에 대해 말하고 있으니 소위 백치라는 것이 이것이다. 내가 평상시에 책을 읽는 것이 거칠었으므로 치가 어떤 물건인지 알지 못하고, 늘 타垜가 이에 해당하는 줄로 알고 일찍이 의심하기를 "타가 다만 천 개나 백 개면 그 성이 너무 작아서 능히 여러 사람을 수용할 수 없으니 어떻게 할 것인가?" 했다. 왜변이 일어난 뒤에 비로소 척계광의 『기효신서紀效新書』를 얻어서 읽어보고는 곧 치가 타가 아니고 지금의 곡성과 옹성이라는 것을 알았다.

대개 성에 곡성과 옹성이 없다면 비록 사람이 하나의 터 사이에 방패를 세우고 외면에서 날아오는 화살과 돌을 가려 막는다 하더라도, 일본이 와서 성 아래 있는 사람은 볼 수가 없어서 막을 수가 없는 것이다.

『기효신서』에는 매 50타마다 하나의 치를 만들어 놓되 밖으로 두세 장을 나오게 하고, 두 치 사이는 서로 50개 타를 떨어지게 만들고, 하나의 치가 25개의 터를 점령하게 하면 화살의 위력은 바야흐로 강성하고 좌우를 마음대로 돌아보면서 활을 쏘기에 편하므로, 일본군이 와서 성 밑에 붙어 의지할 수가 없는 것이다.

1592년 가을 나는 오랫동안 안주에 머물러 있었다. 일본군은 평양에 있었다. 그때 일본군이 단시일에 서쪽으로 내려온다면 행재소 전면에 한 곳도 가로막을 곳이 없었다. 그 힘을 헤아려 보지도 않고 안주성을 수축하고 이를 지키려고 했다.

9월 9일 우연히 청천강가로 나가서 안주성을 돌아보며 가만히 앉아서 생각하다가 문득 한 가지 계책을 떠올렸다. 그것은 성 밖의 지세에 따라 철성凸城을 치 제도처럼 쌓고, 그 속을 텅 비워 사람을 수용할 수 있도록 만들고, 그 전면과 좌우에 대포구멍을 뚫어 그 속에서 대포를 쏠 수 있게 했다. 그 위에 대적할 누를 세우되 누와 누 사이는 천여 보 이상이 되도록 하며, 대포 속에는 새알과 같은 탄환을 두 곳에서 번갈아 발사하면 사람과 말은 말할 것도 없고 비록 쇠와 돌이라도 가루가 되지 않는 것이 없을 것이다.

이렇게 되면 다른 성첩에는 비록 지키는 군사가 없더라도 다만 수십 명에게 포루를 지키게 하여도 일본군은 감히 가까이 오지 못할 것이다. 이는 실로 성을 지키는 묘법으로 그 제도는 비록 치를 모방했지만 공효는 치보다 나을 것이 틀림없다. 대개 천 보의 거리 안에 일본군이 감히 가까이 오지 못한다면, 이른바 운제雲梯, 충차衝車라는 것도 모두 소용없게 될 것이다.

이 일은 내가 우연히 생각해내서 그때 곧바로 행재소에 보고하고, 그 후 경연에서 여러 번 제안했다. 또 사람을 시켜 그것이 반드시 쓸 만한 것임을 알게 하려고, 1596년 봄에 서울 동쪽 수구문 밖의 적당한 곳을 골라 돌을 모아 만들다가 완성하지도 못했는데, 이론이 분분하여 그만두고 만들지 않았다.

훗날 만약 원대한 계책을 가진 사람이 있어, 나 같은 사람의 말이라고 해서 버리지 말고 치 제도를 들어 마련한다면, 그것은 적을 막는 방법으로는 이익이 적지 않을 것이다.

제3장

김성일의 죽음과 제2차 진주성 전투

내가 안주에 있을 때 우인 사순 김성일이 경상 우감사가 되어, 나에게 서신을 보내 "진주성을 수리하여 죽기를 각오하고 성을 지킬 계획입니다"라고 했다.

이보다 먼저 일본군은 한번 진주성을 침범하였으나 이기지 못하고 패하여 물러갔었다. 나는 사순 김성일에게 답하여 "왜적은 조만간에 반드시 쳐들어올 것입니다. 왜적이 지난해의 원한을 갚으려고 쳐들어온다면 틀림없이 많은 군사를 이용할 것이니, 수비하기가 예전보다는 좀 더 어려울 것입니다. 마땅히 포루를 세워 대비해야만 걱정이 없을 것입니다" 하고, 드디어 서신에 그 방법에 대하여 자세히 말했다.

1593년 6월 나는 일본군이 진주성을 공격한다는 말을 듣고 종사관 신경진에게 "진주의 일이 매우 위태로운데 다행히 포루가 있었으면 그래도 지탱할 수 있겠지만, 그렇지 않으면 지키기가 어려울 것이다" 했다.

얼마 후 나는 합천으로 내려가서 진주가 이미 함락되었다는 말을 들었다. 사순과 친우인 단성 현감 조종도가 나에게 "지난해 김성일과 함께 진주에 있을 때, 김성일이 당신의 서신을 보고 좋아 뛰면서 기이한 계교라고 칭찬하면서 즉시 막하에 있는 벗 몇 사람과 성을 돌아보고, 그 지형에 따라 마땅히 여덟 곳에 포루를 설치해야 될 것이라 하면서 나무를 베어 강물에 띄워 배로 보내도록 독려했습니다. 고을 백성들이 포루 설치의 역사를 꺼리며 말하기를 '전에는 포루가 없어도 오히려 성을 지키고 일본군을 물리쳤는데, 지금은 포루를 만들어 사람들을 힘들게 합니까?'라고 했습니다. 사순 김성일은 듣지 않고 포루를 만들 재목을 준비하여 역사를 시작한 지 얼마가 지났는데, 마침 사순 김성일이 병이 들어 일어나지 못했으므로 진주성의 포루 설치 공사는 중지되고 말았습니다" 말하므로 서로 함께 이것을 아주 애석하게 여기면서 헤어졌다.

아아 사순 김성일의 불행함은 곧 한 성과 천만 사람의 불행이었다. 이것은 진실로 운수이며 인력으로 어떻게 할 수 있는 것이 아니었다.

장수를 선택하는 요령 : 1592년 4월 일본군이 연이어 내지의 여러 고을을 함락시키니, 우리 군사는 풍문만 듣고도 무너지고 흩어져서 감히 맞서 싸우려는 사람이 없었다.

비변사의 여러 신하들이 날마다 대궐에 모여 일본군을 막을 대책을 강구했으나 아무런 계책이 없었다. 어떤 사람이 건의하여 말하기를 "적군은 창과 칼을 잘 쓰는데 우리는 견고한 갑옷이 없으므로 대적할 수가 있습니다. 마땅히 두꺼운 쇠로 온몸을 감싸는 갑옷을 만들어 형체가 보이지 않도록 하여 이것을 입고 적진으로 들어간다면 왜적들은 찌를 만한 틈이 없을 것이니, 우리는 능히 이길 수 있을 것입니다"라고 했다.

여러 사람들이 "그렇겠다"라고 하여 공장을 많이 모아 밤낮으로 철갑옷을 만들었다. 나는 홀로 안 되겠다고 생각하여 "왜적과 싸울 때 구름처럼 모이기도 하고 새 떼처럼 흩어지기도 하니 무엇보다 빠르게 움직이는 것이 중요한데, 온몸을 둘러싼 두꺼운 철갑옷을 입는다면 그 무게를 이겨낼 수가 없다. 또 몸도 잘 움직일 수 없을 것이니 어떻게 왜적을 죽이기를 바라겠는가?"라고 말했다. 며칠 후에 철갑옷이 쓰기 어렵겠음을 알고 드디어 그만두었다.

대간은 대신을 청하여 만나보고 계책을 말했다. 그중에 한 사람은 화를 내면서 대신들의 계책이 없음을 지탄했다. 임금께서 "무슨 계책이 있는가?"라고 물으니, 그는 "어찌하여 한강가에 높은 누각을 많이 설치하고 적으로 하여금 올라오지 못하게 만들고, 높은 곳에서 적을 내려다보고 활을 쏘도록 만들지 않습니까?"라고 했다. 어떤 사람은 말하기를 "왜적의 총알도 역시 올라올 수 없다던가?" 하니, 그 사람은 말없이 물러가버렸다. 이 말을 들은 사람들은 서로 전하여 웃음거리가 되었다.

아아, 군사는 일정한 형세가 없고 전투는 일정한 방법이 없으므로 시기에 따라 적당히 처리하여 나아가고 물러가며 합치고 흩어져서 기묘한 계책을 써야 하겠는데, 다만 군사를 지휘하는 장수의 능력에 달려 있을 따름이다. 그렇게 본다면 천 마디의 말이나 만 가지의 계교가 다 소용이 없고 오직 한 사람의 뛰어난 장수를 얻는 것이 중요할 뿐이고, 조조의 세 가지 계책은 더욱 절실히 요망되는 것이므로 한 가지도 없어서는 안 된다. 그 나머지 어지러운 것들이야 무슨 도움이 되겠는가?

대체로 국가에서 사변이 없을 시기에 장수를 선택하고 사변이 있을 때 장수를 임명하되 선택은 마땅히 정밀해야 하고 임명은 마땅히 전임해야 된다. 이때 경상도 수군장수는 박홍과 원균이고, 육군 장수는 이각과 조대곤이었는데 이것은 벌써 장수될 인재의 선택이 아니었다. 그 변란이 발생하였을 때 순변사, 방어사, 조방장 등이 모두 조정으로부터 명령을 받고 내려왔었는데, 각각 마음대로 결단하는 권한을 가지고 있었으므로 제 마음대로 호령을 행하고 제 멋대로 진퇴하여 통솔이 되지 않았다. 『주역』에 '전쟁에 패하면 차에 시체를 싣는다'는 것처럼 경계를 범하였으니, 일이 성사될 수 있었겠는가?

또 자기가 양성한 군사를 자기가 쓰는 것이 아니고, 자기가 쓰는 군사도 양성하지 않았으므로 장수와 군사가 서로 알지 못했다. 이것이 모두 병가에서 크게 꺼리는 것이었다. 어찌하여 앞 수레가 엎어졌는데도 뒤에 고칠 줄 모르고 지금에 이르도록 이런 잘못을 따르고, 이와 같은 잘못을 저지르고서도 사고가 없을 것을 바라는 것은 특히 요행만을 믿는 것일 뿐이다. 이것을 말한다면 말만 매우 길어지고 이를 한두 말로는 다 할 수 없다. 아아 위태로운 일이다.

제4장

정유재란

계사년 정월, 명나라 군대가 평양에서 출발했는데 나는 명나라 군대보다 앞서 출발했다.

이때 임진강의 얼음이 녹아서 건널 수가 없었다. 제독 이여송은 연이어 사람을 보내 부교를 만들도록 독촉했다. 내가 금교역에 도착하였을 때 황해도의 수령 등이 아전과 백성들을 거느리고 명나라 군사에게 식사를 대접하느라 들판에 가득 찬 것을 보았다. 나는 우봉 현령 이희원을 불러 "거느리고 있는 고을 사람이 얼마나 되는가?"라고 물었다. 그는 "수백 명에 가깝습니다"라고 했다. 나는 그에게 "그대는 빨리 고을 사람을 거느리고 산에 올라가서 칡줄을 뜯어가지고 내일 나와 임진강 어귀에서 만나도록 하세. 시간을 여겨서는 안 될 것이야"라고 분부했다.

이희원은 곧 물러갔다. 다음날 나는 개성부에서 자고, 그 다음날 새벽에 말을 달려 덕진당에 도착했다. 강의 얼음은 아직 완전히 녹지 않았고 얼음 위에 유사流澌가 흐리고 있어서 하류의 배가 올라올 수 없었다.

경기 순찰사 권징, 경기 수사 이빈, 장단 부사 한덕원과 창의 추원군 천여 명이 강변에 모였으나 모두 어찌할 도리가 없어서 꼼짝을 못하고 있었다.

내가 우봉 사람을 부르도록 영을 내려 칡으로 새끼를 꼬아 큰 밧줄을 만들게 했다. 그 크기가 서너 아름이나 되고 길이가 강을 가로 걸칠만 했다. 강의 남쪽과 북쪽 언덕에 각각 두 개의 기둥을 세우고 서로 마주보게 했다. 그 안에 가로지른 나무 하나를 눕혀두고 큰 동아줄로 열 다섯 가닥을 당겨서 강면에 펴 걸쳐서 양쪽 끝을 가로지른 나무에 매었다. 그러나 강면이 너무 넓어 새끼밧줄이 반쯤 물에 잠겼다 여러 사람들이 말하기를 "쓸데없이 인력만 소비했다"라고 했다.

나는 1천여 명에게 각각 2~3척쯤 되는 짧은 막대기를 가지고 칡 새끼줄을 뚫어 꿴 다음 힘을 다하여 몇 바퀴를 돌리고 서서 버티어 일으키게 하니, 서로 당겨져서 물 위로 떠올라 빗살처럼 알맞게 늘어졌다. 이것을 밧줄로 잘 엮어 묶은 다음 높이 일으켜 세우니 꾸부정한 활처럼 공중에 엄연한 다리 모양이 되었다. 그 다음 가는 버느나무를 베어 그 위에 깔고 풀을 두껍게 덮고 흙으로 깔아 다져놓았다.

명나라 군사가 이것을 보가 크게 기뻐하며 채찍을 휘두르며 말을 달려 지나가고, 포차와 군기도 다 뒤따라 건너갔다. 조금 후에 건너는 사람이 많아지자 엮어 묶은 새끼줄이 늘어져 물에 가까워졌는데 , 대군은 얕은 여울을 따라 건넜기에 나무랄 것이 없었다.

나는 생각해보니, 그때 갑자기 칡을 준비한 것이 많지는 않았으나, 다시 더 구하여 30가닥 정도를 만들었다면 밧줄이 더 잘 엮어져서 늘어지는 일이 없었을 것이다.

후에 『남북사』을 읽어보니, 제나라 군사가 양나라 왕 규﨑를 치니, 그는 주나라 총관 육등과 이를 막았다. 주나라 사람들은 협구의 남쪽 언덕에 안촉성을 쌓고서 가로 큰 새끼줄을 강 위에 당겨 매고 갈대를 엮어 다리를 만들어 군량을 운반하여 건넜다고 하니 그것이 바로 이 방법이었다. 나는 스스로 생각하기에 "나는 우연히 생각하여 이 방법을 알게 됐는데 옛날 사람은 이미 행하고 있던 일을 알지 못했구나" 하면서 크게 웃었다. 이내 이 일을 기록하여 뒷날 갑자기 대처할 때 도움이 될 것이라 생각한다.

계사년 여름에 나는 병으로 한성 묵사동 집에 누워 있었다.

어느 날 명나라 장수 낙상지가 나를 와소로 방문하여 매우 정성스럽게 문병하고는 말하기를 "조선은 지금 미약한데 적군은 아직 조선 안에 있으니, 군사를 훈련하여 적을 막는 일이 가장 급선무가 될 것입니다. 마땅히 명나라 군사가 아직 돌아가지 않은 이때를 이용하여 군사 훈련하는 법을 배우고 익혀서 한 사람이 열 사람을 가르치고, 열 사람이 백 사람을 가르친다면 몇 해 동안에 모두 정련된 군사가 되어 나라를 지킬 수 있을 것입니다"라고 했다.

나는 그 말에 감동하여 바로 행재소에 보고하고, 이내 데리고 있던 금군 한사립을 시켜 경성 안에 군사를 모집하여 70명을 얻어 낙상지에게 보내 군사 훈련법을 가르쳐주기를 청했다. 낙상지는 막하 사람으로서 진법을 잘 아는 장육삼 등 10명을 뽑아 교관으로 교사로 삼아 밤낮으로 창검과 낭선 등의 기술을 연습시켰다.

얼마 뒤 내가 남방으로 내려가게 되자 그 일도 곧 폐지되었다. 임금께서는 내가 올린 문서를 보시고 비변사에 분부하시어 별도로 도감을 설치하여 군사를 훈련하도록 명령하시고, 좌의정 윤두수가 그 일을 맡아 다스리게 했다.

1593년 9월 내가 남방에서 행재소로 불려갔다가 임금의 행차를 해주에서 맞이하여 모시고 경성으로 돌아오는데 연안에 이르러 다시 나에게 훈련도감의 일을 윤두수를 대신하여 맡을 것을 명하셨다. 이때 도성에는 기근이 심해서 나는 용산창의 중국 좁쌀 1천 석을 내줄 것을 요청하여 날마다 군사 한 사람에게 두 되씩 주니, 응모하는 사람들이 사방에서 모여들었다. 도감당상 조경은 곡식이 적어서 다 받아줄 수 없으므로 법을 만들어 이를 조절하려고 하여 큰 돌 하나를 놓아두고, 군사에 응모하는 사람은 먼저 그 돌을 들게 하여 힘을 시험했다.

또 높이 10척이나 되는 흙담을 뛰어넘게 하여 넘은 사람은 훈련도감에 들어오게 하고 넘지 못한 사람은 들어오지 못하게 했다. 그런데 사람들이 굶주려 피곤하여 기운이 없으므로 합격하는 사람은 10명 중 한두 명이었고, 어떤 사람은 도감 문 밖에서 시험을 보려다가 뜻대로 안 되어 쓰러져 죽는 사람까지도 있었다.

오래지 않아서 군사 수천 수백 명을 얻어서 파총, 초관을 세우고 부서를 나누어 거느리게 했다. 또 조총 쏘는 법을 가르치려 했으나 화약이 없었다. 이때 군기시 장인 대풍손이라는 자가 있었는데, 그는 적진으로 들어가서 많은 화약을 만들어서 왜적에게 주었으므로 강화도에 가두어 장차 죽이려고 했다. 나는 특별히 죽음을 면하게 하여 주면서 대신 염초를 많이 구워 속죄하도록 했다. 대풍손은 감격하여 화약을 만드는 데 힘을 다했다. 그리하여 하루에 구워내는 분량이 몇 십 근이나 되었다. 각 부서에 나눠주고 밤낮으로 총쏘는 기술을 익히게 하고, 실력을 가려서 상을 주기도 하고 벌을 주기도 했더니, 한달 남짓하여 날아가는 새를 맞히었다. 수 개월 후 항복한 왜군이나 중국 남방의 총 잘 쏘는 사람과 서로 비교하여도 그보다 못한 사람은 없었고 어떤 사람은 그들보다 낫기까지 했다.

나는 임금께 보고를 올려 "군량을 조처하면서 더욱 군사를 모집하소서. 1만 명이 차면 다섯 군영을 설치하여 영마다 각 2천 명을 예속시키고, 매년 그 반은 성안에 머물게 하여 군법을 훈련시키고, 그 반은 성 밖에 내놓아 넓고 기름진 땅을 돌며 둔전을 갈아 곡식을 저장하게 하되, 이를 번갈아 대체하면 몇 해 후에는 군사도 식량도 튼튼해지고 국가의 근본도 굳건하게 될 것입니다"라고 아뢰었다. 임금께서는 그 의논을 조정에 내려보냈으나, 병조는 이를 곧 시행하지 않았으므로 마침내 효과를 보지 못하고 말았다.

제5장

심유경

**심유경은 평양에 온 이후로 적군의 진중에 드나들어 노고가
없지는 않았으나, 강화를 표방한 까닭에 우리나라에서는
좋아하지 않았다.**

최후에 일본군이 부산에 머무르면서 오래도록 바다를 건너 돌아가지 않았고, 책봉정사 이종형이 도망하여 돌아온 후에 명나라 조정은 심유경을 부사로 임명하여 양방형과 함께 일본으로 들어가게 했으나 마침내 좋은 결과를 얻지 못하고 돌아왔다. 이어 고니시 유키나가와 가토 기요마사 등이 다시 조선으로 돌아와서 해상에 주둔했다.

명나라와 우리나라에서는 의논이 자자하게 일어나서 잘못을 모두 심유경에게 돌렸고, 또 심한 사람은 "심유경과 고니시가 함께

배반하려는 형세가 있다"라고까지 말했다. 우리나라의 승려 송운(사명대사 유정)이 서생포에 들어가 가토 기요마사를 만나보고 돌아와 말하기를 "왜적이 명나라를 침범하고자 하고 그 말은 모질고 패악하니, 사유를 갖추어 명나라 조정에 아뢰어야 하겠습니다"라고 했다. 이 말을 듣는 사람은 더욱 성을 내었다.

심유경은 화가 자신에게 미칠 것을 알고 근심하여 어찌할 바를 알지 못했다. 이에 김명원에게 다음과 같이 서신을 보내, 일의 시말을 서술하여 자기의 행위를 변명했다.

세월이 빨리 흘러 지나간 일들이 어제 일과 같습니다. 지나간 일을 생각해보면 일본은 귀국을 침범하여 바로 평양까지 진격했으나, 조선의 팔도는 안중에도 없었습니다. 나는 황제의 명령을 받들어 왜의 실정을 정탐하고 기회를 보아 제어하고자 했습니다. 족하(김명원)와 체찰사 이원익은 어지러운 나라 속에서 서로 만났습니다. 평양 이서 일대의 땅은 주민이 유리하고 그 괴로움은 바늘 방석에 앉아 있는 것과 같아 아침 저녁으로 예측하기 어려운 불안한 상황을 목격하고 마음 아프게 여겼습니다. 그 실정은 족하가 몸소 겪었던 것이기 때문에 나의 여러 말을 기다릴 것이 없겠습니다.

나는 격문을 보내 고니시 유키나가를 불러 건복산에서 대면하고, 이곳부터 서쪽을 침범하지 말 것을 약속시켰습니다. 왜는 그 명을 따라 감히 어기지 못하고, 몇 달이 지난 뒤에 명나라의 대병이 도착하게 되고 평양의 승리를 가져오게 되었습니다. 만약 그때 내가 오지 않았더라면 왜는 조승훈의 패전한 기회를 타서 의주까지 달려갔을지도 알 수 없습니다. 평양 한 도의 주민들이 적의 심한 해독을 입지 않은 것은 귀국의 다행함이 이보다 큰 것이 없습니다. 얼마 뒤 일본 장수 고니시 유키나가가 퇴각하여 왕경을 지키고, 총병 히데이에가 거느린 이시다 미쯔나리[石田三成], 마시타 나가모리[增田長盛] 등의 30여 장수가 병력을 합하여 군영을 연결하여 험한 곳을 지키므로 굳건하여 쳐부술 수가 없었습니다. 벽제관 전투 이후 진격하여 치는 것이 더욱 어려워졌습니다.

그때 판서 이덕형은 개성에서 나를 찾아와 "적의 세력이 점점 강성해지는데 대병이 물러간다면 왕경을 수복할 가망이 없습니다"라고 하며 울면서 말하기를 "왕경은 나라의 근본이 되는 땅이니 이것을 수복하는 것이야말로 여러 도에 호령이 통하고 군사를 모집할 수 있는 것입니다. 그런데 지금 이 사세가 이 지경에 이르렀으니 장차 어떻게 해야겠습니까?" 했습니다. 나는 "다만 왕경을 수복하고 한강 이남의 여러 도가 수복되지 않는다면 여러 도의 형세도 사태도 뜻대로 되기는 어려울 것입니다"라고 하니 이덕형은 말하기를, "진실로 왕경을 수복하는 것만으로도 실로 소망에 지나치는 일입니다. 한강 이남은 우리나라의 군신들이 스스로 조금씩 수복하여 지탱하기 어렵지 않을 것입니다" 했습니다.

나는 말하기를 "그대 나라와 협력하여 왕경을 회복하고, 아울러 한강 이남의 여러 도를 회복하고, 더욱이 왕자와 배신을 돌아오게 하여 나라를 온전하게 만들어 보리라" 하니 이덕형은 눈물을 흘리고 머리를 조아리며 감격하여 말하기를 "과연 이와 같이 될 수 있다면 노야는 우리나라를 다시 만들어 주는 것으로 그 공덕이 적지 않을 것입니다."

조금 뒤에 나는 배를 타고 한강에 도착했는데 왕자 임해군 등이 가토 기요마사의 병영으로부터 사람을 보내와 나에게 말하기를 "혹시 나라로 돌아갈 수 있게 된다면 한강 이남의 땅은 어떤 곳이든 마음 내키는 대로 주겠습니다" 했는데, 나는 그 뜻을 따르지 않았습니다. 또 일본 장수와 맹세하기를 "돌려보내겠으면 돌려보내고, 돌려보내고 싶지 않으면 너희 뜻대로 죽이든지 마음대로 하라. 그 밖의 일은 말할 필요도 없는 것이다" 했습니다. 왕자는 귀국의 왕세자들인데 나 또한 소중한 줄 알지 못하겠습니까? 이런 때를 당해 차라리 죽이려면 죽이라고 말했지 다른 말을 허락하고 싶지는 않습니다. 그들이 부산에 와서 재물을 허비하고 예를 다하면서 여러 방면으로 왕자에게 극진한 예를 다했습니다. 전에 거만하다가 뒤에 공경해진 것은 때의 완급함이 있고 일의 경중이 있어 부득이 한 짓이라고 생각됩니다.

몇 마디 말 끝에 왕경에서 일본군이 물러갔는데 연도의 영책과 남기고 간 군량이 헤아릴 수 없이 많았습니다. 한강 이

남의 여러 도를 모두 수복했고, 왕자와 배신들도 나라로 돌아왔습니다. 마침내 한 통의 서신으로써 일본군을 견제시켜 왜적의 우두머리들은 손발이 부산의 막다른 바닷가에 묶인 채 명령을 기다린 3년 동안 감히 함부로 움직이지 못했습니다. 계속하여 봉공하는 일을 의논하게 되었습니다. 나는 명령을 받아 회의를 조절하고, 왕경에서 다시 족하와 이덕형 등을 만나보고 "지금 가서 봉공을 하겠는데, 왜적이 혹시 물러가면 귀국이 뒷일을 잘 처리하는 계교는 어떠합니까?" 했습니다. 이덕형은 그 말에 대답하기를 "뒷일을 잘 처리하는 일은 우리나라 군신들이 맡을 책임이니 노야는 괘념하지 마소서" 했습니다.

노야는 그 말을 듣고 그에게 큰 역량이 있고 큰 식견이 있어 위대한 인물임을 기특하게 여겼는데 지금에 이르러 그때 사실을 조사하여 보면 문장과 공업이 서로 부합되지 않는 것 같으므로 노야와 이덕형을 위해 애석하게 여기지 않을 수 없습니다. 또 부산, 죽도 여러 병영이 곧 철거되지 않은 것은 나의 책임입니다. 기장, 서생포 등 여러 곳에서는 일본군들이 다 건너가고 병영의 울타리도 다 불타버리고, 지방관에게 땅을 돌려주도록 하는 감결이 모두 있었는데도 어째서 가토가 한번 건너와서 한 번 싸웠다는 말도 들리지 않고 화살 한 대 쏘지도 않고서 지방관은 몸을 빼쳐서 땅을 왜적에게 양도한 까닭은 무엇입니까? 이미 한강 이남은 조선 스스로의 힘으로 조금씩 수복하여 지탱해갈 수 있다고 말하는데, 어찌하여 이미 수복하여 놓은 것도 이와 같이 잃어버리는 데 이르게 하는 것입니까? 또 뒷일을 잘 처리한다는 일은 우리나라의 책임이라고 말했는데, 어찌하여 큰 계교를 들려주지 않고 궐하에서 울부짖는 한 가지 계책뿐입니까? 병법에 이르기를 "힘이 강하고 약한 것은 당하지 못하고, 수의 많고 적은 것은 대적하지 못한다"라고 했습니다. 나도 역시 어려운 일을 귀국의 여러 당사자들에게 책임지우려는 것은 아닙니다. 다만 "완만할 때 그 근본을 다스리고 급할 때는 그 말단을 다스린다"라고 했으니, 군사를 훈련하여 잘 지키고 때를 보아 적을 제어해야 하는데도, 귀국의 당사자 여러분들도 역시 이를 그대로 놓아두고 묻지 않아서는 아니 될 것입니다.

나는 바다를 건너온 이래로 네 번이나 귀국의 임금님을 만나서 서로 기탄없이 대화를 나누었고, 또 때에 적합하여 조금도 거짓이나 꾸밈이 없었고 조금도 헛된 것이나 잘못됨이 없었습니다. 임금님의 마음을 피차간에 환하게 트이고 분명했습니다. 나는 진실로 "조선의 일이 이와 같은 지경에 이르렀으니 가히 다른 염려는 없을 것이라"고 생각했는데, 뜻밖에도 귀국의 모신과 책사는 온갖 기지를 써서 이간하는 사건을 번갈아 만들어 안으로는 위험한 말로써 명나라 조정을 화나게 만들었고, 밖으로는 약한 군사로써 일본과 싸우도록 만들었습니다.

송운의 한 마디는 설화에 이를 만큼 예법 밖의 말이라 볼 수 있습니다. 그는 "앞에서 군사를 몰고 가서 명나라를 치려 한다"라고 말하고, "팔도를 갈라주고, 임금님이 친히 바다를 건너 귀복하려 한다"라고도 말하는 등 잠깐 동안에 두세 가지 그런 말을 했는데, 이는 다만 이 말이 임금으로 하여금 생각을 내어 움직이게 하고, 명나라 조정을 격동시켜 구원병을 내도록 한 것임을 알겠습니다. 귀국은 다만 팔도가 있을 뿐인데, 만약 이를 다 허락하고 또 임금님이 친히 바다를 건너가서 귀복하는 것을 허락한다면, 귀국의 종묘와 사직, 백성들도 다 일본의 것이 되는데 또 어찌 두 왕자를 돌아오게 할지 이를 생각하지 않겠습니까? 나는 삼척동자라도 결코 이런 실언을 하지 않으리라 생각합니다.

가토 기요마사가 비록 횡포하더라도 이처럼 제멋대로 행동하지는 않을 것입니다. 또 우리 당당한 명나라 조정이 외번을 통솔, 제어하는 데 스스로 큰 체통이 있습니다. 한 번 은혜를 베풀고 한 번 위엄을 부리는 것도 역시 자연 때가 있는 것입니다. 반드시 수백 년 동안 서로 전하여 오던 속국을 도외시하여 관계를 그냥 내버려두는 것을 좋아하지 않을 것이며, 또한 약속을 받들지 않는 역적을 놓아서 우리의 번국을 노략하는 것을 좋아하지 않을 것이 당연한 것이라 하겠습니다.

나는 일을 살피지는 못했으나 내외 친소의 분별과 역순 향

배의 인정에 이르러서 역시 사람마다 쉽게 깨닫는 것인데, 하물며 황제의 칙명을 받들고 이 일을 조정함에 있어서 성패와 휴척은 관계가 가볍지 않은지라 감히 귀국의 일을 업신여기거나 뜻담아 두지 않으리이까? 또 감히 일본의 횡포를 숨겨 두고 알려주지 않으리이까? 족하는 큰 체통을 이해하는 데 깊으시고, 나라의 정사를 다스리는 데 자세하므로 이 글을 보내는 것이오니, 행여 족하가 내 평소의 충심을 잘 살펴서 곧 이러한 사정을 임금님에게 아뢰고, 아울러 당사 관료들로 하여금 그 까닭을 대략이라도 알도록 하면 다행이겠습니다. 이미 이르기를 "우리 명나라 조정을 우러러 아주 온전한 계획을 도모하며 마땅히 처분함을 들어서 다함이 없이 행복을 바란다"라고 하였으니, 다만 늘 잘못된 계교를 쓰거나 졸렬함이 없도록 할 것입니다. 간절히 부탁하면서 뜻을 다하지 못합니다.

이 글을 본다면 왕경을 수복한 이전의 사실은 말이 조리에 맞아서 가히 징계할 만하지만, 부산 이후의 사실들은 헷갈린 말과 숨기는 말임을 면치 못할 것이다. 그러나 공과 죄는 저절로 서로 가려 숨길 수 없는 것이다. 뒷날에 심유경을 논하는 사람은 마땅히 이 글로써 단언을 삼을 것이다. 그러므로 이 사실을 기록해 두는 것이다.

심유경은 유세하는 사람이다.

평양 싸움 이후로 두 번이나 일본 군영 속으로 들어갔다. 이것은 사람들이 어렵게 여기는 것인데, 그는 말로써 군사를 대신하여 많은 왜적을 몰아 이 수천리 땅을 수복했던 것이다. 그는 마지막에 한 가지 일이 어긋나서 죽음을 면하지 못하였으니 슬픈 일이다.

고니시 유키나가는 심유경을 가장 신임했다. 그가 경성에 있을 때 심유경은 비밀리에 고니시 유키나가에게 말하기를 "너희들이 오래도록 경성에 머물러 물러가지 않아서 명나라 조정에서는 다시 대군을 일으켜 이미 서해를 통해 조선에 들어왔으니, 충청도로 나와서 너희들이 돌아갈 길목을 끊어놓을 것이다. 이때는 비록 가려고 해도 뜻대로 될 수 없을 것이다. 나는 평양성에서 너와 정이 들어 친하기 때문에 차마 말해주지 않을 수 없어서이다" 했다. 그리하여 고니시 유키나가는 경성을 떠나버린 것이다. 이 일은 심유경이 스스로 우의정 김명원에게 말한 것이고 또한 김명원이 나에게 그 사실을 이와 같이 말한 것이다.

해설

해설을 덧붙이며

박제된 『징비록』과 유성룡

세간에서는 『징비록』을 피로 쓴 반성문이라고 규정하고 있다. 피로 썼다는 것은 대단히 진부한 표현이나, 많은 의미를 함축하고 있는 것이기도 하다. 피는 살상과 죽음을 의미하고 전쟁으로 희생된 많은 백성들을 떠올리게 한다. 많은 희생의 대가로 흘린 피로 글을 썼다고 하는 표현에서는 비참함을 이겨내고 그것을 잊지 않으려는 필자의 결기마저 느껴진다. 비장함과 결기에 가득 찬 한 사람이 반성문을 썼고 그것이 『징비록』이라는 것이다. 반성이란 자신의 행동이나 부족함을 뉘우치기 위해 작성하는 문서를 의미한다.

필자는 『징비록』을 피로 쓴 반성문이라고 규정한 것에 일견은 동의한다. 하지만 『징비록』의 성격을 반성문으로 규정할 경우는 『징비록』을 통해 알 수 있는 많은 정보를 놓칠 수도 있다. 『징비록』에는 임진왜란 초기 일본군의 침략을 당해 우리가 일방적으로 패전했던 요인들이 기술되어 있는 것은 사실이지만, 기사의 내용이 반성만을 담고 있지는 않다. 유성룡은 임진왜란의 사건들을 성패지적成敗之跡에 따라 기술했다. 즉 일본군이 이긴 전투와 조선군이 이긴 전투를 『징비록』에 모두 수록했다. 따라서 『징비록』을 반성문이라고 한정할 경우 조선군의 역량과 전란을 극복할 수 있는 요인들을 충분히 이해하지 못하는 우를 범할 수도 있다.

『징비록』은 조선 후기 조야에 많은 영향을 준 책이다. 『선조수정실록』 편찬을 위한 중요한 사료로 활용되었다. 『징비록』은 조선 후기 역사서와 사행록使行錄에도 많은 영향을 주었다. 이러한 측면에서 볼 때 『징비록』은 다양한 의미를 규정할 수 있는 책이지 우리가 잘못한 것을 뉘우치기 위한 반성문만은 아닌 것이다. 이러한 점에서 『징비록』에 대해 새로운 질문을 던져봄으로써 다양한 의미를 추출해내려는 자세가 필요해 보인다.

하늘이 내린 재상

2007년 10월 국립중앙박물관에서는 유성룡 특별전이 열렸다. 2007년은 서애 유성룡의 서거 400주년이 되는 해였다. 특별전의 부제는 '하늘이 내린 재상'이었다. 1604년 유성룡이 『징비록』을 저술할 무렵 그는 일본과 화친을 주장해서 나라를 그르친 간사한 인간이라고 평가받았다. 『징비록』이 간행되었을 때 서인들은 '자신의 공로만을 드러낸 책'이라고 책의 의미를 평가절하했다. 그러나 그의 400주년인 2007년에 그는 '하늘이 내린 재상'이 되어 있었다. 특별전의 부제뿐만 아니라 특별전에 전시된 유성룡의 유물을 담은 도록의 제목도 '하늘이 내린 재상'이었다.

　임진왜란 동안 유성룡은 영의정·도체찰사·훈련도감 도제조 등을 역임하면서 전시 재상으로 국난 극복에 최선을 다했던 인물이었다. 그가 건의하여 설치했던 훈련도감은 조선 후기 군사체제인 5군영의 효시가 되었다. 그러나 그의 임진왜란기 역할과 행적은 제대로 평가를 받지 못했다. 오히려 그는 북인들의 집요한 공격을 감내해야만 했다. 그러한 당대 유성룡의 평가를 생각할 때 하늘이 내린 재상이라는 평가는 천지개벽할 만한 것이었다. 이제 유성룡은 인간 영역을 넘어 세상에 둘도 없는 최고의 재상이라는 평가를 받기 시작한 것이다.

　임진왜란기 유성룡의 역할과 행적이 제대로 된 평가를 받지 못했던 것은 유감스러운 일이지만, 유성룡의 역할과 행적이 임진왜란을 이해하는 데 전부는 아니다. 유성룡이 그 시대의 산물이듯 그의 저술인 『징비록』도 그 시대의 산물이다. 그 시대의 산물인 유성룡과 『징비록』을 이해하기 위해서는 당시 상황에 대한 이해가 선행되어야 하고, 그를 둘러싼 환경에도 관심을 기울어야 한다. 이 책은 독자들이 유성룡을 '불편부당한', '하늘이 내린' 등의 수식어를 붙인 채 박제된 위인으로서 이해하기보다는 '유성룡은 어떤 사람일까'라는 질문을 갖고 탐구하기를 바라는 마음으로 기술했다. 그리고 이 책은 유성룡이 『징비록』을 통해 후세에게 주고자 한 메시지를 읽어내고, 역사를 배운다는 의미가 무엇인지 파악하는 데 주안점을 두었다.

이 해설은 유성룡이 저술한 『징비록』과 임진왜란을 보다 깊고 다양한 측면에서 읽고 이해할 수 있도록 썼다. 『징비록』은 유성룡이 임진왜란 시기에 일어난 사건과 관련 인물들에 대해 서술한 책으로, 임진왜란 연구에 없어서는 안 될 자료다. 전란으로 많은 자료들이 소실되어 다른 실록에 비해 부실하다고 평가받고 있는 『선조실록』을 보완할 수 있는 자료로서도 『징비록』은 사료적 가치가 매우 큰 책이기 때문이다.

이 해설은 『징비록』에 얽힌 사연들을 크게 4장으로 나누어 서술했다. 우선 1장에서는 『징비록』의 저술과 간행 과정과 국역 『징비록』을 소개했다. 『징비록』과 유사한 작품으로 조경남이 저술한 『난중잡록』에 대해 기술했다. 『징비록』이 조선과 일본에 미친 영향을 다뤘다. 이 장을 통해 독자들의 『징비록』에 대한 이해가 심화될 것으로 기대한다.

2장 '중용 속에서 대안을 찾은 재상, 유성룡'은 『징비록』의 저자인 유성룡이라는 인물과 그의 인적 네트워크를 이해할 수 있는 챕터이다. 이 장에서는 유성룡의 생애와 그의 정치관에 대해 살펴보았다. 또한 유성룡이라는 개인의 삶과 함께 그의 교우·사승 관계를 상세하게 다루었다. 이와 함께 일반인에게 잘 알려지지 않은 불행한 그의 가족사도 살펴보았다. 한 개인을 보다 깊이 이해하기 위해서는 그를 둘러싼 인적 관계망을 이해하는 것이 선행되어야 하기 때문이다. 그의 위패를 봉안한 병산서원과 학문적·도덕적 우월성을 둘러싸고 서애 유성룡의 문인과 학봉 김성일의 문인들이 벌였던 병호시비에 대해서도 기술했다. 이 장을 통해 독자들에게 유성룡이 보다 가깝게 다가올 것이라 생각된다.

3장 '임진왜란 당시 동아시아 3국의 정세'에서는 『징비록』의 배경이 되는 사건인 임진왜란에 대해 살펴봤다. 임진왜란은 동아시아 삼국이 함께 경험한 국제 전쟁이었다. 국제 전쟁으로서 임진왜란을 이해하기 위해 임란 당시 국내외 상황을 살펴봤다. 이 장을 통해 『징비록』과 임진왜란이라는 전쟁을 이해하는 데 많은 시사점을 제공해주리라 생각한다.

결어 '왜 지금 『징비록』일까'에서는 현재를 살아가는 우리에게 『징비록』이 갖는 의미는 무엇인지, 『징비록』을 어떻게 읽어야 하는지에 대한 필자의 생각을 피력했다. 이 해설은 유성룡과 『징비록』을 보다 깊이 이해할 수 있도록 하기 위해 저술한 글이다. 이 글이 독자 여러분들에게 유성룡과 『징비록』에 대한 이해를 심화하는 데 도움이 될 것을 희망한다.

2022년 새 봄
장 준 호

제1장

『징비록』은 어떤 책인가

『징비록』이 세상에 나오기까지의 과정

　『징비록』은 조선 선조 때의 문신인 서애 유성룡이 저술한 임진왜란에 관한 저술이다. 1598년 그는 북인들의 탄핵을 받아 실각한 후 안동 하회에서 임진왜란 기간 동안 자신이 작성했던 문서와 전쟁의 체험을 바탕으로 임진왜란 전후의 사실을 기술했다. 『징비록』이 어떤 책인가를 이해하기 위해서는 『난후잡록』에 대한 이해가 선행되어야 한다. 『난후잡록』은 유성룡이 『진관관병편오책』의 폐책을 활용하여 임진왜란에 대한 사실들을 기술했다. 『진관관병편오책』은 1596년에 작성된 평안도 지방 속오군의 편성표로서 영변·귀성·의주·안주 진관에 관한 것이다. 1596년 유성룡은 경기·황해·평안·함경 4도 도체찰사를 역임하면서 평안도 진관으로부터 제출받았던 이 책을 전란이 끝난 후 임진왜란에 대한 사실들을 기록하는 데 이용했다.

유성룡은 『난후잡록』 자서에서 "내가 직접 겪고 본 것을 들은 얘기와 섞어서 대략 한두 가지 성공과 실패의 자취를 적었다"라고 했다. 그는 임진왜란 이전의 일도 기술한 것에 대해서 전쟁의 원인을 파악하기 위한 것이라고 했다. 『난후잡록』은 권 수의 구분 없이 2책으로 구성되어 있는데, 1책에는 임진왜란과 관련된 내용이 서술되어 있다. 그 기록은 대체로 선조의 피난 어가가 평양에 입성한 이후부터 1598년 11월 노량해전까지의 사건과 인물들에 관한 것이다.

2책에는 황희와 맹사성과 같은 조선 전기 명재상들에 대한 기록과 부자父子가 재상에 오른 인물과 관련된 내용이 수록되어 있다. 2책에는 「동국예문지」라고 하여 당대까지 전해지고 있는 전적들의 목록과 저자를 기술해놓기도 했다. 2책 중에도 임진왜란 관련된 내용이 일부 수록되어 있고, 의례 문제와 유성룡이 지은 시교설과 함께 5편의 시가 수록되어 있다.

『난후잡록』은 별다른 체재를 갖추어 기술된 것은 아니지만, 유성룡은 전투의 승전과 패전을 책의 저술에 골자로 삼았다. 승전과 패전의 결과는 유성룡이 임진왜란기에 활약했던 인물을 평가하는 기준이었다. 『난후잡록』은 유성룡이 수기手記한 임진왜란 관련 최초의 저술이라는 것과 그 기사들이 『징비록』에 그대로 반영되었다는 점에서 중요한 자료다. 이 책은 우리가 아는 『징비록』이 어떻게 완성되었는가를 파악할 수 있는 실마리를 제공해주는 소중한 사료인 것이다.

초본 『징비록』의 저술

초본 『징비록』은 『난후잡록』 자서에서 인용한 『시경』의 문구인 '징비'를 서명으로 징하고, 임진왜란을 전개 과정에 따라 서술한 책이다. 초본 『징비록』은 유성룡이 『난후잡록』을 바탕으로 서술 방식과 체재를 달리하여 저술한 책이다. 그는 『난후잡록』의 기사들을 임진왜란의 전개 과정에 따라 재배열했다.

초본 『징비록』은 유성룡의 자서와 본문·잡록으로 구성되어 있다. 자서의 부분을 후에 간행된 간본 『징비록』의 자서와 비교해보면 서문의 일부가 결락되어 있음을 확인할 수 있다. 그럼에도 초본 『징비록』 자서에서 주목되는 부분은 임진왜란을 극복할 수 있던 요인으로 선조의 '사대지성事大之誠'을 언급하고 있는 점이다. 『난후잡록』은 임진왜란 때의 전투의 승전과 패전을 서술의 기준으로 삼았다면, 초본 『징비록』에서는 전란을 어떻게 극복할 수 있었는가가 책의 주요한 골자가 되었음을 의미한다고 할 수 있다.

초본 『징비록』의 본문에는 1592년 4월 13일부터 1598년 11월 노량해전까지의 내용이 기술되어 있다. 유성룡은 『난후잡록』에서 임진왜란 이전의 기사들을 수록한 이유가 전란의 원인을 파악하기 위한 것이라고 밝힌 바 있다. 그런데 초본『징비록』에는 임진왜란 발발 이전의 기사들이 보이지 않는다. 조선사편수회에서 간행한 『조선사료총간』의 해제에 따르면 초본『징비록』의 13장 정도에 해당하는 부분이 잘려나간 것이라고 되어 있다.

초본『징비록』은 모든 기사가 연·월·일이 표기되어 기술되지는 않았지만, 그 내용을 살펴보면 사건과 인물의 활약에 대한 내용이 시간순으로 서술되어 있음을 알 수 있다. 그는 정확한 일자를 알기 어려운 기사는 다른 기사들과의 선후 관계를 따져 재배열했다.

유성룡은『난후잡록』기사 중 초본『징비록』의 본문에 수록하지 못한 내용들은 뒤에「잡록」이라고 하여 부록했다. 잡록의 내용도 본문에는 포함되지 못했으나, 내용의 비중이나 중요도가 떨어지는 것은 결코 아니다.

초본『징비록』은 유성룡이 임진왜란에 관해 저술한 자필 서적으로 조선총독부 산하 조선사편수회가『조선사』를 간행하기 위한 사료 조사 과정에서『난후잡록』과 함께 그 소재가 확인되었다. 초본『징비록』은 유성룡의 종가인 충효당에 보관되어 왔고, 1969년 대한민국 정부로부터 국보 132호로 지정되었다. 현재 유성룡이 저술한 전적들은 모두 한국국학진흥원에서 소장·보관되고 있다.

『징비록』의 간행

　『난후잡록』과 초본『징비록』이 유성룡 자신의 의도에 따라 저술된 것이라면, 간본『징비록』은 유성룡 사후 자손들에 의해 수정修定·간행된 것이다. 초본『징비록』과 간본『징비록』을 비교·대조해보면 기사의 내용은 물론 그 배열에 이르기까지 많은 차이가 확인된다. 간본『징비록』은 구성 체재에 따라 6책 16권본과 1책 2권본으로 대별된다. 6책 16권본 중 권1~2가 우리가 말하는『징비록』이고, 나머지는 유성룡이 작성했던 문서들을 책으로 엮은『진사록』·『근폭집』·『군문등록』 등이다.

　『징비록』은 언제 간행된 것일까?『징비록』과 유성룡의 기록을 통해서는『징비록』이 언제 기술되었는지, 언제 간행되었는지를 알 수는 없다. 다만 여러 기록을 토대로『징비록』의 간행 시기를 추정할 수 있다. 유성룡의 제자인 정경세가 지은 행장에『징비록』의 서명이 확인되고 있다. 영조 때의 인물인 이의현의『도곡집陶谷集』「운양만록雲陽漫錄」에『징비록』간행 시기를 알 수 있는 다음과 같은 기술이 있다.

　유서애 성룡이 임진왜란 때의 일을 기록하여 이름을『징비록』이라 하고 또 병란 때의 일을 잡다하게 기록했는데, 지금 문집 가운데에 들어 있다. 그의 문집과『징비록』이 오랫동안 간행되지 못했는데, 인조조仁祖朝에 그의 외손인 조수익趙壽

益이 영남 관찰사가 되자, 서애의 후손으로 안동에 거주하고 있는 자들이 문집과 『징비록』의 간행을 부탁했다.

1647년(인조 25) 9월 8일 유성룡의 외손 조수익이 경상도관찰사에 제수되었고, 1649년(인조 27) 2월 대사간으로 조정에 복귀했다. 1547년부터 1649년까지 조수익의 행적을 고려할 때 이 시기에 『징비록』이 간행되었음을 짐작할 수 있다. 그렇다면 조수익에게 『징비록』 간행을 부탁한 사람은 누구였을까? 유성룡의 삼남 유진柳袗은 1635년(인조 13) 이미 사망했으므로, 『징비록』 간행의 주체는 유성룡의 손자인 졸재 유원지柳元之로 생각된다. 따라서 『징비록』은 유성룡의 외손인 조수익이 경상도관찰사로 재임하고 있을 때 유성룡의 손자 유원지가 부탁하여 간행한 것으로 이해할 수 있다. 초간본은 목판본으로 7책 16권으로 간행되었고, 이후 6책 16권본으로 다시 간행되었다.

16권본의 권1~2가 『징비록』이다. 『징비록』 자서의 말미를 보면, 유성룡은 1592년 임진년부터 1598년 무술년까지의 사실을 대강 기술하고, 그 뒤에 공문서 등을 부록했다고 기술하고 있다. 이를 통해 유성룡은 임진왜란 기간 동안에 작성했던 문서를 바탕으로 『징비록』을 찬술하고 그 뒤에 「근폭집」, 「진사록」, 「군문등록」 등과 같은 자료들을 부록하고자 했음을 알 수 있다. 따라서 16권본 『징비록』은 유성룡의 의도를 반영하여 간행되었다.

16권본 『징비록』에 수록되어 있는 「근폭집」, 「진사록」, 「군문등록」 등은 초본이 남아 있기 때문에, 후손들이 『징비록』의 간행 과정에서 많은 수정을 가했음을 알 수 있다. 즉 초본 자료들은 임진왜란 기간 동안 유성룡이 직접 작성한 것을 베껴 적은 것으로 이두가 사용된 것이 매우 많다. 반면 간본의 경우 이두가 모두 삭제되었고, 계사를 제외하고 문이文移만 수록된 경우도 있다. 따라서 16권본 『징비록』은 후손들이 『징비록』과 「근폭집」, 「진사록」, 「군문등록」 등에 수정을 가하여 목판본으로 간행한 것이다. 이후 유성룡의 후손들은 6책 16권본 『징비록』 중 권 1, 2와 6책에 수록되어 있는 「녹후잡기」로 1책 2권본 『징비록』을 간행했다.

유성룡과 징비록을 보는
관점들

유성룡의 타고난 학문적 자질과 몸가짐

어린 나이에 과거에 급제하여 명예가 날로 드러났음에도 아침과
저녁 여가에 학문에 힘써 종일토록 단정이 앉아서 조금도 기대거
나 다리를 뻗는 일이 없었다.

– 『선조수정실록』 유성룡 졸기

선조의 유성룡에 대한 평가

내가 유성룡의 학식과 기상을 보면 모르는 사이에 심복할 때가 많
다.

– 『선조수정실록』 유성룡 졸기

유성룡의 부음을 들은 선조와 서울 백성들의 슬픔

선조는 사흘 동안 조정의 정사를 멈추며 시장을 닫게 했고, 서울
성안 저자거리의 백성들은 묵사동에 있는 유성룡의 옛 집터에 모
여 슬피 울었는데, 그 숫자가 천 명에 이르렀다. 각 아문의 늙은
아전 30명은 유성룡의 부음을 듣고 이곳에 와서 곡을 했다. 시민
과 서리 등은 유성룡의 집안이 청빈하여 장례를 치르지 못할 것이

라 생각하여 베를 내어 부조했다.

- 『선조실록』, 권211, 선조 40년 5월 13일 을해

유성룡의 죽음에 대한 사관의 논평

어찌 나라 일이 날마다 잘못되어가고 백성들의 생활이 날로 피폐
해지는데도 이어서 나라 일을 맡은 자들이 모두 이전 재상들만 못
하기 때문에 이렇게 죽은 유성룡을 추모하기에 이른 것이 아니겠
는가. 오늘날의 백성들 또한 불쌍하다.

- 『선조실록』, 권211, 선조 40년 5월 13일 을해

유성룡의 처세에 대한 비판

규모가 조금 좁고 마음이 굳세지 못하여 이해가 눈앞에 닥치면 흔
들림을 면치 못했다. (중략) 정사를 비록 혼자 마음대로 결정하고
단행했으나 나빠진 풍습은 구하지 못했다.

- 『선조실록』, 유성룡 졸기

국량이 협소하고 지론이 넓지 못하여 붕당에 대한 마음을 떨쳐버
리지 못한 나머지 조금이라도 자기와 의견을 달리하면 조정에 용
납하지 않았다.

- 『선조수정실록』, 유성룡 졸기

임진왜란을 둘러싼 유성룡에 대한 평가

(전쟁 중에) 그는 좌우로 남의 요구에 응하는 데 민첩하고 빠르기가 흐르는 물과 같았다.

- 『선조수정실록』 유성룡 졸기

원수를 잊고 부끄러움을 참게 한 죄인

그는 원수를 잊고 부끄러움을 참게 한 죄가 천구에 한을 끼치게 했다.

- 『선조실록』 권211, 선조 40년 5월 13일 을해

김우옹과 신흠의 유성룡에 대한 평가

유성룡은 얻기 어려운 인물이나, 재상으로서의 자질이 부족하고 대신의 풍력이 없다.

- 『선조실록』 유성룡 졸기 중 부제학 김우옹의 평가

유성룡이 문장을 쓰는 재주는 쉽게 얻을 수 없다.

- 『선조수정실록』의 유성룡 졸기 중 비변사 낭관 신흠의 평가

현대의 유성룡에 대한 평가

7년간의 전란기간 동안 유성룡은 밖으로는 일본군과 싸우면서 안으로는 명에 대한 지원과 함께 민생의 구제를 책임져야 하는 다난한 국무를 수행하기 위해 조정의 화합과 결속을 유지하고 이를 통

해 중지中智를 모아 그런 국무를 성공적으로 수행했던 것이다.

- 정만조,「서애 유성룡의 정치활동과 임란 극복,『한국학논총』 30, 2008

자기 몸을 닦고 본성을 기르는 데 필요하고 현실의 위기를 극복하는 데 절실하다고 판단되면 어느 학문이든 비판적 검토를 통해 적극 수용했다.

- 권오영,「서애 류성룡의 경학사상과 심학적 경향」,『류성룡의 학술과 경륜』, 태학사, 2008

『징비록』에 대한 평가

자기만을 내세우고 남의 공을 덮어버렸다고 하여 이를 기록했다.

-『선조수정실록』 유성룡 졸기

처음 이 충무공은 일개 비장에 불과하였으나, 유 선생의 추천이 아니었더라면 단지 일반 병사들과 함께 싸우다 이름 없이 세상을 떠났을 것이다.

- 성호 이익,『성호전집』 권56, 제발 서징비록후

『징비록』만이 근세 일본의 문학에 지워지지 않는 흔적을 남겼으며, 단순히 임진왜란에 대한 지식을 얻을 뿐만 아니라 조선이라는 국가에 대한 일본인들의 시각을 바꾸기에 이르렀다.

- 김시덕,「교감·해설 징비록」, 아카넷, 2013

『징비록』은 유성룡의 정치적·사회적 위기가 낳은 산물이다.

- 장준호,「『懲毖錄』의 저술배경과 李舜臣·元均에 대한 서술」,『이순신연구논총』 16, 2011

현대에 출간된 『징비록』들

허선도·김종권, 『서애집·징비록』

박종명, 『징비록』

1973년 허선도와 김종권은 『서애집·징비록』을 번역했다. 그들
은 『서애집』과 『징비록』을 합본으로 하여, 두 책을 최초로 번역하
여 출간했다. 1977년 동화출판공사에서는 한국의 사상대전집 전
24권을 간행했는데, 16권에 8종의 문집이 수록·번역되었다(성낙훈
외, 『한국의 사상대전집 16』, 동화출판공사, 1977). 그 가운데 성낙훈이 『징비
록』을 번역했고, 김규성이 『서애집』을 번역했다. 1979년 박종명은
일본 도쿄에서 『징비록』을 일역하여 출간했다(박종명, 『징비록』, 평범사,
1979). 1999년 남윤수가 『징비록』 국역서를 간행했다(남윤수, 『징비록』,
하서출판사, 1999). 남윤수가 간행한 국역서는 1977년 성낙훈이 번역한
『징비록』 이후 20여 년 만에 나온 국역서였다.

2001년 사단법인 서애기념사업회에서는 『서애전서』를 국역하

여 간행했다. 이재호는 『서애전서』에 수록된 「징비록」, 「근폭집」, 「진사록」, 「군문등록」, 「잡저」, 「서」를 모두 번역·감수했다. 서애기념사업회에서 국역한 『서애전서』는 임진왜란과 유성룡 관련 연구에 많이 활용되고 있다. 이재호는 2007년 『국역정본 懲毖錄』(이재호 역, 『국역정본 징비록』, 역사의 아침, 2007)을 간행하기도 했다. 2003년 김흥식도 『징비록』(김흥식 역, 『징비록: 지옥의 전쟁, 그리고 반성의 기록』, 서해문집, 2003)의 번역서를 내놓기도 했다. 2007년 유성룡 서거 400주년을 기념하여 국립중앙박물관에서는 『하늘이 내린 재상, 류성룡』이라는 특별전시를 열었고, 유성룡 관련 저술과 유품 등을 수록한 도록을 간행하기도 했다.

2009년 박준호는 『풀어쓴 징비록 류성룡의 재구성』(박준호, 『풀어쓴 징비록 류성룡의 재구성』, 동아시아, 2009)이라는 책을 출간했다. 2013년 일본 문헌학자 김시덕은 『교감·해설 징비록: 한국의 고전에서 동아시아의 고전으로』(아카넷, 2013)를 출간하여, 『징비록』에 대한 이해를 보다 심화시키는 데 기여했다. 2014년에는 『징비록』에 대한 3종의 국역서가 간행되었고, 2015년 KBS 드라마 『징비록』의 방영에 따라 『징비록』에 대한 일반인들의 관심이 더욱 고조되어 국역서의 간행도 증가했다. 2016년 출간된 『징비록』(김태주 외 역, 『징비록』-판본비교, 논형, 2016)은 판본을 비교한 것으로, 『징비록』 연구를 보다 심화시키는 데 기여하고 있다.

『징비록』과 유사한 작품, 『난중잡록』

『난중잡록』 – 한국민족문화백과사전

전쟁은 일상과 많은 것들을 파괴하지만, 아이러니하게도 전쟁으로 많은 것들이 생산되기도 한다. 전장의 기억을 저술한 『징비록』과 『난중잡록』 등과 같은 문헌도 전쟁이 가져온 산물이다. 조경남이 쓴 『난중잡록』은 『징비록』과 함께 임진왜란 연구에 중요한 자료로 활용되고 있다. 조경남의 본관은 한양이고 자는 선술이며 호는 산서다. 그는 정유재란 때 남원부사의 서기를 역임했고, 의병 활동을 하기도 했다. 그는 서기직을 역임하면서 남원부사에게 전해진 문서들을 통해 전쟁 상황을 소상히 알 수 있었다. 이것은 그가 『난중잡록』과 같은 기록을 남길 수 있었던 중요한 요인 중 하나였다. 그는 1582년(선조 15)으로부터 1610년(광해군 2)까지의 임진왜란사를 4권 4책의 『난중잡록』으로 정리하고 자서를 썼다.

『난중잡록』은 현재 인쇄본과 필사본 두 종류가 전해지고 있다. 인쇄본은 1964년에 간행된 석판본, 1907년 조선고서간행회본, 『대동야승』에 수록된 본 등이 있는데, 석판본은 여러 판본 중 가장 많이 유통되고 있다. 필사본에는 후손이 보관하고 있다는 8책의 원본과 규장각에 원본을 베낀 16책본과 국립중앙도서관에 필사본 1책, 국사편찬위원회 필사본이 전해지고 있다.

『난중잡록』은 『징비록』과 마찬가지로 임진왜란의 이전 상황과 종전까지를 완결적으로 서술하고 있다. 『난중잡록』도 임진왜란을 경험했던 당대인의 저술이라는 점에서 기술의 신빙성과 사료적 가치가 높은 자료로 평가받고 있다. 『난중잡록』과 『징비록』의 비교를 통해 『징비록』이 갖는 사료의 상대적 가치를 살펴보고자 한다.

『난중잡록』은 남원 출신의 의병장인 조경남이 임진왜란에 대해 쓴 저술이다. 그는 1582년(선조 15)부터 1610년(광해군 2)까지의 사실들을 기술했다. 현전하는 『난중잡록』은 필사본으로 2책 4권으로 구성되어 있다. 권1은 1582년(선조 15)~1592년 7월, 권2는 1592년 8월~1593년(선조 26) 6월까지의 사실들을 서술하고 있다. 권3은 1593년 7월~1598년(선조 31) 12월까지의 사실들을 기술하고 있고, 권4는 1599(선조 32) 1월~1610년(광해군 2) 2월 사이의 사실들을 서술했다. 『난중잡록』의 구성으로 볼 때 권1~3은 임진왜란과 관련된 전후의 사실을 기술한 부분이라면, 권4는 전후 처리 과정이 기술되어 있다고 할 수 있다.

『난중잡록』은 조경남이 쓴 자서와 1666년 최시옹이 쓴 서문과

1856년에 기정진이 쓴 서문이 수록되어 있다. 자서에 조경남은『난중잡록』에 보고 들은 내용과 교서·이첩·공문·격서 등 얻었던 기록을 통해 내용을 서술하고 간간이 개인의 의견을 넣어 기술했음을 밝히고 있다. 그는『난중잡록』에는 '선을 권면하고 악을 징계하여 사람을 감동시키려는 뜻도 많이 들어 있다'고 했다. 그는 후세인들에게 임진왜란을 통해 전란에 대한 교훈을 주고자『난후잡록』을 저술했다.

　　『난중잡록』은『징비록』과 마찬가지로『선조수정실록』간행에 활용된 자료다.『선조수정실록』에 활용되었던 자료들은 자료마다 기술 내용과 기사에 있어서 각각의 특징을 갖고 있다. 특히『난중잡록』은 전라도와 경상우도의 전쟁 상황에 대한 기사들이 수록되어 있다. 이러한 자료적 특징은 전란 중 저자가 처한 위치와 역할에 따른 것으로 이해할 수 있다. 즉 조경남은 전라도 남원부 출신으로 그가 듣고 경험했던 것들은 주로 전라도와 경상우도의 현장과 관련된 것들이었다. 이에『난중잡록』은 전라도와 경상우도의 의병장들의 활약상이 잘 기술되어 있고, 남원성 전투의 기사는 여타의 자료보다도 상세하게 수록되어 있다. 이러한 자료적 특성에 따라『난중잡록』은 의병사 연구와 전란 중 전라도와 경상우도의 동향을 연구하는 데 많이 활용되고 있다.

『선조수정실록』 간행과 『징비록』

유성룡 사후 후손들에 의해 『징비록』이 간행되었다. 지금이야 『징비록』이 '하늘이 내린 재상' 유성룡이 임진왜란의 처절한 경험을 피로 쓴 반성문이라고 평가하고 있지만, 당대의 유성룡과 『징비록』에 대한 평가는 부정적이었다. 『선조실록』 유성룡 졸기에는 『징비록』에 대해 '식자들은 유성룡이 자기 공만을 내세우고 남의 공은 덮어버렸다'며 빈정거렸다고 기록되어 있다. 임진왜란이라는 비참한 전쟁을 겪었던 유성룡의 반성적 성찰은 그와 대척점에 있던 사람들에게는 공감을 얻지 못했다.

인조반정으로 광해군과 북인을 축출하고 집권한 서인들은 북인들이 간행한 『선조실록』을 수정하여 다시 간행하고자 했다. 인조도 『선조실록』 개찬에 대한 필요성은 인식하였지만, 실록의 개수는 그리 쉬운 문제가 아니었다. 일반적으로 실록이 편찬되면 관례에 따라 실록 편찬에 이용되었던 사초 등은 세초되어 파기되었기 때문이다. 『선조실록』 편찬에 이용되었던 자료들이 파기되어 『선조수정실록』을 편찬하기 위해서는 별도의 자료를 수집해야만 했다. 이 과정에서 실록 개수작업의 책임자인 택당 이식은 민간의 자료들을 수집하여 『선조수정실록』을 편찬해야 했다. 이에 따라 『선조실록』의 편찬에 필요한 자료들과 인용의 범위들을 정한 수사강령이 마련되었다. 『선조수정실록』 편찬에 『징비록』과 『난중잡록』을 비롯하여 모두 17종의 자료들이 인용되었다.

『징비록』과 『난중잡록』은 임진왜란 전후의 사실들을 소상하게 기술하고 있어 『선조수정실록』을 편찬하는 과정에서 매우 비중 있게 다루어졌다. 『선조수정실록』에는 『선조실록』보다 임진왜란 이전의 대일 관계의 내용이 시기순으로 잘 기술되어 있다. (실록의 수정을 위해 참고한) 『선조실록』은 대일 관계 기사의 내용이 부실한 데 반해, 수사강령 중 하나인 『징비록』에는 1586년 일본 사신의 조선 입조 기사를 시작으로 통신사 파견을 둘러싼 조정의 논의와 통신사의 사행 과정이 상세하게 기술되어 있다. 이러한 점에서 볼 때 『선조수정실록』의 대일 관계 기사들은 실록의 편찬 과정에서 『징비록』의 대일 관계 기사가 년, 월별로 재정리된 것이다. 이처럼 『징비록』은 『선조수정실록』을 간행하는 데 중요한 사료로서 취급되었다.

『선조수정실록』을 보면 『징비록』에서 유성룡이 전란을 대비하기 위해 제안했던 내용들이 고스란히 반영되어 있음을 확인할 수 있다. 즉 그가 제승방략을 진관체제로 개편할 것을 건의한 것과 경상감사 조대곤을 이일로 교체하자는 주장이 『선조수정실록』에 그대로 반영되었다. 『선조수정실록』 유성룡 졸기에서 식자들이 『징비록』이 자기 공만 강조하고 남의 공은 덮었다고 기록했다고 하지만, 『선조수정실록』에는 유성룡이 주장했던 전란대비책이 반영된 것이었다. 이것은 임진왜란기 유성룡의 역할과 그의 주장이 서인들에 의해 인정받게 되었음을 의미하는 것이다. 『징비록』이 『선조수정실록』에 적극적으로 반영된 것은 인조반정 이후 유성룡에 대한 평가가 이전보다 긍정적으로 변화되었다는 것을 의미한다. 이러한 배경에는 당시 정국이 서인과 남인이 참여하는 정치적 구도였다는 점도 무시할 수 없었다.

『징비록』이 조선 후기 역사학에 끼친 영향

1647년(인조 25)에 간행된 『징비록』은 조야에 많은 관심을 받았다. 혹평도 있었으나 이 책이 조선 후기에 미친 영향은 매우 컸다. 『징비록』은 조선 후기 역사학에도 큰 영향을 끼쳤다. 즉 『성호사설』과 『연려실기술』, 『해동역사』와 같은 역사서에도 『징비록』은 중요한 자료로 취급되었다. 이익은 『징비록』 중 부원수 신각에 대한 기사와 진주성 2차 전투에 대한 내용을 인용하면서 임진왜란 당시 군정의 문제점을 비판했다. 이익은 부원수 신각의 전공과 죽음에 대한 부분을 고찰하면서, 김명원의 처사를 비판했다. 한강 방어선이 무너지자, 부원수 신각은 도원수 김명원이 아닌 이양원과 함께 양주로 들어갔다. 이후 신각은 남병사 이흔과 함께 일본군과 전투에서 승전을 올렸다. 김명원은 신각의 처사를 조정에 보고했고, 우의정 유홍은 신각을 군법에 따라 참수할 것을 청했다. 이익은 도원수 김명원이 한강을 지키지 못한 것을 비판하고, 부원수 신각이 전공을 세웠는데 왜 참수를 당했어야 했는가 의문을 제기했다. 이익은 "김명원의 처사에도 나라가 망하지 않은 것이 다행이다"라고 했다.

이익은『성호사설』에서『징비록』에 수록된 기사에 공감을 표하면서도, 유성룡이 제기한 성곽론과 임진왜란 전조의 내용에 대해서는 비판적인 시각을 드러냈다. 그는 유성룡이 일본군을 막기 위한 방책으로 성벽에 화포를 쏠 수 있는 구멍을 내자고 제안한 부분에 문제를 제기했다. 이익은 유성룡의 방어 전략이 불완전하다고 판단했다. 그는 비 올 때나 큰 바람이 불 경우 화포를 사용할 수 없기 때문에 화포 구멍 설치가 유효한 방어책은 아니라고 주장했다. 그는 기상 상태를 고려하여 맑은 날에는 조총을 사용하고 비 올 때 궁노를 사용하여 방어하는 것이 효과적이라고 주장했다. 한편 이익은 유성룡이『징비록』「녹후잡기」에서 청어의 이동을 임란의 전조로 파악한 것에도 의문을 제기했다. 그는 청어가 이동하는 것을 계절 변화에 따른 것으로 파악하기도 했다. 이익은『징비록』을 읽고 난 소회를『성호사설』「서징비록후」에서 다음과 같이 기술했다.

> 현인을 추천하면 후한 상을 받는 것이 옛 법도다. 신하 된 이가 만약 현인이라면 그 현인이 죽는 순간 그가 하던 일도 끝이 난다. 하지만 현인을 추천한 경우라면 그 사람이 없어져도 그대로 남게 되므로 그 사람에게 더없이 후한 상을 내리는 것이다.

이익은 중국의 옛 고사를 인용하면서, 유성룡의 가장 큰 공로는 이순신의 천거에 있다고 했다. 그는 조선이 나라를 잃지 않은 것은 오직 이순신의 전공 때문이라고 했다. 이익은 유성룡이 이순신을 천거한 덕분에 조선이 중흥하게 된 것으로 평가했다.

이긍익은 『연려실기술』을 저술하는 과정에서 당시 활동했던 인물들의 야사와 문집을 활용했다. 특히 「선조조고사본말」 15권~17권에 임진왜란 시기의 서술에 활용한 자료 중에는 『징비록』과 『서애집』도 포함되어 있었다.

이긍익은 『징비록』에 수록된 대일 관계 기사를 집중적으로 인용했다. 앞서 서술한 바와 같이 『징비록』의 대일 관계 기사는 『선조실록』에도 수록되지 않은 부분들이 많아 그 사료적 가치가 매우 크다고 할 수 있다. 이러한 점에서 이긍익도 『징비록』의 대일 관계 기사의 중요성을 인식하고 있었다고 생각된다.

이밖에도 『징비록』은 한치윤이 찬술한 『해동역사』에서도 중요하게 다루어졌다. 한치윤은 『징비록』에서 조총의 유입 경위를 파악했다. 그는 임진왜란 초기 도성이 쉽게 함락되었던 이유를 일본군이 가진 조총의 위력에 의한 것으로 파악했다. 한치윤은 『해동역사』를 서술하는 과정에서 일본 에도 시대 마쓰시타 겐린이 쓴 『이칭일본전』 내용 중 『징비록』을 언급한 부분을 인용하기도 했다. 이것은 당시 조선과 일본 간의 서적 교류의 단면을 보여준다는 점에서도 매우 흥미롭다.

앞서 살펴본 것처럼 이익, 이긍익, 한치윤은 『징비록』을 읽고 자신의 저술에 그 내용을 반영했다. 이들은 임진왜란을 경험하지 않은 전후 세대라 할 수 있다. 이들이 임진왜란이라는 사건을 소상하게 파악할 수 있었던 데에는 『징비록』의 역할이 매우 컸다고 할 수 있다. 이것은 『징비록』이 그들의 저술에 단순히 인용되었다는 점을 넘어 전란의 인식을 형성한 것으로 매우 중요한 의미를 지닌다고 생각한다.

『징비록』이 조선 후기 대일 외교에 끼친 영향

『징비록』은 조선 후기 대일 관계가 정상화된 이후 교린 체제 정립에도 영향을 끼쳤다. 1609년(광해군 1) 기유약조로 조선과 일본의 국교가 정상화되었다. 이후 조선은 일본에 통신사를 파견했다. 일본에 다녀온 통신사들은 사행록을 남겼는데, 이 사행록 중에 『징비록』에 대한 언급이 주목된다. 왜냐하면 『징비록』에는 1590년(선조 23) 경인 통신사에 대한 내용이 비교적 자세하게 기술되어 있기 때문이다. 1748년(영조 24) 통신사로 다녀온 홍계희가 쓴 『전후사행비고』에는 1377년(우왕 3) 정몽주가 일본에 사신으로 다녀온 이후부터 조선조의 통신사 파견의 유례가 상세하게 기술되어 있다. 그 가운데 『징비록』에 있는 조선 성종대의 통신사 파견의 내용과 임종 시 신숙주와 성종의 일화가 인용되어 있다.

1802년(순조 2) 당상 역관인 김건서 등이 편찬·간행했던 『증정

교린지』에도『징비록』이 인용되어 있다.「지」관우조에는 고려 말 왜구에 대응하여 강경책으로 만호와 수군처치사가 설치되었다는 것과 회유책으로 왜관을 설치한 내용이 기술되어 있다.『증정교린지』에는 조선 초기 삼포에 설치한 왜관과 이후 조선의 일본에 대한 교린 정책의 내용이 자세하게 기술되어 있다.

특히 왜관에 대한 내용을 기술하면서『징비록』이 인용되어 있다. 김건서 등이『징비록』을 인용한 것은 1510년(중종 5) 삼포 왜란 이후 일본인들이 왜관에 거주하지 않았다는 사실의 진위여부를 파악하기 위해서였다.『증정교린지』의 저자들은『징비록』을 통해 삼포 왜란 이후에도 일본인들이 왜관에 거주했다는 사실을 파악하고자 했다.『증정교린지』에는『징비록』에 수록된 일본 사신의 내조 기사와 신숙주 임종 시의 일화, 경인 통신사 파견의 내용이 그대로 수록되어 있다. 이러한 사실은 통신사행에 있어서『징비록』의 기사가 중요한 전례로서 취급되었음을 의미하는 것이다.『증정교린지』「금조」에는 1712년(숙종 27) 조선 조정이 조선 서적을 몰래 파는 것을 금지했다는 내용도 기술되어 있다.

『징비록』의 일본 유출과 그 영향

조선 조정은 조선 서적의 일본 판매를 금지하는 등『징비록』의 일본 유출을 막기 위해 노력했다. 이러한 조치는 조선 조정에서『징비록』을 중요한 자료로 인식·취급했기 때문에 내려진 것이었다. 그러나 1712년(숙종 38) 교리 오명항은 통신사를 통해 『징비록』이 일본에 유출되었음을 보고했다. 1719년(숙종 45) 통신사 홍치중을 따라 제술관으로 일본에 다녀왔던 신유한은 자신의 책 『해유록』에 『해사록』, 『징비록』, 『간양록』 등의 책이 이미 오사카에서 출판되었다고 기록했다. 그는 이러한 책들이 일본에서 출판된 것은 적을 정탐한 것을 적에게 고한 것과 다를 것이 없다'고 한탄했다. 그는 국가의 기강이 엄하지 못하여 역관들이 밀무역을 통해 『징비록』을 일본에 유출했다고 했다. 이덕무의 『청장관전서』에는 조선에서 일본으로 유출된 도서의 목록이 실려 있다. 그 가운데 『퇴계집』, 『율곡집』, 『징비록』 등은 이미 간행되었고, 『동국통감』, 『동의보감』, 『은봉야사별록』과 같은 문헌들도 일본에 전래되고 있다고 적혀 있다. 일본에 유출된 『징비록』은 일본 학계와 상업 출판계에 커다란 영향을 끼쳤다. 첫째 『징비록』은 17세기 일본 학자들에게 많은 영향을 주었다. 일본의 유학자인 가이바라 엣켄은 구로다 집안의 전적을 정리해 완성한 『구로다가보』에서 『징비록』을 인용했다. 그는 구로다 요시타카와 구로다 나가마사 부자의 임진왜란 당시의 행적을 기록하는 데 『징비록』을 참고한 것이었다.

　1693년 일본 의사 마쓰시타 겐린이 중국과 한국의 문헌에 보이는 일본 관련 기술들을 모아 『이칭일본전』을 간행했다. 그는 책 하권에 다른 한국 문헌 14종과 함께 『징비록』을 초록하여 수록했다. 마쓰시타 겐린의 『이칭일본전』 간행 후 『징비록』이 일본의 독서계에 널리 알려지게 되었다. 1695년 일본 교토의 출판업자 야마토야 이베에는 2권본『징비록』의 체재를 재구성하여 4권본으로 간행했다. 이 책이 이른바『조선징비록』이다. 이 책은 일반 대중에게도 많은 영향을 주었다. 에도 지역 유곽에서 발생한 풍속소설에『징비록』의 제목이 차용되기도 했다. 일본문헌학자 김시덕은 임진왜란을 주제로 한 많은 서적이 일본에 유출되었지만,『징비록』만이 근세 일본의 문화에 지워지지 않는 흔적을 남겼다고 평가했다.

일본에서는 근대 시기에『징비록』번역서가 간행되었는데, 1876년 나가우치 료타로와 스즈키 미노루가 번역한『조선유씨징비록대역 권1』(간에이샤)이 있고, 1894년에 야마구치 고우가 번역한『조선징비록』(고신샤)이 있다. 이들 번역서 가운데 야마구치가 번역한『조선징비록』은 많이 알려져 있는 번역서다. 그런데 유성룡의『징비록』이 일본에서 간행된 시점이 예사롭지 않다. 1876년은 조선이 일본과 강화도 조약을 맺은 해이고, 1894년은 청일 전쟁과 동학 농민 운동이 발생했던 시점이었다.

근대 일본이『징비록』에 관심을 가진 이유를 알기 위해서는 1876년부터 1894년 사이에 어떤 일이 있었는지 살펴볼 필요가 있다. 일본은 1875년 조선에 군함 운요호를 파견하여 조선의 연안을 측량하는 등 시위 활동을 벌였다. 이른바 운요호 사건으로 조선을 도발한 일본은 1876년 조선을 압박하여 강화도 조약을 체결했다.

강화도 조약은 일본의 조선 침략 서막이었다. 이 시기에 나가우치 료타로와 스즈키 미노루는 『징비록』을 일역하여 간행했다. 일본이 조선을 위협하던 이 시기에 일본에서 『징비록』이 번역된 것은 당시 고조되었던 정한론의 영향으로 조선 정벌에 대한 관심이 높아진 것이 한 요인이 되었다고 할 수 있다. 정한론은 1870년대를 전후하여 일본에서 대두된 조선 침략론을 말한다. 사쓰마(지금의 가고시마현) 군벌 출신인 정치가 사이고 다카모리 등은 정한론을 강력하게 주장했다. 이 정한론은 일본 국내 정치와 외교 문제로까지 비화되었다. 당시 일본 행정부 수장인 이와쿠라 도모미가 반대하면서 정한론은 일시적으로 수면 아래로 내려갔을 뿐, 일본의 조선에 대한 침략 과정을 보면 정한론이 관철된 것으로 이해할 수 있다.

1894년 5월 조선에서는 동학을 중심으로 세금 감면과 반외세를 요구하는 농민 운동이 일어났다. 동학군이 봉기하자 조선 정부는 이들을 진압하기 위해 청나라에 파병을 요청했고, 6월 청은 군대를 파견했다. 일본도 톈진조약에 따라 조선에 군대를 보냈다. 조선 정부와 동학 농민군은 전주에서 화약을 하고, 청·일 양국 군대의 철병을 요구했다. 그러나 일본군은 철병을 거부하고 청에게 조선의 내정 개혁을 함께하자고 제안했다. 그러나 청이 일본군의 제안을 거부하면서 교섭은 결렬되었고, 7월 일본은 아산만 풍도에서 청군을 기습하여 청일 전쟁이 일어났다. 일본과 청이 맞붙은 청일 전쟁에서 일본은 청을 압도했다. 일본은 해전과 육전에서 청군을 굴복시켰다. 결국 1895년 청은 일본과 시모노세키 조약을 체결했다. 이 조약을 통해 청은 조선에 대한 종주권을 포기했고, 대만 등의 섬을 일본에 할양했다. 전쟁 배상금을 일본에 지불할 것을 약속했다. 또한 일본은 청에 랴오둥 반도 할양을 요구하고 이를 관철시켰다. 그러나 러시아가 독일과 프랑스를 끌어들여 일본에 압박을 가하는 삼국 간섭이 전개되면서, 일본은 랴오둥 반도를 할양받지 못했다.

이렇듯 일본과 청이 조선에 대한 이해관계와 이권을 둘러싸고 대립하고 있던 시기인 1894년에 일본에서『징비록』의 다른 번역서가 간행된 것도 우연의 일치는 아니다. 이것은 일본에서 간행된 조선어 어학서가 청일 전쟁과 러일 전쟁을 전후한 시점에 많이 간행되는 것을 보아서도『징비록』일역서가 간행된 배경을 짐작할 수 있다.

메이지 유신 이후 일본에서는 번역 소설과 함께 출판 및 출판업의 발달로 인해 다양한 문학 작품이 광범위하게 국민 사이에 퍼져나갔다. 이러한 일본의 상업 출판과 독서 계층 확대의 흐름 속에서『징비록』이 번역되어 일반인들에게 읽혔던 것으로 보인다. 1880년대 일본에서는 국민을 계몽하기 위한 정치 소설이 성행했다. 1880년대에 들어와 서양 근대 문학의 영향으로 일본에서는 문학이 예술로서 독자적인 가치를 인정받게 되었다. 이러한 문학계와 출판계의 동향과 정치에 대한 관심 속에서 1894년 야마구치 고우는『조선징비록』을 출간했다. 일본이 청과 조선 문제를 둘러싸고 전쟁을 벌이고 있는 시점에서 간행된 이 책은 일본인들에게 조선과 임진왜란에 대한 관심을 불러일으키기에 충분했다고 생각된다.

1910년대 이후 일본 사학계에서는『징비록』과 관련한 학술성과가 발표되었는데, 대표적인 연구성과는 가와이 히로타미의 연구(河合弘民,「海汀倉の戰に關する懲毖錄誤謬」,『史學雜志』24-7, 1913)다. 1913년 가와이 히로타미는 도쿄제국대학을 졸업하고 1907년 도요교카이 전문학교 경성 분교의 교사로 부임했다. 가와이 히로타미는 경성 분교에서 교사로 재직하면서 조선사를 연구했다. 그의 조선사 연구성과 중 하나가 임진왜란기 가토 기요마사의 해정창 전투에 관한『징비록』기사의 오류를 검토한 논문이었다. 이후 가와이 히로타미는 이 학교의 교수로 근무했고, 1918년 47세의 나이로 사망했다.

『징비록』과 관련한 연구 성과를 발표한 또 다른 일본 학자는 이케우치 히로시였다. 이케우치는 1878년 도쿄 출신으로 일본의 동양사학자로, 그는 주로 조선사와 만주사를 연구했다. 그의 대표적인 저작으로『만선사연구』와『분로쿠·게이초노 에키(일본이 임진왜란을 부르는 명칭)』가 있다. 1913년 이케우치는 가와이 히로타미가 쓴 글을 비판적으로 검토한 논문을 발표했다. 이들의 연구는 가토 기요마사와 관련한 함경도 해정창 전투와 관련한『징비록』기사의 오류를 검토한 것들이었다.

『징비록』에 대한 본격적인 연구와 관심은 1920년대에 들어와서부터 고조되었다. 일제는 조선총독부 산하 조선사편수회를 조직하고,『조선사』를 편찬하기 위해 국내외의 사료 조사를 진행했다. 그 과정에서 유성룡의 종가에서 소장하고 있던 여러 전적의 소재가 확인되었다. 조선사편수회는 유성룡 종가 소장 자료들을 조사한 후『조선사료총간』에 영인·수록하고 그에 대한 해제를 실었다.『조선사료총간』의 간행으로 그동안 잘 알려지지 않았던 유성룡의 친필 저작인『난후잡록』과 초본『징비록』이 일반에 알려지게 되는 계기가 되었다.

식민 사학자 중 이나바 이와키치는 조선사편수회 회원으로 유성룡 종가 자료 조사에 참여했던 인물이었다. 그는『조선사료총간』이 간행되기 전인 1927년 초본『징비록』에 대한 논문을 발표했다. 그는 초본『징비록』과 간본『징비록』을 비교하여 자료의 특징을 기술했고, 초본『징비록』의 본문 일부를 탈초하여 논문에 수록하기도 했다. 그는『징비록』에 대해서 기사의 내용이 바르고 확실하며, 풍부하게 기록하려는 태도를 가지고 있다고 평가했다.

『징비록』을 비롯한 유성룡의 저술에 대한 논고 중에서는 나카무라 히데타카의 논고가 주목된다. 그의『일선관계사 연구』(1956)에는 유성룡 종가에서 소장하고 있었던 각종 문헌들에 대한 해제가 상세하게 수록되어 있다. 그가 이러한 글을 작성할 수 있었던 것은 조선사편수회에서 유성룡가 소장 문헌들을 조사할 때 참여했던 경험에서 비롯된 것이었다. 그는 조선사 편수회에서 간행한『조선사료총간』의 해제보다 더욱 상세한 해제를 작성했다. 그는 초본『징비록』과『난후잡록』을 비교 검토했는데, 그의 글 가운데『징비록』에 대한 평가가 주목된다. 그는『징비록』은 전쟁의 국면을 내다보는 탁월한 필법으로 저술된 것으로 사료적 가치가 높다고 평가했다.

유성룡의
다른 글들

『서애집』

청풍의 한벽루 – 충청북도 제천시 청풍면에 있는 누정

지는 달은 희미하게 먼 마을로 넘어가는데 / 落月微微下遠村

까마귀 다 날아가고 가을 강만 푸르네 / 寒鴉飛盡秋江碧

누각에 머무는 손 잠 이루지 못하는데 / 樓中宿客不成眠

온 밤 서리 바람에 낙엽 소리만 들리네 / 一夜霜風聞落木

두 해 동안 전란 속에 떠다니느라 / 二年飄泊干戈際

온갖 계책 지루하여 머리만 희었네 / 萬計悠悠頭雪白

서러운 두어 줄기 눈물 끝없이 흘리며 / 衰淚無端數行下

아스라한 난간 기대고 북극만 바라보네 / 起向危欄瞻北極

『서애집』 권 2 감사感事

이 시는 제2차 진주성 전투에서 진주가 함락된 이후 재차 북상
하는 일본군을 피해 올라오다 원주 신림원 청풍루에 올라 당시의
감회를 읊은 시다. 전란 중 일본을 격퇴하기 위한 여러 계책을 궁리
했으나, 정유재란으로 전세가 다시 불리해졌다. 선조는 다시 도성
을 떠나 해주로 몽진했다. 청풍의 한벽루에서 사세에 대한 회한의

감정을 담아 시를 지은 것이다.

지난날 나라가 간난하여 / 社稷昔艱危

뛰는 고래 큰 바다를 뒤엎었네 / 奔鯨蕩溟渤

관문의 방비 잘못으로 / 關門失鎖鑰

대 쪼개듯 여러 고을 당했네 / 列郡如破竹

연추문에 흰 까마귀 부르니 / 延秋呼白鳥

제천 청풍루 - 『한국민족대백과사전』

궁궐에 연기와 티끌 일었네 / 宮闕烟塵勃

임금 수레 여러 번 옮겨져 / 玉輦累遷次

유월에 모래밭을 헤맸네 / 六月巡沙磧

어찌 태사를 모신 사당 / 寧知太師宅

놈들의 소굴될 줄 알았으리 / 化作傖人窟

6월에 평양이 함락되어 왜적이 들어가 웅거했다.

압록강 물 질펀하게 맑아 / 鴨水淸瀰瀰

요동산이 눈에 뚜렷하였네 / 遼山明刮目

그때 낭패가 심하여 / 當時狼狽甚

일을 차마 말할 수 없었네 / 事有不忍說

그때에 선조는 내부內附하기 위해 요동으로 건너가려 했다.

하늘은 마침내 순리를 돕고 / 天道竟助順

우리 임금은 성덕이 있었네 / 吾王有聖德

백성의 마음이 중국을 잊지 못해 / 民心不忘漢

지극한 정성 황제에게 밝혀졌네 / 至誠昭皇極

사신이 천자의 뜰에 울어 / 使臣哭天庭

황제의 군사 세모에 출동했네 / 王師歲暮出

흰 말 탄 이 장군은 / 白馬李將軍

의기가 산과 바다 삼키도다 / 意氣呑海岳

정신은 천지를 움직이고 / 精神動天地

긴 무지개는 해를 꿰었네 / 長虹貫白日

계사년 1월 1일에 황제의 군사가 숙천에 당도했다. 흰 무지개가 해를 꿰었는데, 군중에서는 적을 이길 조짐이라고 했다.

한 번 북 울려 평양을 회복하고 / 一鼓下箕城

두 번 진격하여 개성을 되찾았네 / 再進麗京復

길게 몰아가다가 잘못도 하고 / 長驅或不戒

이긴 것만 믿다가 잠시 차질이 났네 / 恃勝暫蹉跌

궁지에 몰린 짐승은 치지 않는 법 / 窮獸法勿搏

조금 늦춤이 잘못된 계책 아니로다 / 少緩非計失

모든 계책으로 경영을 다하고 / 衆策極經營

유세하느라 혀끝을 의뢰했네 / 遊說資談舌

심유경을 보내어 적이 성에서 나오도록 달랬다.

그리하여 4월 말에 / 迺於四月末

서울이 판도에 들어왔네 / 神京歸版籍

한강 남쪽에 길이 트이고 / 漢南道路通

북악산 북쪽에 요기가 걷혔네 / 嵩北妖氛豁

천지가 다시 정돈되고 / 乾坤再整頓

일월이 거듭 빛나도다 / 日月重煥赫

이해 시월에 / 是歲月臨陽

임금 수레가 서쪽 끝에서 돌아왔네 / 六轡回西極

10월에 거가가 도성으로 돌아왔음.

도성 사람들이 취화를 맞이함에 / 都人迎翠華

상서로운 기운이 궁궐을 둘렀네 / 佳氣還金闕

초라한 한관의 모습 / 草草漢官儀

고로들이 많은 눈물 흘렸네 / 故老多垂泣

양궁은 여염집에 머물고 / 兩宮寄閭閻

백관은 담벼락에 의지했네 / 百僚倚墻壁

공사의 것이 다 없어지고 / 公私一塗地

거리마다 비린 바람 휩쓸었네 / 九街腥風拂

종을 단 곳 다시 뉘에게 물을꼬 / 鍾簴誰復問

종묘에는 가시만 우거졌네 / 淸廟生荊棘

남은 백성 적의 형벌 벗어난 자 / 遺民脫黥劓

백이나 천에 겨우 한둘일세 / 百千纔二一

주리고 여윈 자는 일어나질 못한 채 / 饑羸不能起

입을 가리키며 먹을 것 찾네 / 指口求饘粥

꽃은 궁궐 구석에 피었고 / 花明紫殿陰

풀은 성 남쪽 굽이에 푸르렀네 / 草綠城南曲

보이는 건 이전과 다름이 없지만 / 所見無異物

널린 것은 백골뿐이로다 / 縱橫惟白骨

고신이 아주 보잘것없어 / 孤臣極無似

나랏일이 따라서 뒤집혔네 / 國事從顚覆

외람되이 삼접의 총애를 받고 / 濫荷三接寵

쓸데없이 오정식만 차지했네 / 虛叨五鼎食

받은 은혜 갚지 못했으니 / 承恩不能報

만 번 죽어도 책임은 남으리 / 萬死有餘責

군마 사이에 쏘다니며 / 驅馳戎馬間

힘써 근력을 바쳤었지 / 黽勉輸筋力

살수 연안에서 바람 맞으며 / 風餐薩水岸

파주 눈 속에서 들잠 잤네 / 野宿坡州雪

허물 쌓여 산처럼 겹쳤지만 / 釁積丘山重

효력 있는 계책 조금도 없었네 / 效計絲毫蔑

치란은 정해진 것이 없으나 / 治亂無定形

사람의 일로 점칠 수 있다네 / 人爲可以卜

곰곰 생각하니 난리 초기에 / 永念陰雨初

단속이 혹 주밀하게 못했네 / 綢繆或未密

조정에는 인원만 앉아 있고 / 廟堂坐麟楦

변방에는 썩은 사람 많았네 / 邊鄙多朽木

인정이란 만 가지여서 / 人情有萬般

세상 의논 번복이 많네 / 世議多翻覆

기강이 이미 풀렸으니 / 維綱旣解紐

만 가지 계책이 허사로다 / 萬計歸虛擲

많은 병사가 시급한 것이 아니라 / 千兵非所急

장수 하나 얻기가 참으로 어려워라 / 一將眞難得

그림의 떡 먹을 수 없으니 / 畵餠不可食

금항아리 이로부터 이지러졌네 / 金甌從此缺

염소를 잃었으니 우리를 보수하고 / 亡羊牢可補

말을 잃었으니 마구를 고칠지로다 / 失馬廐可築

지난 것은 비록 그만이지만 / 往者雖已矣

오는 일은 그래도 해갈 수 있도다 / 來者猶可及

누가 능히 이런 뜻을 진술하여 / 誰能陳此義

하나하나 임금께 들려주리오 / 一一聞閶闔

『서애집』 권2에 실린 시 「감사」는 말 그대로 임진왜란을 겪고 난 후에 느낀 것들을 시로 표현한 것이다. 유성룡은 시의 중간 중간마다 당시의 상황을 설명하는 주석을 해놓기도 했다. 이 시를 읽으면 마치 『징비록』의 내용을 한 편의 시로 축약한 것과 같다. 시에는 전란의 참혹함과 돌아온 서울의 처참하고 쓸쓸함이 담겨 있으나, 도성을 회복한 후 다시 할 수 있다는 희망을 발견하고 있다. 그는 '누가 능히 이런 뜻을 진술하여 하나하나 임금께 들려주리오'라고 하면서 시를 마치고 있다. 이것은 임진왜란의 사적을 남겨 임금에게 받은 충정을 보답한다라고 하는 『징비록』의 저술 의도와도 그 궤를 같이 한다고 생각한다.

제2장

중용 속에서 대안을 찾은 재상, 유성룡

자서의 의미

『징비록』의 서문에는 유성룡이 이 책을 저술한 동기가 드러나 있다. 책의 서명은 『시경』의 구절을 따서 『징비록』이라고 했다. 책의 서명은 임진왜란에 대한 유성룡의 반성적 성찰이 담긴 것으로, '징비'에는 훗날에도 참혹했던 임진왜란과 같은 전란이 다시는 일어나지 않도록 대비해야 한다는 의미가 담겨 있다.

권1의 내용

(1) 임진왜란 이전 조선과 일본과의 관계와 경인통신사의 파견

유성룡은 1586년 일본 사신 다치바나 야스히로의 내빙 기사를 시작으로 『징비록』을 시작했다. 그는 조선이 개국 초부터 일본과 선린 우호 관계를 잘 유지해왔다고 지적하면서, 성종과 신숙주의 일화를 소개했다. 그는 신숙주가 임종 때 성종에게 "일본과 실화失和를 하지 마시옵소서"라고 했다는 점을 기술했다. 이것은 유성룡이 일본과의 관계에 있어서 평화 관계를 유지하는 것이 중요함을 강조한 것이라 할 수 있다.

일본은 야스히로 이후에 소 요시토시를 재차 파견하여 조선에 통신사 파견을 요청했다. 조선 조정은 일본의 요구를 여러 차례 거절했으나, 1590년 정사 황윤길, 부사 김성일, 서장관 허성으로 하는 통신사를 파견했다. 통신사 일행은 일본으로 건너가 도요토미 히데요시를 만나고 다음해 귀국했다. 그들은 선조에게 귀국 보고를 했는데, 황윤길은 전쟁이 일어날 기미가 있다고 보고한데 반해 김성일은 전쟁이 일어나 않을 것이라고 했다. 조선 조정은 황윤길과 김성일의 엇갈린 보고를 접하고 의견이 둘로 나뉘었다. 또한 조선 조정에서는 일본에 통신사를 파견한 것에 대해 명나라에 글을 올리는 것을 두고서도 논쟁을 벌였다.

(2) 임진왜란 초기 전투의 전황

1592년 4월 13일 고니시 유키나가의 부산 상륙으로 임진왜란이 발발했다. 일본군은 부산에 상륙하여 부산진첨사 정발이 지키는 부산진과 동래부사 송상현이 지키는 동래성을 연이어 함락시키고 북상했다. 경상좌수사 박홍은 선조에게 일본군의 침략 사실을 보고했다. 일본 제2군 선봉장 가토 기요마사가 부산으로 상륙하여 울산과 경주를 함락시켰다. 일본군의 침략 소식을 접한 경상도 지역 관군 장수들은 일본군이 북상한다는 소문만 듣고도 모두 도망쳤다. 조선 조정은 신립과 이일을 내려보내 일본군의 북상을 저지하려고 했다. 그러나 선조의 기대와 달리 이일은 상주에서 일본군에게 패했고, 신립은 충주 탄금대에서 패사했다. 『징비록』에서 유성룡은 신립에 대해서는 가혹하리만큼 부정적으로 서술했다. 이일의 상주 전투 패전에 대해서는 제승방략이 갖는 문제에서 그 원인을 찾았다. 그러나 충주 탄금대에서 패전한 신립에 대해서는 군사를 쓸 줄 모르는 장수라고 혹평했다.

(3) 선조의 몽진과 평양성 사수를 둘러싼 논쟁

상주와 충주의 패전 소식이 전해지자, 조선 조정에서 도성을 떠나 피난해야 한다는 논의가 제기되었다. 선조는 이산해의 요청을 받아들여 도성을 버리고 피난을 떠났다. 『징비록』에는 선조의 파천 과정이 날짜별로 상세하게 기술되어 있다. 선조는 개성을 거쳐 평양성으로 들어갔다. 고니시 유키나가와 가토 기요마사는 한성에서 함께 북상하여 임긴강을 건너 황해도 안성역에 도착했다. 일본 두 장수는 안성역에서 제비를 뽑아 고니시는 평안도로 진격하고, 가토는 함경도로 가게 되었다. 일본군의 북상 소식이 평양성에 전해지자, 양사(사헌부와 사간원)와 홍문관에서는 선조에게 평양성을 나가 피난을 갈 것을 요청했다. 이때 유성룡과 윤두수는 평양성을 사수할 것을 주장했고, 대간과 정철 등은 출성할 것을 주장했다. 선조와 대신들이 평양성을 떠난다는 소식에 성난 군중이 난동을 벌이기도 했다. 결국 선조는 평양을 떠나 영변으로 향했다. 좌의정 윤두수와 도원수 김명원 등이 평양성을 남아 지켰고, 유성룡도 명나라 장수의 접대를 위해 평양성에 머물렀다.

(4) 평양성의 함락과 조승훈의 탈환 전투

6월 11일 일본 고니시 유키나가의 부대가 평양성을 공격했다. 평양성 내에 있는 조선군은 방어태세를 갖추고 일본군의 공격에 대비하고 있었다. 군사와 백성들을 합쳐 3~4천 명이 평양성의 성첩을 나누어 지켰다. 대동강을 사이에 두고 조선군과 일본군이 대치하고 있었으나, 일본군은 강의 얕은 여울인 왕성탄을 건너왔다. 강여울을 지키던 조선의 군사들이 무너지자, 평양성도 일본군에게 점령당했다.

조선은 명나라에 구원병을 요청했었는데, 7월 요동의 부총병 조승훈이 군사 5천 명을 거느리고 왔다. 7월 19일 조승훈은 군사를 거느리고 평양성을 공격했으나 패퇴했다. 이 평양성 전투에서 조승훈의 휘하 장수인 유격 사유가 전사했다. 조승훈은 평양성에서 패한 후 서둘러 요동으로 돌아갔다. 그는 평양성 전투의 패전에 대한 책임을 조선 측에 전가했다.

(5) 수군의 승전과 한산도 대첩의 의의

육전에서 고전을 면치 못했던 조선 관군과 달리 바다에서는 이순신이 일본군을 여러 차례 격퇴했다. 『징비록』 권1에는 임진년 이순신의 해전 중 한산도 대첩에 대해서만 기술하고 있다. 유성룡은 원균의 구원 요청을 받은 이순신의 출전 과정을 기술했다. 그는 이순신의 여러 해전 중 한산도대첩의 승전을 자세하게 기술하고, 이 전투가 갖는 의의를 매우 높이 평가했다. 즉 유성룡은 이순신이 한산도 대첩에서 일본군의 수륙양면전술을 좌절시켜 전라도, 충청도, 황해도, 평안도 연해를 보존할 수 있었다고 평가했다. 유성룡은 이순신이 한산도 전투에서 승리함으로써 의주에 있는 선조의 호령이 전달되어 나라의 중흥을 이룰 수 있었고, 명의 연해 지역이 일본군의 침입으로 보존됨으로써 명군이 조선에 군사를 파병할 수 있었다고 했다. 그는 이순신의 한산도 대첩을 조선의 중흥을 이루게 한 해전, 명군이 조선을 도울 수 있었던 계기가 된 전투라고 평가했다.

권2의 내용

(1) 영천성과 경주의 탈환 그리고 의병의 활동

유성룡은『징비록』에서 권응수·정대임이 영천성을 수복한 것을 기술했다. 영천성 수복 전투에 대한 기사는 비교적 짧으나, 영천성의 탈환 과정은 비교적 잘 묘사되어 있다. 유성룡은 영천성의 탈환으로 경상좌도의 여러 고을을 보존할 수 있다고 했다. 한편 유성룡은 경상좌병사 박진이 경주성을 탈환했다고 서술했다. 즉 권응수가 영천성을 수복한 것에 고무된 박진이 군사를 이끌고 경주성을 공격하여 탈환했다는 것이다.『징비록』의 경주성 탈환 전투의 기사는 당시 경주판관 박의장의 문집인『관감록』과 조경남의『난중잡록』에 수록된 경주성 전투의 기사를 고찰하면 오류가 있다고 판단된다. 즉『난중잡록』에 박진이 경주성을 공격했다 크게 패전했던 기록이 있고, 이후 박의장에게 명령하여 경주성을 탈환한 기록이 보인다. 또한 박의장의『관감록』에 경주성 탈환 기록이 자세하게 기록되어 있다. 이러한 점으로 볼 때『징비록』에는 경주성 탈환 전투에서 활약했던 박의장의 전공이 제대로 반영되지 못했고, 지휘권을 가진 박진의 공로만이 반영되었다.

유성룡의『징비록』에는 전라도와 경상도, 충청도, 경기도에서 창의했던 의병장의 활약상을 간략하게 소개하고 있다. 그는 각 지역에서 봉기한 의병장의 활약상을 간략하게 소개하면서, 승병 영규와 유정의 활약상도 기술했다. 또한 함경북도 정문부와 고경민의 활약상도 소개하고 있다. 의병장들의 활약에 비하면『징비록』의 의병 창의에 대한 기술은 소략한 편이나, 창의한 의병장들을 일일이 소개하고 있다는 점에서 의미가 있다.

(2) 평양성의 탈환과 강화 협상

1592년 명군 제독 이여송과 경략 송응창이 4만 명의 병력을 이끌고 조선을 구원했다. 앞서 살펴봤던 의병관련 기록과 명군의 평양성 탈환 기사는 2권본과 16권본의 체재에서 다르게 수록된 것이기도 하다. 즉 2권본에서는 권2의 시작이 의병 창의 기사인 반면 16권본 권2는 평양성 탈환 기사로 시작하고 있기 때문이다.『징비록』은 조명연합군의 평양성 탈환을 자세하게 기록하고 있다. 명군은 고니시 유키나가가 지키고 있던 평양성을 포위 공격하고, 대포와 불화살로 일본군을 공격했다. 명군의 맹렬한 공격에 일본군의 저항도 만만치 않았다. 일본군은 성 위에 쌓은 토벽의 구멍 사이로 조총을 난사하여 명군에게 큰 타격을 입혔다. 제독 이여송은 일본군에게 달아날 길을 열어줬고, 밤에 일본군은 대동강을 건너 도망했다.

1593년 1월 8일 명군은 평양성을 탈환했으나, 명군 지휘부는 그 전공을 둘러싸고 알력을 벌였다. 제독 이여송과 경략 송응창이 평양성 탈환의 공로를 두고 서로 수위를 주장한 것이다. 제독 이여송은 경략 송응창이 거느린 남병 포병 부대의 지원 없이 퇴각하는 일본군을 쫓아서 연전 연승을 거두었다. 그러나 이여송은 벽제관 전투에서 일본군에게 패한 후 개성으로 퇴각했다. 벽제관 전투의 패전 이후 명군 지휘부는 일본군과의 교전을 회피했다. 조선 조정은 명군에게 진격하여 일본군을 격퇴해 줄 것을 요청하였으나, 명군은 핑계를 대면서 진격을 주저했다.

이후 명나라는 절강성 상인 출신 심유경을 유격으로 임명하여 일본과 화의를 맺어 전쟁을 종식시키려 했다. 명 심유경과 일본 고유시 유키나가가 벌인 4년간의 강화 협상은 임진왜란 기간 중 가장 긴 시간이었다. 선조는 강화 협상에 반대했고, 유성룡은 거듭 명군에게 일본군을 격퇴해줄 것을 요청했다. 그러나 명군 지휘부는 선조에게 강화 협상을 받아들일 것을 압박했다. 선조는 유성룡이 명과 일본이 진행하는 강화 협상에 강력하게 대응하지 않는다고 불만을 토로했다. 이후 조선 조정도 명과 일본과의 강화 협상을 반대만 할 수도 없는 상황이었기 때문에 조선이 수용할 수 있는 선에서 명과 일본과의 강화 협상을 이용하여 군사적 대비를 갖추려고 했다.

(3) 강화 교섭의 실패와 정유재란의 발발
선조와 조선 조정의 반대에도 불구하고 명과 일본이 진행했던 강화 협상은 결국 파탄으로 종결되고 말았다. 명의 만력제는 도요토미 히데요시를 일본의 국왕으로 인정하고 조공을 허락하기 위한 책봉사를 파견하고자 했다. 반면 도요토미 히데요시는 자신의 요구

조건이 성사될 것을 기대하고 있었다. 명 심유경과 일본 고니시 유키나가는 자신의 주군에게 사실대로 보고하지 않은 채 강화 협상을 추진했다. 4년간에 걸친 강화 협상은 실패로 돌아가고, 일본군은 다시 전쟁을 벌이기 시작했다. 강화 협상의 파탄으로 인해 명나라 병부상서 석성과 유격 심유경은 하옥되었고, 명군은 재차 조선에 구원병을 파병했다.

(4) 일본군의 퇴각과 이순신의 노량해전

강화 협상이 진행되는 동안 삼도수군통제사인 이순신은 견내량을 사이에 두고 일본군과 대치하고 있었다. 이때 고니시 유키나가의 모사인 요시라는 조선 장수 김응서와 내통하면서 가토 기요마사가 다시 바다를 건너올 때 조선군이 출격하면 사로잡을 수 있다는 정보를 흘렸다. 김응서가 이를 선조에게 보고했다. 선조는 이순신에게 출격을 거듭 요청했으나, 이순신은 일본의 계략에 빠질 것을 우려해 출격을 하지 않았다. 이러한 상황에서 이순신에 대한 선조의 의구심이 증폭되고, 원균은 이순신이 출격을 하지 않는다며 모함을 했다. 결국 선조는 이순신을 삼도수군통제사에서 파직하고 조정으로 압송했다.

선조는 원균을 삼도수군통제사로 삼았으나, 결국 칠천량해전에서 원균이 패하면서 조선 수군은 궤멸했다. 재차 삼도수군통제사에 기용된 이순신이 칠천량해전 전 도망친 배설의 전선 12척을 접수하여 진도 명량에서 일본군을 격퇴했다. 이 전투가 바로 명량해전이다. 유성룡은 『징비록』에서 명량대첩에 대해 이순신의 명성과 위세를 크게 떨친 전투라고 평가했다.

칠천량 해전에서 승리한 후 기세를 타고 진격했던 일본 수군은 이순신에게 또다시 패전했다. 일본군의 수륙양면 전술은 이번에도 좌절되었다. 진주성을 함락하고 전라도 남원성을 차지하면서 북상했던 일본 육군은 직산에서 명군에게 패하면서 다시 남하했다.

1598년 7월 도요토미 히데요시가 죽자, 조선에 있던 일본 장수들은 철수를 서둘렀다. 이때 삼도수군통제사 이순신과 명 제독 유정, 도독 진린은 합세하여 순천에 주둔하고 있던 고니시 유키나가를 수륙 양면으로 협공하고자 했다. 그러자 고니시는 시마즈에게 구원을 요청했다. 이순신은 고니시를 구원하러 왔던 시마즈의 군대를 공격하여 200여 척을 불태우고, 많은 적을 죽였다. 이순신은 퇴각하는 일본군을 추격하고 몸소 독전하다 적의 총탄에 맞아 전사했다. 이완은 숙부 이순신의 명령에 따라 숙부의 죽음을 숨기고 독전하고 포위됐던 명 도독 진린을 구원했다. 이 전투가 바로 노량해전이다. 이 전투를 끝으로 7년간의 전쟁은 막을 내렸다.

(5) 이순신의 인품

『징비록』 권2의 마지막 기사는 그 내용으로 보면 이순신의 행장行狀이라고 해도 과언이 아니다. 행장은 한 사람의 일생 동안의 행적을 기록한 글로, 묘비문이나 시호를 청할 때 이용되는 글이다.

『징비록』권2에는 권1에 비해 이순신에 대한 기록이 많이 수록되어 있다. 『징비록』 본문의 마지막을 이순신에 대한 글로 마무리했다는 점이 주목된다. 유성룡은 이순신의 4대조를 기술했는데 고조인 이변, 증조부 이거, 조부 백록, 아버지 정에 대한 내용이 그것이다. 유성룡은 이순신의 유년 시절과 무과 급제의 과정을 소개했다. 유성룡은 이순신이 권지훈련원봉사 시절의 일화를 통해 그의 인품에 대해 기술해놓았다. 즉 이순신은 하급 관료시절부터 권세가에 아첨하거나 의탁하여 출세를 도모하지도 않았고, 도리에 어긋나는 일을 용납하지도 않았다. 유성룡은 이순신의 지조를 높이 평가했다. 또한 두 형의 자녀들을 자기 자식처럼 돌보았던 자애로움을 소개하면서 그의 죽음을 애도했다.

또한 유성룡은 이순신이 군중에서는 밤낮으로 엄중히 경계하여 갑옷을 벗는 일이 없었다고 했다. 유성룡은 이순신이 지략과 임전태세를 알 수 있는 일화 하나를 소개했다. 유성룡은 이 일화를 통해 군사들이 이순신을 신장神將으로 여겼다고 했다. 유성룡은 『징비록』에서 어느 인물보다 이순신에 대해 자세히 기술하면서 이순신의 충정을 높이 평가했다. 이순신의 역할과 공로는 『징비록』을 통해서 더욱 많은 사람에게 알려졌다고 할 수 있다.

녹후잡기

녹후잡기에는 임진왜란 발생의 전조를 소개하고 있다. 임진왜란이 발생했다는 보고가 조선 조정에 전해진 후 이상한 새 한 마리가 밤낮으로 10여 일을 울었다고 했다. 유성룡은 당시 상황을 두보의 시를 인용하여 설명했다. 이밖에도 평양성이 함락될 징조가 됐던 일 등을 소개했다.

유성룡은 녹후잡기에서 일본군이 한양을 점령하는 것까지는 잘 했으나 평양 점령 이후에는 졸렬했다고 썼다. 이 기사에서 유성룡은 신속하게 서울로 북상한 일본군의 전술을 높이 평가했으나, 후방을 돌보지 않고 전선을 확대한 것은 잘못된 계책이라고 지적했다. 그는 일본군의 실책이 우리에게는 다행이었으나, 우리가 그것을 충분히 이용하지 못한 점은 매우 애석하게 생각했다. 또한 유성룡은 성곽에 대해 자세하게 기술해놓았다. 그는 척계광의 『기효신서』를 통해 알게 된 성곽에 대한 내용을 자세히 기술했다. 이 부분은 유성룡의 성곽론 혹은 성곽에 대한 인식을 알 수 있는 매우 중요한 기사라 할 수 있다.

강화 협상기는 임진왜란 중 가장 긴 시간이었는데, 『징비록』 기사의 내용은 매우 소략하게 기술되어 있는 편이다. 이러한 점에서 녹후잡기에 수록된 강화 협상 관련 기사는 매우 중요한 것이라 할 수 있다. 즉 유성룡은 『징비록』 권2에서 미처 수록하지 못했던 명과 일본과의 강화 협상 사실을 녹후잡기에서 자세하게 수록해놓았다.

유성룡은 누구인가?
유성룡의 퍼즐들

『난후잡록』

유성룡이 가장 먼저 임진왜란 전후의 여러 사실들을 특별한 형식 없이 기록한 책이다. 이 책의 기사 대부분이 『징비록』에 수록된 것으로 보아 간본 『징비록』의 최초의 저술로 사료적 가치가 매우 높다.

초본 『징비록』

유성룡이 임진왜란을 전개 과정에 따라 시기순으로 기술한 책이다. 이 책은 유성룡이 수기로 기술한 것으로 『난후잡록』의 구성과 서술 방식을 변경하여 완성한 것이다. 1969년 대한민국 정부는 초본 『징비록』을 국보 132호로 지정했다.

간본 『징비록』

유성룡 사후에 후손들이 간행한 『징비록』을 가리키며, 일반적으로 6책 16권본 『징비록』과 1책 2권본 『징비록』이 있다. 16권본의 권1~2는 「징비록」이고, 권3~15는 유성룡이 전란 중 작성했던 공문서들인 「진사록」, 「근폭집」, 「군문등록」, 마지막 권16에 「녹후잡기」가 수록되어 있다. 2권본 『징비록』은 「자서」와 본문, 「녹후 잡기」로 구성되어 있다.

김성일

본관은 의성이고 자는 사순이며 호는 학봉이다. 안동 출신으로 유성룡과 함께 퇴계의 문하에서 수학했다. 1591년(선조 24) 통신사로 일본에 다녀온 후 정사인 황윤길과 달리 전쟁은 없을 것이라는 보고를 했다. 1592년(선조 25) 임신왜란이 발발하자 통신사 복명 보고 문제로 문책당할 뻔했으나 유성룡이 적극 변호하여 경상우도초유사로 임명되어 의병 활동을 독려했다.

조목

본관은 횡성이고, 자는 사경이며 호는 월천이다. 예안 출신으로 이황에게 조목은 성이 다른 아들이라고 할 만큼 오랜 세월을 함께한 제자로, 경전 연구에 주력했다. 1594년(선조 27) 일본과의 강화 협상을 강력하게 반대하여 유성룡이 강화를 주장했다는 이유로 절교의 편지를 보내기도 했다.

이순신

본관은 덕수이고 자는 여해이며 시호는 충무이다. 『징비록』에 이순신의 어린 시절 일화가 소개되어 있다. 유성룡은 어린 시절부터 이순신과 어울리면서, 그의 됨됨이를 잘 알고 있었다. 임진왜란을 앞두고 이순신은 유성룡의 추천으로 1591년(선조 24) 전라좌도수군 절도사에 제수되었다. 이익은 이순신과 같은 장수를 추천했던 유성룡의 공로는 잊혀서는 안 된다고 했다.

정응태 무고 사건

임진왜란 막바지 명 장수 양호가 부하 이여매에게 공을 몰아주려다 정응태에게 들켰다. 장수 감시를 위해 명에서 파견된 정응태는 명 조정에 양호 탄핵을 요청했다. 명군의 도움이 필요했던 조선은 양호의 선처를 만력제에게 호소했고, 이 행동이 정응태의 화를 돋웠다. 정응태는 조선이 일본과 짜고 명을 치려 한다고 명 조정에 무고한 사건이 바로 정응태 무고 사건이다.

주화오국과 탄핵

선조는 정응태 무고 사건 해명을 위한 사신으로 유성룡을 보내려고 했지만, 유성룡은 고령을 이유로 거절했다. 북인은 유성룡을 향해 국가의 중대사를 회피하고 있고 주화오국(화친을 주장해 나라를 더럽힘)의 간사한 인간이라 비난하며 탄핵했다. 정응태 무고 사건으로 촉발된 명 조정 내의 정쟁은 유성룡의 삭탈관직으로 마무리되었다.

낙향

1598년 11월 19일 유성룡은 북인의 탄핵을 받아 실각했다. 이후 그는 고향인 하회로 돌아왔다. 조정에서는 유성룡이 낙향한 후에도 전란 책임론을 지속적으로 제기하면서 공세를 이어갔다. 향촌에서는 조목을 중심으로 유성룡에 대한 비판 운동이 일어나고 있었다.

옥연정사

하회마을 화천 북쪽 부용대 근처에 있는 정사다. 1586년(선조 19) 승려 탄옹이 시주하여 완공한 것이다. 이 정사는 화천이 마을을 시계 방향으로 휘감아 돌다가 반대 방향으로 바꾸어 생긴 못인 옥소의 남쪽에 있다. 정사의 이름은 옥소의 맑고 푸른 물빛을 따서 옥연정사라고 명명했다고 전해진다. 옥연정사는 유성룡이 『징비록』을 집필한 곳으로 알려져 있다.

유성룡
연보

어린 시절

1542년 중종 37	10월 1일 외가인 경상도 의성현 사촌리에서 태어났다. 그의 6대조 유종혜가 처음으로 풍산현 하회촌에 입향한 후, 그의 선대는 안동부 풍산현에 대대로 살았다.
1547년 명종 2	여섯 살에 『대학』을 배웠다.
1549년 명종 4	여덟 살에는 『맹자』를 익혔다.
1550년 명종 5	아홉 살에는 『논어』를 읽었다.
1554년 명종 9	열세 살 때 사부학당의 하나인 동학에 들어가 『중용』과 『대학』을 배웠다.
1557년~1558년	17~18세 무렵에 홍가신과 밤낮으로 공부를 같이하고 잠자리를 함께 하면서 과거 공부를 했다.
1560년 명종 15	열아홉 살에 『맹자』 한 질을 가지고 관악산으로 들어가 몇 달 동안에 스무 번을 읽어서 처음부터 끝까지를 암송할 정도가 되었다고 한다.
1561년 명종 16	스무 살이 된 유성룡은 하회로 돌아와 『춘추』를 읽었다.
1562년 명종 17	이황에게 나가 수개월간 머물면서 『근사록』을 배웠다. 이황 문하에서는 비록 오래 배우지는 못했지만, 이황은 유성룡을 처음 만난 자리에서 "이 아이는 하늘이 낸 인물이야"라고 칭찬을 했다고 한다.

| 1564년 명종 19 | 7월 생원시 1등, 진사시 3등에 합격하고 이듬해 성균관에 입학했다. |

출사 후

1566년 명종 21	봄 스물 다섯 살이 된 유성룡은 아버지가 정주 목사로 부임하자, 아버지를 따라 정주에 갔다가 여름에 서울로 돌아왔다.
1566년 명종 21	10월 문과에 급제하여 정계에 입문했다.
1566년 명종 21	11월 그는 승문원 권지부정자에 임명되었다.
1567년 명종 21	명종이 승하했다. 명종의 뒤를 이어 선조가 왕위에 올랐다.
1569년 선조 2	유성룡은 성절사행의 서장관으로 명에 다녀왔다.
1570년 선조 3	3월 명나라에서 돌아온 유성룡은 홍문관 수찬으로 승진을 했고 가을에 사가독서를 얻기도 했다.
1572년 선조 5	유성룡은 아버지의 병세가 악화되자, 하회로 돌아가 밤낮으로 간호를 했다. 그러나 그의 정성스러운 간호에도 불구하고 아버지는 향년 59세로 별세했다.
1575년 선조 8	삼년상을 치르고 상복을 벗자, 조정에서 여러 차례 관직을 내려 조정으로 돌아오도록 했다. 이때 사림은 동인과 서인으로 분열했고 당쟁이 본격화되었다.
1576년 선조 9	사헌부 장령에 임명되어 조정으로 돌아왔으나, 이후 선조에게 상소를 올려 노모를 봉양할 수 있도록 요청했으나 윤허를 얻지 못했다.

1580년 선조 13	홍문관 부제학에 임명된 유성룡은 어머니의 봉양을 위해 재차 상소를 올렸다. 그는 선조의 특명으로 상주 목사에 제수되었다. 상주 목사로 있으면서 어머니를 봉양하고, 상주의 학문 진흥에 심혈을 기울였다.
1581년	홍문관 부제학으로 다시 조정으로 돌아왔다.
	1583년~1584년 무렵은 동인과 서인이 극렬하게 대립하고 있던 시기라 경상도관찰사로 잠시 조정을 떠났다.
1584년	7월 홍문관 부제학으로 조정에 복귀 했다.

임진왜란

1589년 선조 23	일본 사신이 조선에 들어와 통신사 파견을 요구 했다. 그는 조정의 통신사 파견 논의를 주도했다.
1592년 선조 25	4월 임진왜란이 발발한 후 명군 접반의 임무를 맡으며 전란 중 명과의 외교 활동에서 빛을 발했다.
1593년 선조 26	명군이 참전하자 명군의 군량을 보급하여 조명연합군이 평양성을 탈환하는 데 기여했다. 유성룡은 평양성 전투 직후 호서, 호남, 영남을 관할하는 3도 도체찰사가 되어 명군의 뒤를 따라가며 군량 마련과 명군 제독 이여송에 대한 접반 업무를 수행했다.
1594년 선조 27	○월 명군에 대한 군량미 보급이 여의치 않자 민간에서 현물로 거두던 공물을 쌀로 거두자는 공물작미론을 제기하기도 했다.
1594년 선조 27	○월 유성룡은 3도 도체찰사로 군정을 총괄하면서 일본군을 격퇴할 수 있는 군사 대비책 마련에도 최선을 다했다.

1594년 선조 27	○월 여진족의 누르하치가 위원을 공격하자 4도 도체찰사가 되어 북방에 대한 방비책과 아울러 일본군의 북상을 저지할 수 있는 방어책 마련에도 부심했다.
1594년 선조 27	○월 명과 일본의 강화 협상이 진행되자 처음에는 강화에 반대했다.
1594년 선조 27	○월 결전 요구에도 불구하고 명이 조선에 강화 협상을 수용할 것을 압박하자, 심각한 기근으로 백성들이 서로 잡아먹을 정도의 상황에서 훗날을 도모하고 일본군을 방어할 수 있는 시간을 벌기 위해 명의 강화 협상 요구를 수용했다.
1595년 선조 28	유성룡은 명군에 대한 군량 지원을 수행하면서도 조선의 독자적인 군사 역량을 강화하는 데도 많은 노력을 기울였다. 명 장수 낙상지를 통해 화포, 낭선, 창검, 조총술 등을 조선군에게 배우도록 했다.
1597년 선조 30	1월 일본군은 다시 조선을 침략했다.
1597년 선조 30	7월 3도 수군통제사 원균이 이끄는 조선 수군이 칠천량에서 패전한 후 전황은 조선에 불리하게 전개되었다.
1597년 선조 30	8월~9월 기세를 탄 일본군은 남원성을 함락하고 북상하다가 직산 전투에서 패했다. 이 전투 후 전쟁은 다시 소강상태로 접어들었다.
1598년 선조 31	정응태 무고 사건으로 북인의 공격을 받아 실각했다.

은거시기

1598년 선조 31	정응태 무고 사건을 계기로 북인은 남인을 몰아내고 정국을 주도했다.
○○○○년 ~○○○○년	유성룡이 실각했음에도 북인들의 공세는 지속되었다. 향촌에서 조목을 중심으로 그에 대한 비판 여론이 형성되었다.
1604년 선조 37	임진왜란 중 선조의 몽진 어가를 호종한 공로로 호성공신 2등에 봉해졌다. 이 시기에 그는 옥연정사에서 은거하면서 저술 활동에 전념했는데, 그 대표적인 것이 『징비록』의 찬술이다.
1607년	5월 향년 66세로 경상도 안동부 서미동 농환재에서 생을 마쳤다.

❖
유성룡을
찾아서

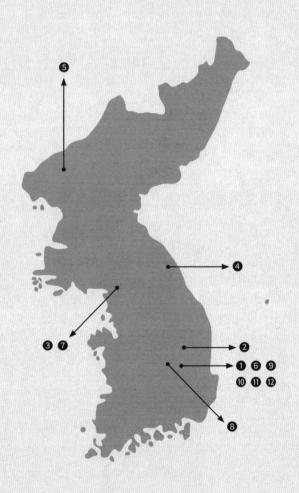

❶ 경상북도 의성군 점곡면 사촌리 – 유성룡의 출생지

유성룡은 1542년(중종 37) 외가인 경상도 의성현 사촌리에서 태어났다. 사촌리는 외조부 김광수의 고향이다. 유성룡이 태어나 유년 시절을 보냈던 곳이다.

❷ 경상북도 안동시 풍천면 하회리 – 하회마을

안동 하회마을은 조선 개국 초 풍산 유씨 중시조인 유난옥의 아들 유종혜가 풍산 하회로 처음 입향한 이후 600년 동안 대대에 걸쳐 살아온 동성마을이다.

❸ 서울특별시 성북구 성북동 – 묵사동(유성룡의 서울 고택)

마을 이름에 대한 유래 두 가지가 전해진다. 하나는 묵사라는 절이 있어서 묵사동이라 불렸다는 것이고, 다른 하나는 관청에 먹을 공급하던 관아인 묵시가 있었던 것에서 유래했다고 한다. 유성룡의 별세 소식에 서울 사람들이 묵사동 유성룡 고택에 가서 곡을 했다고 한다.

❹ 간성 향교 – 강원도 고성군 간성읍 교동리

1420년(세종 2)에 현유의 위패를 모시고, 지방민의 교화를 목적으로 설립되었다. 1555년(명종 10) 유성룡은 간성 현감인 할아버지를 문안한 뒤 이곳에서 향시를 준비하며 글공부를 했다. 임진왜란으로 소실된 이후 1640년(인조 18) 지금 자리로 옮겨 지어졌다.

❺ 의주목 – 평안북도 의주군

의주목은 의주 목사인 아버지 유중영의 근무지였다. 의주는 유성룡이 1555년 12월부터 1557년(명종 12)까지 향시를 준비했던 곳이고, 임진왜란 때는 도성을 떠난 선조의 행궁이 있던 곳이었다.

❻ 도산서원 – 경상북도 안동시 도산면 도산서원길 154

이황이 도산서당이라 이름 짓고 후학을 양성하던 곳이다. 유성룡은 21세 때에 도산서당으로 나아가 이황의 문하에서 수개월 동안 수학했다. 이황 사후에 제자들이 서원을 조성했고, 1575년 도산이라는 사액을 받았다.

❼ 성균관 – 서울특별시 종로구 명륜동 4가동 성균관로 25-1

조선시대 인재양성을 위해 서울에 설치한 최고의 국립교육기관이다. 유성룡은 1564년(명종 19) 7월 생원시 1등, 진사시 3등에 합격하여 1565년 성균관에 입학했다.

❽ 상주목 – 경상북도 상주시

1580년(선조 13) 유성룡은 정계에 진출하여 처음 받은 외관직인 상주 목사에 임명되었다. 상주 목사로 재직하면서 어머니를 상주로 모셔 봉양했다. 이 시기에 정경세가 찾아와 학문과 예론을 배웠다. 상주는 유성룡에게 제자 정경세를 만난 곳으로도 의미가 있는 곳이다.

❾ 남계서원 – 경상북도 군위읍 대북리

본래 남계서원은 1583년(선조 16) 유성룡이 경상도 관찰사 재임시절에 건립한 남계서당에서 비롯되었다. 1621년(광해군 13) 유성룡의 문인들이 중수하여 위패를 모셨다. 이후 남계서원으로 승격되었다.

❿ 옥연정사 – 경상북도 안동시 풍천면 광덕리

옥연정사는 하회마을 화북 북쪽 부용대 동쪽 강가에 있는 정사이다. 1586년(선조 19) 승려 탄옹이 시주하여 완공한 것이다. 옥연정사는 유성룡이 『징비록』을 집필한 곳으로 알려져 있다.

⓫ 유성룡의 묘 – 경상북도 안동시 풍산읍 수리 260번지

유성룡은 1607년 5월 6일 향년 66세로 별세했다. 7월 7일 경상도 안동부 서쪽 수동리 뒷산 남쪽을 바라보는 언덕에서 장사를 지냈다.

⓬ 병산서원 – 경상북도 안동시 풍천면 병산리 30

1613년(광해군 5) 유성룡의 학문과 덕형을 추모하기 위해 건립된 서원이다. 고려 말 경상도 안동부 풍산현에 있던 병산서당이 병산서원으로 승격된 것이다. 병산서원은 위패를 모신 존덕사와 강당인 입교당, 기숙사인 동재와 서재로 구성되어 있다.

유년기의 경학공부와 문과급제

유성룡은 1542년(중종 37) 10월 1일 진시에 의성현 사촌리 외가에서 유중영의 둘째 아들로 태어났다. 그의 6대조 유종혜가 처음으로 풍산현 하회촌에 입향한 이후, 대대로 풍산현에 살아왔다. 그는 어린 시절 글 공부를 하다가 여가가 생기면 아버지와 할아버지 근무지에 문안을 드리러 갔었다. 1550년 아홉 살이던 유성룡은 어머니 안동 김씨를 따라 아버지의 근무지인 유신현(지금의 충주)에 갔었고, 1555년(명종 10) 간성현감으로 부임하고 있던 할아버지 유공작을 찾아뵈었다. 유성룡은 간성의 향교에서 글 공부를 하다가, 아버지가 의주목사로 부임하자, 아버지를 따라 의주에서 향시 준비를 하기도 했다. 그가 어린 시절 유신현과 의주목을 가봤던 경험은 임진왜란 동안 일본군에 대한 방어책을 마련하고 대명관계를 수행하는 데 중요한 기반이 되었다. 특히 의주는 중국과의 물적·인적 교류가 빈번했던 곳이었다. 이러한 의주의 환경적 요인이 유성룡에게도 중국과 중국인들에 대한 견문을 넓히는 데 영향을 주었다고 할 수 있다.

1555년 봄 그는 의주에서 서울로 돌아와 어머니를 문안했고, 그 해 가을 향시를 통과했다. 1558년(명종 13) 열 일곱인 유성룡은 현감 이경의 딸인 전주 이씨를 맞아 혼례를 올렸다. 이 무렵 유성룡은 훗날 임진왜란 중 홍주목사로 부임해 이몽학의 반란을 평정했던 홍가신과 잠자리를 함께 하면서 밤낮으로 과거 공부를 열심히 했다. 유성룡은 공부를 하다가 홍가신을 찾아가 자신이 공부하면서 느낀 점을 말하기도 하고, 자신이 지은 책문을 보여주기도 했다. 홍가신의 문집인 『만전문집』에는 홍가신이 유성룡에 대한 평가가 기술되는데, 홍가신은 유성룡이 지은 문장은 생동감이 철철 넘쳐흐르고 빛이 나서 눈을 비비게 할 정도였다고 했다. 이로부터 유성룡이 지은 시, 부, 논, 책은 당시에 과거 응시생 가운데 독보적이었다고 했다. 1562년(명종 17)은 스물 한 살인 유성룡의 생애에 있어서 매우 중요한 전기가 되었던 해였다. 그는 9월 도산서당에서 이황을 만나 수개월 동안 공부를 했다. 이황의 문하에서 학습한 기간은 비록 매우 짧았지만, 스승 이황과의 만남은 평생 그의 학문을 주자학의 큰 범위 속에 묶어놓는 계기가 되었다. 이때 유성룡은 금계에 있는 김성일을 찾아가 교우관계를 맺기도 했다. 이듬해 유성룡은 생원진사 초시에 입격했고, 1564년(명종 19) 7월 생원시에 1등, 진사시 3등을 차지했다. 스승 이황은 유성룡의 소과 입격 소식을 듣고 "유성룡은 빠른 수레가 길을 나선 듯하다"라며 매우 기뻐했다고 한다. 소과에 입격한 유성룡은 기쁜 소식을 전하기 위해 황해도관찰사인 아버지를 문안했다.

1565년(명종 20) 스물 네 살이 된 유성룡은 성균관에 입학했다. 그가 생원시에 입격하여 성균관에서 학습했던 시기는 보우의 처단을 주장하는 사림의 여론이 빗발치던 때였다. 그는 성균관에서 교우들과 원만하게 지내면서도 소신 있는 행동을 보였다. 그는 이미 유교경전에 대한 식견을 갖추고 있었다. 그는 경학을 공부하는 것은 그 시대의 중요한 정무나 사무를 알기 위한 것이고, 역사를 탐구하는 것은 오늘을 알기 위한 것이라고 했다.

1566년(명종 21) 스물 다섯 살이 된 유성룡은 아버지가 정주목사로 부임하자, 봄에 아버지를 따라 정주에 갔다. 여름에 정주에서 서울로 돌아온 유성룡은 그 해 10월 문과에 급제했다. 11월 그는 승문원 권지부정자에 임명되었고, 1567년(명종 21)에는 정자로 승진했고, 휴가를 얻어 정주에 있는 아버지를 문안했다. 1567년 명종이 승하하고 뒤를 이어 선조가 왕위를 이어받았다.

종묘 신주의 조천 논의와 유성룡

1544년(인종 1) 중종을 이어 장경왕후 윤씨의 아들인 인종이 즉위했으나, 중종의 소상도 치르기도 전인 7월 1일 8개월만에 승하했다. 이에 중종의 계비인 문정왕후의 아들 명종이 1545년(명종 1)에 즉위하여 10월 15일 인종을 효릉에 장사 지내고, 영모전에 신주를 모셨다. 명종은 이복형인 인종에 대한 3년 상을 마치고 인종의 신주를 종묘에 모셨다. 1471년(성종 2) 성종은 아버지인 의경세자 이장을 덕종으로 추숭하여 그 신주를 연은전이라는 별전에 모셨다. 인종이 승하하고 명종이 즉위하자 논란이 일어났다. 인종의 신주를 모시게 되면 세조는 신주를 옮겨야 했다. 즉 조상의 신주가 4대를 넘어가는 것은 친진이라고 했다. 사대봉사를 따를 경우 5대조의 신주를 모시는 것은 원칙에 위배되는 것이었다. 인종이 승하하고 이복동생인 명종이 즉위했기 때문에 명종 입장에서 본다면 세조는 친진이 아니었으나, 신주를 옮기지 않으면 종묘의 봉사는 5실에 그친다고 하는 원칙에 위배되는 것이었다. 결국 인종의 신주를 연은전에 모시자 사람들이 모두 분개했다. 이때 명종의 복상이 끝났다.

예관은 인종의 신주와 명종의 신주를 모두 문소전에 같이 모시기로 청하여 의논이 결정되었다. 그러나 여전히 인종과 명종의 신위를 모시는 문제를 둘러싸고 조정에서는 논란이 지속되었다. 이때 영의정 이준경은 "조종이 정한 좌향은 쉽게 변경할 수 없으니, 인종의 신주는 그대로 연은전에 모시고 명종의 신주만 종묘에 모시자"라고 했다. 이때 유성룡은 상소를 올려 영의정 이준경의 처사는 옳지 않다고 주장했다. 당시 예문관 대교였던 그는 인종의 신주를 연은전에 모시자는 영의정 이준경의 처사를 예가 아니라고 비판한 것이었다. 이제 막 출사한 신참 관료가 영의정의 처사를 비판했던 사례는 그의 소신과 기개를 보여주는 일화라 할 수 있다. 선조는 명종이 승하하자, 강릉에 장례를 치르고 혼전에 신주를 모셨다. 그리고 소상과 담제를 지내는 3년 상을 지내고 1568년 8월 16일 인종과 명종은 형제이므로 한 묘로 보아 종묘 5묘인 인종을 그대로 제9실에 명종을 10실에 모셨다.

국정을 감독하고 선조의 군덕을 위한 스승

유성룡은 출사한 이후 30대 중반까지 모든 관리들의 선망의 대상이라고 하는 청요직을 두루 거쳤다. 청요직에 이르기 위해서는 개인의 학문과 인품이 뛰어나야 하는 것은 물론이거니와 집안의 배경도 매우 중요했다. 유성룡의 집안은 아버지 유중영이 문과에 급제하여 형조참의와 황해도 관찰사 등을 역임하긴 했지만, 궁벽한 하회 출신이었다. 가문의 배경이 한미했던 그가 청요직을 역임할 수 있었던 데에는 그의 처가의 후광도 무시할 수 없었다. 그는 세종대왕의 아들 광평대군의 5대손인 이경의 딸과 혼인했다. 또한 그는 이황의 문인이라는 것과 그를 이끌어준 선배 사림인 영의정 이준경, 부제학 유희춘, 이조참의 노수신, 그리고 종숙부였던 유경심 등이 조정에 있었기 때문에 가능한 것이기도 했다. 이처럼 유성룡은 개인적 능력 외에 그를 둘러싼 처가와 학맥 그리고 선배 사림의 비호 속에서 신진사류의 영수로서 성장해나갈 수 있었다.

그는 홍문관 수찬, 교리, 응교 등의 관직을 역임했는데, 이들 관직은 경연에 참여하여 경서의 뜻을 풀어 군왕의 군덕을 성취하도록 돕는 역할을 했을 만큼 중시되었다. 유성룡은 10년 동안 경연관 자리에 있으면서 선조가 군왕으로서의 자질을 갖출 수 있도록 진력해왔다. 특히 유성룡은 이조정랑을 역임했는데, 청요직 중 으뜸가는 직책이었다. 이조정랑은 품계는 높지 않았지만 문관의 인사와 관련하여 정승, 판서를 제재할 수 있는 권한을 가지고 있었다. 또

언론 3사인 사헌부, 사간원, 홍문관의 청요직에 추천하고 재야 인사에 대한 추천권을 가지는 등 여러 가지 특권이 있었다. 또 자신의 후임을 지명하는 자대권이라는 주요한 특권도 갖고 있었다. 이러한 특권을 가지고 있는 이조정랑은 이조의 장관인 판서는 물론 모든 관료의 수장인 영의정과도 맞설 만한 정치권력을 행사했다. 유성룡은 이조정랑을 29세와 32세 때에 걸쳐 두 번 역임했다. 이것은 당시 유성룡이 신진 사류의 영수로서 어떠한 정치적 위상을 갖고 있었는지를 단적으로 보여주는 것이라 할 수 있다.

1579년(선조 12) 유성룡은 통정대부로 당상관에 올랐고 승정원 동부승지를 역임했다. 1575년 사림이 동인과 서인으로 분열되었던 이른바 동서분당을 경험하면서, 유성룡은 이이와 함께 동서인의 시비 갈등을 조절하고자 했다. 이후 당쟁이 보다 격화되었다. 그는 어머니의 봉양을 들어 조정에서 벗어나고자 했다. 1580년 여러 차례 선조에게 상소를 올린 결과 상주목사로 부임했다. 이후 유성룡은 당쟁이 격화되는 것에 실망하여 조정을 떠나 향리에 머물러 있는 시간이 많았다. 이 기간 동안 유성룡은 하회에 머물면서 옥연정사와 남계서당을 건립했다.

기회를 기다려 정국을 주도하다

혁신을 표방하는 급진적 성향을 가진 정여립·정인홍 등의 진출로 사류간의 대립은 보다 격화되었다. 유성룡의 정치 성향은 대체로 온건적이며 합리적이었다. 그는 양 극단을 피하고 중을 취한다는 집기양단의 자세를 견지하고자 했다. 한편으로 형세가 불리하거나 불안할 경우 다음의 기회를 기다리는 현실적인 성향을 갖고 있었다. 분명한 명분을 내세워 과감한 주장을 하는 사람들이 볼 때 유성룡의 정치 철학과 처세는 비판의 대상이 되었다. 이이는 서애가 재주는 뛰어나면서도 때로는 이해에 흔들린다고 비판했다. 유성룡의 정치 성향과 처세는 비판을 받았지만, 그는 당쟁에서 일정한 거리를 두었기에 정국에 대해 냉철하게 분석할 수 있었고, 자신의 정치 지향을 보다 강화할 수 있었다.

1589년(선조 22) 정국은 역모 사건으로 경색되었고, 일본에서는 거듭 조선에 통신사 파견을 요청하는 사절을 보내왔다. 이 해는 유성룡에게 어느 해보다 다사다난했다. 7월 17세에 혼례를 올리고 41년 동안 부부의 연을 맺어왔던 부인 이씨가 사망했다. 유성룡은 휴가를 끝내고 조정으로 복귀하던 중 광진에 이르러 부인의 부고를 전해 들었다. 이때 9월 일본 사신이 도성에 와 있어, 유성룡은 통신사를 물색하느라 매우 분주한 상황이었다. 그는 아내의 장례도 제대로 치르지 못했다. 그는 안동으로 가는 부인의 상여를 신천까지만 전송하고 돌아왔다. 이후 그는 예조판서에 제수되었다.

　10월 정여립의 역모 사건이 일어났다. 정여립의 역모 사건으로 인해 그때까지 득세했던 동인들의 위세가 위축되었던 반면, 서인은 매우 고무되어 있었다. 정여립이 동인이었기 때문이었다. 유성룡은 정여립 옥사를 다스리는 백유양의 공초에 자신의 이름이 나온 것을 이유로 선조에게 여러 번 사직 상소를 올렸다. 급기야 유성룡은 상소를 올려 스스로를 탄핵했다. 그러나 선조는 오히려 유성룡을 특별히 이조판서에 제수했다. 이러한 선조의 조치는 유성룡에 대한 절대적인 신뢰에서 비롯된 것이었다. 어쨌든 유성룡은 선조의 비호 덕분에 정여립 역모 사건 관련 혐의에서 벗어날 수 있었다.

　정여립 역모 사건을 계기로 정철을 내세운 서인이 정국을 주도할 것이 가시화되었다. 선조는 서인의 정국 주도를 견제하고자 남인을 중용했다. 선조의 정국 구상에 따라 유성룡은 특별히 이조판서에 제수되었다가 곧바로 우의정에 임명되었다. 선조는 유성룡을 인견하고 통신사 파견 문제를 논의했다. 선조는 손죽도 왜변의 피해에 대한 항의 차원에서라도 적괴와 조선 피로인의 송환을 요청하도록 했다. 선조는 만약 조선의 요구가 이루어진다면, 상황을 고려하여 통신사를 파견하려는 의도를 가지고 있었다. 유성룡은 일본에 손죽도 왜변과 같은 변란의 재발 방지 약속을 받아내고, 조선 피로인의 송환이 이루어진다면 화답하는 형식으로 통신사를 파견하자는 의견을 제시했다. 이것은 조선의 체면을 유지하면서 성공적인 교린외교를 진행할 수 있는 방법이기도 했다. 그의 외교적 대응은 선조의 입장과도 일치하는 것이라 할 수 있다. 이에 따라 1590년 선조는 서계를 작성하여 황윤길을 정사, 김성일 부사, 허성을 서장관으로 하는 경인통신사를 파견했다.

전란의 한복판에 군정을 이끌다

통신사가 돌아온 후 황윤길과 김성일이 엇갈린 보고를 함에 따라 조선 조정의 의견은 둘로 나뉘었다. 일본이 요구하는 정명가도에 대한 대응과 일본의 침입에 대한 대비책이 제도로 시행되지도 못한 상황에서 임진왜란이 일어났다. 임진왜란 당시 동인이 정국을 주도하고 있는 상황이었는데, 영의정 이산해와 좌의정 유성룡이 정국을 주도하고 있었다. 임란 초기 전투에서 조선 관군은 일본군의 공격에 제대로 된 싸움을 치르지도 못하고 무너졌다. 선조는 이산해의 건의에 따라 파천하기로 결정하고 1592년 4월 30일 도성을 나왔다. 선조는 전란이 터지자 파직되어 있던 윤두수를 불러들여 어가를 호종하게 했다. 5월 1일 선조의 어가가 개성부에 이르자, 대간들은 어가가 파천한 책임을 물어 이산해를 탄핵했다. 선조는 유성룡도 전란을 제대로 대비하지 못한 책임이 있다는 전란책임론을 제기했다. 결국 선조는 이산해와 유성룡을 파직하고, 유성룡을 대신하여 윤두수를 좌의정에 임명했다.

임진왜란의 발발로 조정을 떠나 있던 인사들이 대거 복귀했다. 전란이 발생한 상황에서 비변사의 역할은 보다 확대, 강화되었다. 7년 동안의 전란 정국을 이끌었던 인물들은 대체로 비변사의 주요 구성원들이었다. 유성룡은 선조가 평양성에 들어온 후 평양성을 사수할 것을 주장했고, 선조가 요동으로 내부하려는 것을 강력하게 저지했다. 유성룡은 명군에 대한 접반 임무를 수행했다. 조선 조정에서는 명에 원병을 요청하면서 가장 시급한 현안은 그들에 대한 군량 보급 문제였다. 당시 조선의 상황은 명군의 지원을 요청했지만 정작 명군이 들어올 경우, 그들을 맞이할 준비는 전혀 이루어지지 않았다. 선조가 평양성을 떠난 후 명군 조승훈이 군사를 거느리고 조선에 들어왔다. 유성룡은 정주에서 안주를 거쳐 평양으로 이동하는 명군을 위해 대동강과 청천강에 부교를 설치했다. 그는 조도사 홍세공을 시켜 군량을 마련하도록 했다. 그러나 일본군을 경시하여 무리한 전투를 감행한 조승훈은 보기 좋게 패전하고 말았다.

1592년 12월 유성룡은 평안도 도체찰사에 임명되었다. 선조는 그에게 평안도 지역의 민정과 군정을 책임지게 했다. 평안도는 선조의 행재소를 방어해야 하는 마지막 보루였다. 12월 명 제독 이여송이 이끄는 명군이 압록강을 건너 조선으로 들어왔다. 유성룡은 이여송이 들어오자, 이여송에게 평양에 대한 지세를 설명해주었다. 조승훈의 병력과는 비교할 수 없을 정도의 병력이 조선에 들어옴에 따라 군량 문제는 더욱 시급했다. 우선 명군의 군량 지원을 위해 평안도에서 조달할 수 있는 것은 많지 않았다. 그럼에도 불구하고 유성룡은 명군에게 군량미를 차질 없이 지원함으로써 평양성을 탈환하는 계기를 마련했다.

명군의 평양성 탈환은 전세를 역전시킬 수 있는 분기점이 되었다. 평양성 탈환의 보고를 늘은 선조는 명군의 역할에 보다 기대를 걸게 되었다. 선조는 의병들을 동원해 확보된 군량미를 지원할 것을 명령하기도 했다. 유성룡은 평양성 탈환 전투 이후 호서, 호남, 영남의 삼도 도체찰사에 제수되었다. 그는 명군이 남하할 때 동행하면서 이여송을 접반하고 명군의 군량 지급을 위해 진력했다.

군량 마련을 위해 유성룡이 노심초사를 했지만, 군량 보급에 대한 명군의 불만도 컸다. 명군은 조선의 군량 운반이 지체되었다고 하여 조선 조정을 압박했다. 군량 지급이 제대로 이루어지지 않을 경우 군사를 거둬 요동에서 철수하겠다고 협박을 하기도 했다. 심지어 명의 관량관 호부주사 애자신은 군량이 제대로 운반되지 않았다며 지중추부사 김응남, 호조판서 민여경, 의주목사 황진을 잡아다 곤장을 때리기도 했다. 이처럼 명군 참전 이후 조선은 명군의 군량미 지급 문제로 갖은 곤욕을 겪어야 했다. 선조까지 나서 명군의 군량미 지원을 독촉하니, 유성룡에게 군량 확보와 운반 문제는 가장 어려운 현안 중 하나였다.

　이후 명군은 벽제관 전투에서 일본군에 패하자, 강화 협상으로 국면을 전환하고자 했다. 명이 강화 협상을 선택하든 결전을 하든 군량미 보급은 여전히 유성룡에게 부여된 가장 큰 임무였다. 유성룡은 이여송에게 진격을 요청했지만, 명군은 일본과 강화를 한다는 방침을 결정한 상태였다. 1594년 유성룡은 명군의 군량미를 확보하기 위해 현물로 걷던 공물을 쌀로 걷자는 공물작미론을 제기하기도 했다. 유성룡은 선조에게 올린 문서에서 문신과 무신들이 임진년의 일을 반성하지 않고 일본군을 격퇴할 방안을 마련하지 않은 채 명군만을 믿고 있다고 통탄하기도 했다.

　유성룡은 선조에게 장계를 올려 명군이 강화 협상을 이유로 일본군과 교전을 회피하는 상황에서 나라를 지키고 적을 방어하는 대책을 건의했다. 즉 명군을 머물러 지키도록 하고, 전라도와 경상도의 감사에게 명령을 내려 병사와 수사의 영이 있는 큰 고을과 무장이 지키고 있는 읍에는 군사를 선발, 훈련하고 무기를 제조하여 주야로 훈련할 것을 건의하기도 했다. 유성룡은 조선의 내부 역량 강화에 힘을 기울였다. 그는 경상좌우도에서 확보할 수 있는 군량을 마련하고 중신을 지방에 파견해서 군량의 소비를 줄이도록 건의했다. 또한 중요한 거점에 산성을 쌓고 흩어진 백성들을 수습하여 성을 지키도록 군사 대비책을 마련했다.

강화협상 기간 동안 유성룡이 가장 부담을 느끼고 있던 것은 싸우지 않는 명군에게 군량을 보급해야 하는 문제였다. 또 선조와 조선 조정도 명군의 강화 협상을 반대만 할 수도 없는 상황이었다. 유성룡은 표면적으로는 일본과의 강화 협상에 반대하면서, 내부적으로는 교착된 전란 국면을 타개하는 차원에서 강화를 모색했다. 유성룡은 강화에 대한 자신의 의견을 분명히 했다. 강화를 통해 한반도에서 일본군을 철수하도록 하고, 일본군을 격퇴할 수 있는 시간적 여유를 확보하자는 것이었다. 이것은 종묘와 사직을 지키기 위한 부득이함에서 나온 것이지 일본과 화친하자는 주장은 아니었다.

주화오국이라는 죄로 파직당하다

유성룡은 임진왜란 동안 비변사 당상, 도체찰사, 훈련도감 도제조 등을 역임하면서 난국을 타개할 방안을 마련하고 실행했다. 지방의 행정 체계가 와해된 상황에도 군량미를 확보하여 명군에게 지급하는 데 최선을 다했다. 여진의 침입에 대한 우려가 발생하자 4도 도체찰사가 되어 북방 방어는 물론 도성의 방어책 마련에도 진력했다. 그러나 강화 협상이 파견으로 종결되고 일본은 재차 조선을 침략했다. 자신이 추천했던 이순신이 하옥되었고, 그를 대신했던 원균은 칠천량 해전에서 참패했다. 기세가 오른 일본군은 전라도를 공격하여 남원성을 함락시켰다. 가까스로 명군이 직산 전투에서 일본군을 격퇴하면서 전쟁은 다시 소강상태로 접어들었다. 전쟁이 막바지로 치닫고 있을 때인 1598년에 명군 찬획주사 정응태가 경리 양호를 탄핵하는 사건이 발생했다. 이른바 정응태 무고 사건이 발생한 것이다. 정응태는 자국 조정에 양호를 탄핵하면서, 양호를 비호한 조선 조정을 함께 무고했다. 선조는 전쟁이 막바지에 이른 상황에 경리 양호가 명으로 압송될 것을 우려했다. 조선 조정은 정응태 무고 사건을 해결하기 위한 외교적 노력을 강구했다. 조선에서는 양호를 위해 만력제에게 선처를 요청했으나, 정응태는 명 조정에 조선이 고구려의 고토를 회복하기 위해 일본군을 끌어들여 명을 기만했다고 보고했다. 선조는 이 문제에 많은 심적 부담을 느끼고 있었고, 결국 조회를 중지했다.

유성룡은 영의정으로서 정치적 책임을 통감하고 사직을 요청했다. 당시 조선 조정에서는 정응태 무고 사건을 해결하기 위한 주문사로 유성룡이 직접 가야 한다는 의견이 다수를 차지했다. 유성룡은 주문사로 갈 수 없는 상황을 말하고 대안을 제시하기도 했다. 그러나 이이첨 등의 북인은 유성룡이 진주사로 가야 함에도 이덕형에게 미루고 가지 않는다고 비판했다. 유성룡은 선조에게 여러 차례 사직 상소를 올렸다. 선조는 유성룡의 상소에 대해 "어찌 이렇게 스스로의 처신은 완벽하면서 임금은 도가 아닌 곳으로 인도하는가"라며 서운한 감정을 드러냈다. 조정에서는 유성룡에 대한 탄핵

상소가 연이어 올라왔는데, 그의 국정 운영 전반과 인품에 대해서도 비난이 쇄도했다. 한편 홍문관 부제학 김륵, 부응교 홍경신, 수찬 심낙이 유성룡을 변호했지만, 대간들은 유성룡을 파직시키지 않을 경우 사퇴하겠다며 선조를 압박했다. 결국 선조는 대간들의 지속적인 탄핵을 수용하여 1598년 11월 유성룡을 파직했다.

개방적 학문 태도

유성룡은 유년시절부터 경학 공부를 심화하면서도 개방적인 학문 태도를 갖고자 했다. 그는 조카 이형에게 사서를 가져다가 정밀하게 사색하고 익숙하게 읽어서 자기의 것이 되도록 한다면 세상을 보는 눈은 저절로 높아지고 마음은 넓어질 것이라 했다. 유성룡은 독서에 있어서도 학습보다는 사색을 강조했다. 그는 후학들에게 처음 경전을 공부할 때는 주석을 보지 말라고 했는데, 이는 학습자 스스로가 경전에 대해 독자적으로 해석할 수 있는 능력을 배양할 것을 강조한 것이었다. 그는 학습자가 주해를 먼저 본다면 경문에 대한 새로운 뜻을 알 수 없을 것이라고 했다. 주자의 해석을 보지 않고 독자적인 해석을 해보라는 후학들에 대한 유성룡의 조언은 당시의 학문 풍토에서는 획기적이라고 해도 과언이 아니다.

또한 유성룡은 과거의 낡은 사고를 버리고 새로운 사고인 '신의'론을 주장하는 학문적 태도를 보였다. 그는 성현의 학문은 생각하는 것을 주체로 삼는다는 것을 강조했다. 학문은 비록 행위에 중점을 두고 있으나 지식을 특별히 중요하게 생각한 것이다. 그는 후학들의 학문 태도로 지식을 먼저 터득한 후에 행동해야 함을 강조했다. 그는 경전 외에 도가서, 의학서 등도 공부했다. 다음 조목에게 보낸 편지를 보면 그가 불교에 대해서도 어느 정도는 관심을 갖고 있었음을 알 수 있다.

> 깨우쳐 주시기를, 성룡이 요사이 불교 서적을 본다고 하셨는데 이것은 말을 전하는 자가 실상을 잘못 옮긴 것입니다. 지난번에 이웃에 사는 중이 우연히 그 책을 가지고 왔기에 무료하던 차에 한 번 보는 것을 면하지 못했습니다만 책을 다 읽기 전에 그만 두었습니다. 그중에 선현들이 병통이 되는 곳을 논한 것이 더욱 분명했으므로 친구들에게 간략히 언급했던 것인데 뜻하지 않게 말이 전해져서 어른께 걱정을 끼쳐드렸습니다. 불학의 잘못되고 망령됨은 성룡도 역시 알고 있습니다.

위 내용은 조목이 유성룡이 불경을 보고 있다는 소문을 듣고 이를 질책하기 위해 보낸 편지에 대한 유성룡의 답장이다. 이 편지를 통해서도 유성룡이 학문에 대해 개방적이었음을 보여주는 사례라고 할 수 있다.

이와 같이 유성룡은 경학 공부를 심화하면서도 경문에 대해 독자적으로 해석하려고 노력했고, 다양한 학문을 깊이 탐구했다. 이처럼 그는 어느 학문에 치우치지 않고 다양한 학문에 대한 개방적인 태도를 견지하고자 했다. 그의 이러한 학문 태도는 임진왜란이라는 위기를 극복하는 데 중요한 자산이 되었다고 할 수 있다.

처세에 대한 비판

유성룡은 25세에 문과에 급제하면서 관직에 진출했다. 그가 출사한 것은 명종조였지만, 그는 30여 년간의 관직 생활의 대부분을 선조와 함께했다. 선조가 즉위하자 기묘사화와 을사사화 이후 위축되었던 사림들이 대거 정계에 진출했다. 명종이 부를 때 출사하지 않던 이황도 예조판서 겸 지경연사로 임명되었다. 또한 을사사화에 연루되어 화를 당했던 노수신, 유희춘 등의 10명이 다시 조정으로 복귀했다. 선조가 즉위하면서 권신정치가 막을 내리고 사림이 이제 정치 무대의 전면에 등장했다.

이후 정계에 진출한 사림들은 분열했다. 명종 조에 벼슬을 하던 선배 사림과 새롭게 정계에 진출한 후배 사림 간에 갈등이 야기되기 시작했다. 애초에 선배 사림과 후배 사람 간의 정치적 알력으로 시작된 갈등은 결국 1575년 동인과 서인의 분열로 가시화되었다. 1578년(선조 11) 윤두수, 윤근수 형제와 그들의 조카 윤현이 동인 김성일의 공격을 받아 파직되었다. 김성일은 경연에서 윤두수, 윤근수 형제와 윤현이 진도군수 이수에게 쌀 수백 석을 뇌물로 받았다는 사실을 폭로했다. 이 일로 동인과 서인은 극렬하게 대립했다. 이이 한 사람만이 동인과 서인 간의 갈등을 조정하고자 노력했다. 그러나 백인걸의 상소를 계기로 동인들에게 극렬한 공격을 받아야만 했다. 백인걸의 상소문에는 동인과 서인들의 화해를 요구하면서도 동인들을 비난하는 구절이 많이 담겨 있었다. 이 상소문의 초고를 수정한 사람이 이이라는 사실이 알려지면서, 동인들은 이이가 백인걸을 사주했다고 생각했다. 이이는 동인들에게 당론을 격화시켰다고 공격을 받아야만 했다.

1581년(선조 14) 상중에 있는 심의겸이 누이 인순왕후를 출사시켜 권세를 잡으려 한다는 소문이 돌고 있었다. 이를 들은 정인홍은 심의겸을 탄핵하려고 했다. 당시 대사헌 이이는 정인홍이 심의겸을 탄핵한다는 말을 듣고 상소문의 초고를 불러주면서 일이 크게 번지는 것을 막고자 했다. 이이의 의도와는 달리 정인홍은 심의겸이 사류를 규합하여 세력을 양성한다는 말을 상소에 추가했다. 더 나아가 심의겸에게 아부한 자로 윤두수, 윤근수, 정철 등을 지목했다. 이 일로 인해 동인들은 정철을 집중 공격했다. 이이의 두둔에도 정철은 낙향을 했다.

1583년(선조 15) 4월 경안군 요는 유성룡, 이발, 김효원, 김응남을 동인의 괴수로 비판했고, 조정의 의논을 안정시킨다는 계책으로 이들 4인을 모두 외직으로 보내자고 건의했다. 경안군 요의 건의에 따라 유성룡은 7월 함경도관찰사에 제수되었다. 이때 이이는 경안군 요의 배후 조종자로 지목되었다. 1583년 여진족 니탕개가 함경도 종성을 공격한 사건이 발생했다. 당시 병조판서 이이는 급박한 상황에서 출전을 명령했다. 그러나 사헌부와 사간원에서는 국왕의 윤허 없이 출진명령을 내린 이이를 공격했다. 이이는 사직하고자 했으나 선조는 이를 윤허하지 않았다. 동인인 박근원, 송응개, 허봉 등이 중심이 되어 이이를 공격했다. 동인들의 맹렬한 공격을 받은 이이는 병조판서에서 사직하고자 했으나, 선조는 이를 윤허하지 않았다. 동인들은 박순과 성혼 등 서인의 중진까지도 공격했다. 이후 조정에서는 이이에 대한 동정론이 확산되었고, 성균관 유생과 동인인 김우옹까지도 이이를 변호했다. 결국 선조는 여론을 반영하여 송응개, 박근원, 허봉을 각각 회령, 강계, 갑산으로 유배시켜 사태를 마무리지었다. 이를 계미삼찬이라고 한다.

『서애집』「연보」에는 당시 유성룡의 불편한 심기가 그대로 드러난다.

> 5월에 휴가를 얻어 어머니를 가 뵈었다. 동서의 당론이 처음 일어날 때부터 선생은 깊이 우려하여 뜻을 같이 하는 여러 사람들과 힘껏 평화롭게 진정시킬 계획을 세웠으나 끝내 뜻대로 할 수가 없었다. 이때에 이르러 붕당으로 편 가르기가

더욱 심해서 서로 편들고 후원하고 있었다. 선생은 조정에 있는 것이 즐겁지 않았기에 어머니의 병을 이유로 시골에 머물러 있었다.

위의 내용에서도 알 수 있듯이 유성룡은 동인과 서인 간의 싸움을 진정시키려고 했으나 뜻대로 할 수 없었다. 결국 붕당 간의 대립이 격화되는 상황에 실망하여 어머니를 찾아뵙는다는 구실로 조정을 떠나 향리에 머물렀다. 고향 하회에 머물면서 유성룡은 다음과 같은 시를 지었다.

내 마음 아직도 기억이 생생한데
세상 일 망망해서 책할 수도 없다네
강리 꺾어 먼 사람에게 보내고 싶지만
하늘 가득 비바람 쳐 서루에 기대 있네

하늘 가득 비바람 친다는 것은 유성룡이 당시 어지러운 정국을 비유한 표현임을 알 수 있다.

동인과 서인간의 당쟁이 격화되는 상황에서 유성룡은 조정에서 비껴나 있었다. 유성룡은 명분을 내세워 과감한 논리를 펴는 이이와 달리 대체로 양극단을 피하고 중을 취하는 '집기양단'의 자세를 견지했다. 유성룡은 이이의 주장과 경장론을 위험시하고 급진적

이라고 경계했다. 반면 이이는 유성룡이 재주는 뛰어나면서도 때로
는 이해에 흔들린다고 비판했다. 훗날 선조는 정응태 무고 사건으
로 논란이 한창일 무렵 유성룡이 사직 상소를 올리자, 처세를 비판
하기도 했다.

유성룡은 자신에게 제기되는 혐의가 있으면 상소를 올려 사직
을 청하는 경우가 많았다. 이와 같은 그의 처세를 두고 비판을 하기
도 하지만, 당시의 정국 속에서 유성룡의 정치적 위치나 역할은 그
다지 크지 않았다. 임진왜란 동안 유성룡이 보여줬던 전시 재상으
로서의 역할을 보면 그의 처세에 대해서는 비판할 것만 아니라 생
각된다.

불행한 가족사

(1) 유성룡이 가슴에 묻은 첫 아들, 유위

유성룡과 전주 이씨는 혼인한 지 17년 만에 아들 유위를 얻었
다. 첫 아들인 유위는 외가에서 크고 자랐다. 유위가 태어난 후 유
성룡은 이조좌랑에 제수되었다. 유성룡과 전주 이씨는 연이어 아들
넷을 낳았다. 하지만 유성룡이 44세가 되던 1585년 유위가 열 살이
라는 어린 나이에 세상을 떠났다. 유위에 대해서는 별다른 기록이
남아 있지 않아, 사인死因이나 당시의 상황을 정확하게 알 수는 없
다. 다만 『풍산유씨세보』에 유위는 계유년에 태어나 을유년에 사망

했고, 묘는 광주목 광수산에 있으며, 아버지 유성룡이 쓴 광기가 있다고 기재되어 있다.

(2) 유성룡의 아내, 전주 이씨의 삶과 죽음

예나 지금이나 혼인은 여성의 삶에서 중요한 전환점이다. 특히나 전근대 여성은 특별한 사회 활동을 할 수 없었기 때문에 혼인은 일생 중 가장 큰 통과의례라 할 수 있다. 유성룡은 열 일곱 살에 광평대군의 후손인 이경의 딸과 혼인을 했다. 두 사람은 1542년 생으로 동갑내기였다. 조선 중기까지 조선의 혼인 풍습은 여자가 혼인후 남편의 집으로 가지 않고 자신의 집에 그대로 머물러 살았다. 유성룡과 전주 이씨 부부의 혼인 생활에 대한 구체적인 내용은 알 수 없다. 유성룡과 혼인한 전주 이씨도 시댁으로 가지 않고 자신이 살던 광수산 친정집에 살았을 것으로 생각된다. 유성룡은 과거 공부를 위해 서울과 고향인 하회를 오가며 생활했고, 문과 급제 후에는 대체로 서울에서 생활했을 것으로 보인다.

유성룡과 전주 이씨 부부는 딸 둘을 낳았고, 1575년 첫 아들 유위를 낳았다. 1578년에는 유여, 1580년에는 유단, 1582년에는 넷째인 유진이 태어났다. 마흔 넷의 나이에 유성룡과 전주 이씨는 큰 아픔을 겪어야만 했다. 1585년 첫 아들 위가 세상을 떠나고 만 것이다. 『서애집』「연보」에는 1585년 아들 위가 죽었다고만 기록되어 있다. 이때 유성룡이 상소를 올려 퇴직하기를 청했다는 기록에서 아들을 잃은 아버지 유성룡과 어머니 전주 이씨의 비통함이 느껴지는 듯하다.

아들을 잃은 슬픔이 컸던 탓일까? 전주 이씨는 첫 아들 위가 떠난 지 4년 만인 1589년(선조 22) 7월 15일 향년 48세의 나이로 사망했다. 전주 이씨는 남편에게 작별 인사도 하지 못한 채 어린 아들 셋을 남기고 세상을 떠났다. 당시 유성룡은 휴가를 얻어 안동에 있는 어머니를 문안하고 조정으로 돌아오는 길에 부인의 부고를 전해 들었다. 9월 유성룡은 안동으로 떠나는 부인의 상여를 전송하고 다시 조정으로 돌아왔다. 당시 일본에서 사신이 와 있어 통신사를 물색하느라 일이 많아 유성룡은 휴가를 얻지 못하는 바람에 안동으로 떠나는 부인의 상여를 전송하고 다시 조정으로 돌아와야만 했다. 전주 이씨는 안동부 서쪽 수동중동에 안장되었다.

(3) 미처 다 피지 못하고 져버린 장남, 유여

유여는 1578년(선조 11)는 유성룡과 전주 이씨 사이에서 둘째로 태어났다. 『풍산유씨세보』를 보면 유성룡의 아들 중 유일하게 서울에서 출생한 것으로 기재되어 있다. 이를 통해 볼 때 유성룡이 홍문관 응교로 재임하고 있던 시절인 서른일곱의 나이에 둘째 유여를 얻은 것을 알 수 있다. 유여가 일곱 살이 되던 해 형인 유위가 죽었다. 유여보다 세 살 위였던 유위는 10여 년의 짧은 생을 마감했다. 형인 유위가 어린 나이에 세상을 떠나자, 둘째 유여는 풍산 유씨 집안의 장남 역할을 해야만 했다. 그런 그에게 또 다른 시련이 찾아왔다. 형이 죽은 지 4년 만에 어머니 전주 이씨마저 세상을 떠난 것이다. 어린 유여에게는 너무 가혹한 현실이었다.

이후 유여는 남양 홍씨와 혼인한 뒤, 관직 생활을 이어가다 1598년(선조 31) 아들 유원지를 낳았다. 당시는 임진왜란이 막바지에 이르렀을 무렵으로, 아버지 유성룡은 주화오국 혐의로 인해 북인에게 탄핵을 받았다. 유성룡이 처한 정치적 위기의 순간에 손자 원지가 태어난 것이다. 유여가 1598년 10월 아들 원지를 얻은 지 한 달 만에 아버지 유성룡이 파직되었다. 영의정으로 전란 정국을 이끌었던 아버지는 주화오국의 간사한 인간이 되어 고향 하회로 돌아왔다.

1601년 한 해에 유성룡의 형 유운룡, 어머니 안동 김씨가 연이어 별세했다. 1604년(선조 37) 3월 유성룡의 관직은 복구되었고 부원군에 제수되었다. 호성공신 2등에 녹훈되었다. 유성룡의 고난이 끝날 것 같은 기운이 들던 그때, 장남 유여가 이듬해인 1605년 28세의 젊은 나이로 세상을 떠났다. 그의 죽음과 관련해서도 별다른 기록이 없어 당시 상황을 정확히 알 수는 없다. 다만 1605년 4월 24일 아들 여가 죽자, 유성룡은 제문(죽은 이를 추모하는 글)과 행장(죽은 이의 행실을 간단하게 적은 글)을 지어 아들의 죽음을 애도했다. 당시 유성룡의 나이는 예순 넷으로 마흔 넷에 첫째 위를, 마흔여덟에 부인 전주 이씨를 묻고, 고향으로 돌아온 후에는 형과 어머니의 상을 연이어 치러야 했다. 그런데 설상가상으로 장남 유여마저 세상을 떠나고 말았다. 유성룡은 아버지로서 두 아들을 먼저 저 세상에 보냈다. 『서애집』「연보」에는 1605년 4월 24일 큰 아들 여가 죽었다고 기록되어 있다. 첫째 아들 위가 있었지만, 열 살에 요절했기 때문에 여를 장남으로 생각했던 것이다.『풍산유씨세보』에는 유성룡의 부인 전주 이씨가 3남 2녀를 얻었다고 기록되어 있다. 원래 유성룡의 첫 아들인 위가 요절하여 여가 장남으로서 역할을 했고, 그의 아들 원지가 가계를 계승했다. 유성룡은 개인적으로 문과에 급제하여 3정승을 모두 역임하면서 관료로서 화려한 이력을 갖추었으나, 아버지로서는 두 아들을 자신보다 먼저 보내야 하는 아픔을 겪기도 했던 것이다.

풍산 유씨
이야기

　풍산 유씨의 시조는 유절인데, 고려조에 호장을 역임했다. 풍산 유씨의 중시조는 유난옥으로 종9품 장사랑의 품계를 받았다. 그의 아들 유보는 검교와 예빈경을 지냈다. 유보의 아들 유종혜는 조선 조정에 출사하여 공조전서를 역임했다. 그가 풍산 하회에 들어온 후 그의 후손이 대대로 살아왔다. 유종혜의 아들 유홍은 세종조에 좌군사를 역임했다. 유홍의 아들 유소는 충무위 부호군을 역임하고, 통훈대부 사복시 정에 증직되었다. 그는 안동 권씨 사이에서 장남 유동, 차남 유온, 삼남 유자위, 사남 유자원, 오남 유자연, 육남 유자전, 칠남 유자장을 두었다. 그 가운데 차남 유온이 유성룡의 고조부다.

　유성룡의 증조부인 유자온의 자는 직이이고, 1474년(성종 5) 초시에서 진사에 합격했다. 창원교수를 역임하였고 자헌대부 이조판서에 증직되었다. 그의 아들 유공작은 간성군수를 역임했고 통훈대부의 품계를 받았다. 유성룡은 조부의 근무지인 간성 향교에서 향시를 준비하기도 했다. 이후 숭록대부 의정부 좌찬성 겸 판의금부사에 증직되었다. 유공작의 아들 유중영의 자는 언우이고, 호는 입암이다. 1540년(중종 35) 식년시 문과에 급제하여 유신(충주) 현감을 역임했는데, 어린 시절 유성룡은 어머니 전주 이씨와 함께 아버지를 찾아뵈었다. 유중영은 의주목사와 정주목사를 역임하기도 했는데, 의주는 명나라와 국경을 맞댄 곳으로 그의 학문과 외교적 감각을 키워주었던 곳이기도 했다. 유중영은 황해도관찰사를 역임했고, 사후 순충적덕 보조공신의 공신호를 받았고 대공보국 숭록대부의 품계를 받았다. 또한 의정부 영의정 겸 영경연홍문관예문관춘추관 관상감사 세자사 풍산부원군에 증직되었다. 그는 안동 김씨 사이에 2남을 두었는데 장남이 유운룡이고, 차남이 유성룡이다. 유운룡의 자는 응현이고 호는 겸암이다. 어려서부터 이황의 문하에서 수학했고, 인동현감과 원주목사를 역임했다. 사후 가선대부 이조참판에 증직되었다. 1720년(숙종 46) 풍기 우곡서원에 배향되었다. 문집으로 『겸암집』 2권이 있다.

유성룡은 1542년(중종 37) 17세에 동갑내기 전주 이씨와 혼인했다. 그는 전주 이씨와의 사이에서 4남을 두었는데, 유위, 유여, 유단, 유진이다. 유위는 12세에 요절했다. 유위가 일찍 요절함에 따라 유여가 장남의 역할을 하고 가계도 유여와 그의 아들 유원지가 계승했다. 유여의 자는 길보다. 장수도찰방을 역임하고 통덕랑의 품계를 받았다. 이후 가산대부 사헌부장령에 증직되었다. 유여는 28세에 죽었는데, 유성룡은 유위와 유여 두 아들을 먼저 보내는 아픔을 겪었다. 이에 유성룡이 지은 행장 및 행년기가 있다. 차남 유단은 자가 숙정이고 호는 도암이다. 1609년(광해군 1) 기유 증광 진사시에 합격했다. 세사익위사 세마를 역임하고 충의교위의 품계를 받았다. 후에 조봉대부 사헌부 부장령에 증직되었다. 삼남 유진의 자는 계화고 호는 수암이다. 사헌부 지평과 합천 군수를 역임했다. 후에 이조참판에 증직되었고 병산서원에 배향되었다. 문집으로 『수암집』이 있다.

유성룡의
사람들

유성룡 인생의 스승, 이황

1562년은 유성룡의 생애에 큰 분기점이 된 한 해였다. 이황의
문하생이 되어 도산서당에서 수개월 동안 머무르면서 『근사록』 등
을 공부했다. 유성룡은 동문수학한 김성일, 조목과 함께 이황의 문
인으로 3명의 뛰어난 제자로 평가받았다. 그는 1563년(명종 18) 과거
1차 시험인 초시에 합격했는데, 이황은 제자의 초시 합격 소식을
전해 듣고, '유성룡은 빠른 수레가 길을 나선 듯하다'라고 상찬했
다. 『광해군일기』에 수록된 유성룡의 졸기(죽은 이에 대한 평가)에는 다
음과 같은 기록이 있다.

> 유성룡은 타고난 자질이 총명하고 기상이 단아했다. 어린 나
> 이에 퇴계 선생의 문하에 종유(뛰어난 인물과 함께 지냄)하여 예로
> 써 자신을 단속하니 보는 사람들이 그릇으로 여겼다.

유성룡이 이황 문하에서 수학했던 기간은 1년 남짓에 불과했
다. 그럼에도 이황은 유성룡의 학문적 자질을 알아보았고, 25세에
과거에 급제하여 관직에 나갔다. 유성룡은 이황이 작고한 뒤「도

산」이란 시를 지를 지어 스승을 추모했고, 1600년(선조 33) 1월 이황의 연보를 편찬하기도 했다.

서인의 주도로 편찬된 『광해군일기』 유성룡 줄기에는 퇴계 문인 가운데 유성룡, 김성일, 조목을 영수로 삼았다는 기록이 있는데, 이는 서인도 이들 세 명을 퇴계 문인의 3고제로 평가했음을 보여주는 것이라 할 수 있다. 이황의 사후 그의 문인들은 스승의 문집 및 저술의 간행과 원향(서원 건립 때 위패를 모시는 것)과 현창(밝게 나타나거나 나타냄) 등의 사업을 진행하는 과정에서 대립하게 되었다. 그 대표적인 것이 유성룡과 조목 간의 주화오국 논쟁과 『퇴계집』 편찬을 둘러싼 시비였고, 유성룡과 김성일의 문인들이 대립했던 병호시비였다.

유성룡을 스승으로 모신 정경세

유성룡과 정경세의 인연은 상주 목사였던 유성룡에게 18세인 정경세가 사사하면서 시작되었다. 1580년부터 정경세는 유성룡으로부터 예학과 경세론 등을 배웠다. 그는 1607년(선조 40) 유성룡이 사망하기까지 근 30여 년 동안 학문적 유대를 지속해왔었다. 유성룡이 상주목사로 재임했던 것은 불과 8개월이었지만, 그는 상주에서 유학을 진흥하는 데 많은 기여를 했다. 김호종의 연구에 의하면, 상주와 함창 지역 유성룡의 문인은 모두 25명에 달했다. 25명의 문인 중 정경세의 유성룡에 대한 경애심과 존경심은 대단했다. 그는 스승인 유성룡을 얼음을 담은 옥병, 가을밤에 뜨는 달, 정련된 쇠, 아름다운 옥으로 비유하면서 칭송할 정도였다. 유성룡이 상주 목사로 재임하고 있던 시절은 정경세에게 스승을 통해 퇴계의 학문을 접할 수 있는 기회이기도 했다. 정경세는 스승인 유성룡을 학문적 지표로 삼아 사승 관계를 이어나갔다. 그는 유성룡의 사후에 서애 문인의 수장으로서 문집 간행과 원향 등의 현창사업을 주도했다. 1620년 유성룡과 김성일의 여강서원 배향을 실현시키기도 했다. 이를 통해 그는 이황과 유성룡의 학문적 전통을 계승한 문파의 정식 후계자로 자리매김할 수 있었다.

동문수학한 동지, 김성일

김성일은 유성룡보다 4살 연상으로 퇴계 문하에서 수학했다. 문과에 급제하여 출사했고 여러 관직을 두루 역임했다. 유성룡은 도산 서당에서 수학하면서 김성일을 찾아 교유 관계를 맺었다. 유성룡이 나이는 어렸지만 문과에 급제하여 출사한 것은 김성일보다 빨랐다. 둘은 퇴계 문인이면서 정치적으로는 남인 동지였다. 특히 임진왜란 전 조선 조정이 일본에 통신사를 파견할 때, 김성일은 통신부사로 일본을 다녀왔다. 그는 일본에서 돌아온 후 정사인 황윤길의 복명과 달리 전란의 조짐을 보지 못했다고 보고했다. 이로 인해 조정은 둘로 나뉘었다.

김성일은 황윤길의 복명 보고가 인심을 동요하게 한다고 했다. 통신사의 복명 보고 후 조정의 논의는 분분하였지만, 왜변에 대한 대비 차원에서 하삼도에서는 축성 공사가 진행되었다. 김성일은 조정에서 시행하는 축성 공사에 대해서도 반대 의견을 분명히 했다.

홍문관 부제학이었던 김성일은 축성 공사의 필요성은 인정하면서도, 축성 시기와 완성도에 있어서 제대로 시행되지 않는 것을 비판했다. 김성일의 축성 반대와 전란이 일어나지 않을 것이라는 보고는 임진왜란이 일어나면서 큰 논란을 야기했다. 선조는 경상우도병마절도사로 재직하고 있던 김성일의 압송을 명했다. 선조는 김성일이 잘못된 복명 보고를 하여 전란에 대비하지 못했다는 책임론을 제기했다. 유성룡은 김성일을 변호하면서, 선조에게 그의 충심만은 알아달라고 했다. 일본군이 신속하게 북상하고 있는 상황에서 선조는 김성일을 경상우도초유사로 삼아 민심을 수습하고 의병활동을 독려하도록 했다.

경상우도 초유사로 임명된 김성일은 경상우도의 의병 활동을 독려했고, 의병장들에게 지휘권을 부여하고 지휘 체계를 확립할 수 있도록 했다. 그는 경상우도에서 관군과 의병 간의 관계를 잘 조정하여 전투력을 높일 수 있도록 했다. 그의 초유 활동이 성과를 보이면서 의병장들의 거병이 이어졌고, 여러 전투에서 승전을 올리기도 했다. 김성일의 활동 덕분에 경상우도의 민심은 안정되어갔다. 김성일의 경상우도 초유사 활동은 제1차 진주성 전투의 승전으로 이어지기도 했다. 초유 활동을 지속하던 김성일은 1593년 4월 역병에 걸려 진중에서 사망했다. 임진왜란 초기에 보여준 김성일의 초유 활동은 그에게 제기된 전란 책임론을 불식시키는 데 중요한 요인이 되었다.

동네 친구이자 전쟁 영웅, 이순신

유성룡과 이순신은 유년 시절에 한 동네에서 뛰어놀던 죽마고우였다. 유성룡은 이순신에 대해 누구보다 잘 아는 사람이었다. 『징비록』에 기술된 인물 중 이순신에 대한 기록이 가장 많다. 『징비록』에는 이순신의 가계와 그의 무관으로서 관직 생활 그리고 이순신의 해전이 상세하게 기술되어 있다. 유성룡이 『징비록』의 본문을 끝맺는 글 역시 이순신에 대한 것이었다.

이미 잘 알려져 있다시피 유성룡은 임진왜란이 일어나기 전 이순신을 전라좌도수군절도사에 천거했다. 그가 이순신을 전라좌수사로 추천한 것을 두고서 조정에서는 논란이 일어났다. 유성룡의 지우知友인 김성일조차 정6품 정읍 현감이었던 이순신을 종2품인 전라좌수사에 제수하는 것을 관직의 남용이라고 비판할 정도였다. 그럼에도 불구하고 이순신은 유성룡의 추천으로 전라좌수사로 부임했다. 전라좌수사로 부임한 이순신은 무기 준비와 거북선 건조 그리고 군사 훈련을 통해 철저하게 전란에 대비했다. 준비된 지휘관이었던 이순신은 일본과의 해전에서 모두 승전했다. 『선조실록』 기사에 보면 한산도 해전의 승전보가 조정에 전해졌을 때 기뻐서 날뛰지 않은 자가 없을 정도였다고 기록되어 있다. 유성룡의 이순신 천거는 임진왜란 전에 시행했던 어느 정책보다 성공한 것이었다.

유성룡은 전라좌수사로 부임한 이순신에게 『증손방수전략』이라는 병서를 보내주기도 했고, 전란 중 장계 외에도 비공식적인 편지를 여러 차례 주고받았다. 유성룡은 이순신과 지속적인 서신 왕래를 통해 전라좌수영 및 통제영의 상황을 정확하게 파악할 수 있었다. 『난중일기』에는 유성룡이 죽었다는 꿈을 꾸고 난 후 이순신이 유성룡의 안위를 걱정하는 내용이 실려 있다. 또한 『서애집』에도 유성룡이 이순신에게 보낸 편지가 수록되어 있다.

여해 이순신에게 줌

무더운 바다에서 그대께서 평안하신지 우러러 생각합니다. 명 수군 제독 진린도 그곳에 합세하여 진을 치려고 하니 호응하는 계책과 군량을 징발 수송하는 모든 일은 오로지 영감의 선처만 믿습니다. 바라건대 모름지기 한마음으로 협력하여서 큰 공훈을 이루십시오. 도감의 포수 1백 명이 내려가는 편에 안부를 묻습니다. 바라건대 오직 나라를 위해 몸을 보살피십시오.

위의 편지는 정유재란기 유성룡이 이순신에게 보낸 편지로, 조명연합수군이 연합하여 일본군을 격퇴해줄 것을 당부하는 내용이다. 유성룡과 이순신은 문관과 무관으로 그 역할과 임무는 달랐으나, 정치적 운명을 함께하는 사이였다. 공교롭게도 1598년 11월 19일 이순신이 노량 해전에서 전사하던 날에 유성룡도 파직되었다. 유성룡은 이순신의 전사 소식을 전해듣고 그의 죽음을 애도하는 시

를 쓰기도 했다. 유성룡은 『징비록』을 저술하면서 이순신에 대해서
는 상당히 자세하게 다루었다. 『징비록』으로 인해 이순신은 임진왜
란에서 지워지지 않을 영웅으로 부각되었다. 특히 유성룡은 이순신
의 한산도 대첩을 전세를 역전시킨 전투, 명에 구원병을 요청하는
외교를 가능하게 했던 최고의 전투로 평가했다. 유성룡에 의해 이
순신은 임진왜란이 회자되는 한 지워지지 않을 영웅으로 평가되었
던 것이다.

학행과 덕행의 추모공간,
병산서원

서원의 설립

서원은 선현에 대한 제사를 지내면서 학생을 가르치는 기능이
결합된 교육기관이다. 서원은 관학인 향교를 대신하는 새로운 교육
기관으로 설립되었는데, 이는 당시 사림들의 시대적 요구가 반영된
결과이기도 했다. 조선시대에는 '일읍일교'의 원칙으로 모든 고을
에 향교가 설립되었다. 관학인 향교는 본래 향촌민의 교육과 교화
의 기능을 담당했다. 그러나 15세기 이후 관학이 쇠퇴하면서 향교
는 점차 교육의 기능을 상실했고 유생들로부터 외면을 받았다. 관
학을 진흥하는 것은 수령의 중요한 임무 중 하나였으나, 관학은 쇠
퇴해가는 반면 사학은 관학의 결점을 보완하여 발전했다.

1541년(중종 36) 주세붕은 풍기 군수로 부임하면서, 문묘를 참배
했다. 그가 참배한 풍기의 문묘 상황은 참담했다. 대들보와 기둥이
무너져 있었다. 그는 무너진 대들보와 기둥이 위패를 누를 것 같다
고 했다. 문묘에는 학사와 명륜당도 없었다. 심지어 문묘에 식수를
구할 우물도 목욕을 할 수 있는 개울도 없었다. 주세붕은 본래의 기
능을 할 수 없는 향교를 복구하는 대신 1543년(중종 38) 경상도 관찰

사, 풍기의 사람, 관속들의 협조를 얻어 중국의 서원을 모방한 학교를 설치했다. 이것이 우리나라 최초의 서원인 백운동서원이다.

조선의 서원과 그 제도는 주세붕에 의해 시작되었지만, 서원을 조선 사회에 보급·정착시킨 것은 이황이었다. 그는 향촌의 선비 자제들에게 주자학적 정치 이념과 학문 체제를 배울 수 있는 교육기관으로 서원을 주목했다. 그는 풍기 군수에 있으면서 백운동서원의 사액을 청원하여, '소수'라는 사액을 받아냈다. 사액은 서원이 교육기관으로서 국가적 승인을 받은 것이었고, 사설 교육 기관으로 독자적인 활동이 허용되었음을 의미하는 것이다. 이후 풍기 사람들은 적극적으로 서원 운영에 참여했고, 이후 소수서원은 풍기 사람들의 향촌 기구로 변화되기도 했다.

병산서원

병산서원은 1613년(광해군 5) 유성룡의 학문과 덕행을 추모하기 위해 건립된 서원이다. 고려 말 풍산현에 있던 병산서당이 발전하여 병산서원으로 발전한 것이다. 병산서원은 존덕사와 강당인 입교당, 기숙사인 동재와 서재로 구성되어 있다. 1620년(광해군 12) 유성룡의 위패를 여강서원으로 옮기자, 1629년(인조 9) 유성룡의 문인들은 존덕사에 별도의 위패를 모셨는데, 이때 유성룡의 삼남 유진의 위패가 추가 배향되었다. 1863년(철종 14) '병산'이라는 사액을 받았고, 1868년(고종 5) 흥선대원군의 서원철폐령에도 불구하고 훼철되지 않았다.

이황과 퇴계 학맥의 분화 그리고 갈등(병호 시비)

이황은 1560년(명종 15)년 도선서당을 짓고 서당에 기거하면서 수양과 독서 그리고 저술에 전념했다. 또한 많은 제자들을 양성했다. 그 대표적인 인물로 유성룡, 김성일, 김언기, 조목, 정구, 장현광 등이 있다.

1562년(명종 17) 유성룡은 이황을 문안하고 수개월 동안 머물면서 『근사록』을 배우기도 했다. 한편 김성일과 동생 김복일은 소수서원에서 글을 읽었는데 1556년(명종 11) 이황에게 나아가 가르침을 받았다. 이황 사후에 정구, 김성일, 조목 등은 스승의 학통을 계승했다.

이황의 학문을 제자들이 계승했지만 반드시 스승의 학설을 따랐던 것만은 아니었다. 정구의 제자인 장현광은 영남에서 많은 문인들을 거느리고 있으면서 이이의 사단 칠정론을 수용하기도 했다. 이황 사후 그 제자들을 중심으로 퇴계 학파는 분화했다. 또한 퇴계의 문인들은 각각 학문 경향에서도 차이를 드러냈고, 현실 문제에 대응하는 것도 차이가 있었다. 유성룡과 김성일의 문인들은 인조반정 이후 서인 정권에 대해서도 서로 다른 현실 인식을 갖고 있었다. 김성일의 문인들을 중심으로 한 호파는 서인 정권의 정통성을 부정했고, 명분 논쟁을 통한 정권 교체를 추구했다. 반면 유성룡의 문인들인 병파는 서인 정권의 기득권을 부정하면서 공존을 보장하는 견제 체제를 유지하고자 했다. 이처럼 퇴계 문인들 내에서도 서인 집권에 대한 현실 인식은 전혀 달랐지만 그들은 퇴계 문인이라는 동류의식을 갖고 있었고, 공동의 이익에는 협조했다.

퇴계 문인 내부에서 잠재되어 있는 갈등이 표면화된 것은 1620년 여강서원(뒤에 호계서원)에 주향인 퇴계와 함께 김성일과 유성룡의 위패를 봉안하면서 시작되었다. 즉 주향(위패 중 의뜸)인 퇴계와 함께 유성룡과 김성일의 위패를 나란히 봉안할 때 누구의 위패를 좌, 우에 놓느냐는 문제가 발생했다. 서원에 한 사람의 위패를 봉안한다면, 위패의 주인공이 바로 주향을 의미하고, 병향은 주향과 함께 위패를 모신다는 것을 말한다. 서원이 학자의 덕행과 학문을 추모하기 위한 공간이라는 것에서 본다면, 제자의 위패가 스승의 위패를 모신 서원에 함께 봉안된다는 것은 스승의 학문을 계승한 것으로 평가받는다는 것을 의미한다. 스승과 함께 위패가 봉안된다는 것만으로도 문중과 제자들에게는 영광스러운 일이었다. 그러나 배향되는 인물의 위패가 복수일 경우 어떤 제자의 위패가 주향인 스승의 위패 좌, 우에 놓이느냐를 두고 시비가 발생하기도 했다. 왜냐하면 배향 중 좌측에 모셔진 위패가 더 높다고 인식되었기 때문이었다. 좌측을 우선한 것은 『주역』에서 양을 좌, 음을 우라고 한 것과 관련이 있다고 한다. 병호시비는 배향에서 누구의 위차를 좌측에 둘 것인가를 두고 병파와 호파가 다툰 것이었다.

서원이 설립되었을 초기에는 모시는 선현은 사림의 모범이고 선비들의 본보기가 될 만한 주자학자들이었다. 서원 설립 초기에 제향된 인물들은 대부분 당대에 학자로 존경을 받는 인물들이었다. 이러한 분위기 속에서 위차의 기준으로 주자학이 우선시되었음은 물론이다. 그러나 16세기 이후 서원이 증가하면서, 제향하는 사람도 당대의 명현이 아닌 향현이 많아졌다.

이후 서원은 강학과 교육 기능보다는 선현에 대한 제사가 보다 강조되면서, 서원의 기능도 제례 위주로 변화되었다. 이제 서원은 가문과 문생, 당색의 경쟁 수단으로 변화화였다. 위차의 기준도 주자학이 아닌 세대로 변화되어 갔다. 위차의 기준을 주자학의 정도라는 것으로 하는 것은 합리적이기는 하지만 매우 주관적이기도 했다. 위차의 시비가 벌어졌을 때 후손과 문인들이 도학의 기준에 따라 자신의 선조나 스승의 학문적, 도덕적 우월성을 양보할 수도 없었다. 따라서 객관적으로 드러나는 나이에 따라 위차를 정하는 것도 시비에 대한 나름의 해결책이기도 했다.

위차 시비는 조선 후기 서원이 증가하는 상황에서 더욱 늘어날 수밖에 없었다. 위차 시비는 자신의 선조와 스승에 대한 학문적 위상을 확인하는 것이기 때문에 절대로 양보할 수 없는 것이다 보니, 갈등의 당사자들이 해결해야만 하는 문제였다. 병호 시비를 해결하기 위해 유성룡과 김성일 중 누가 도학이 뛰어난지를 판단하는 것은 대단히 어려운 문제였다. 그렇다고 배향의 위치를 서로 양보할 수도 없는 노릇이었다. 서애의 문인들은 김성일보다 관직이 높음을 주장했고, 학봉의 문인들은 김성일이 유성룡보다 4살 연상이라는 점을 강조했다. 위차 시비의 기준이 도학에서 대로 변화하는 것에서 본다면 유성룡보다 4살 연상인 김성일을 주향인 이황의 위패 좌측에 두어야 하지만, 서애 문인들은 이것을 받아들일 수 없었다.

결국 호계서원의 배향 위차를 둘러싼 병호 시비는 서애의 문인인 정경세의 중재로 유성룡을 좌측에 김성일을 우측에 두는 것으로 결정되었다. 그러나 이 병호 시비는 조선 후기 내내 계속되었고, 대원군조차 이 문제를 해결하지 못할 정도였다. 병호 시비는 처음에는 문인들이 중심이 되어 대립하였으나, 후기로 갈수록 후손들 간의 대립으로 점철되었다.

조선이 멸망한 후에도 병호 시비를 둘러싼 서애와 학봉 문중 간의 대립은 최근까지도 이어져 내려왔다. 400여 년을 지나도 해결하지 못했던 병호 시비는 2013년 경상북도와 안동시의 중재로 이황 왼쪽에 유성룡의 위패를 두고, 오른쪽에는 김성일과 이상정의 위패를 배향하는 것으로 일단락되었다. 이처럼 배향의 위치를 둘러싼 시비는 서원의 교육적 기능과 사회적 의미가 다르게 변모했음을 보여주는 것이라 할 수 있다.

제3장

임진왜란 당시 동아시아 3국 정세

임진왜란 전후의 일본과 조선의 상황

1585년 7월 일본 도요토미 히데요시는 관백이 된 직후부터 명을 정복하겠다는 포부를 밝혔다. 그는 1587년 시마즈 세력을 복속하고 규슈를 평정한 계기로 동아시아 정복 구상을 보다 구체화하려고 했다. 히데요시는 쓰시마 도주인 소씨를 조선에 파견했다. 히데요시는 사신 파견을 통해 조선 국왕의 알현을 실현시키고, 만약 알현을 하지 않을 경우 조선을 정벌한다는 생각을 갖고 있었다. 히데요시는 조선이 쓰시마에 복속되어 있는 상태라고 생각했는데, 그의 국제 질서에 대한 잘못된 정보와 인식이 전쟁을 도발하는 한 요인이 되었다.

거듭된 일본의 요청에 따라 선조는 1590년(선조 23) 정사 황윤길, 부사 김성일, 서장관 허성을 일본에 파견했다. 1591년(선조 24) 3월 일본에 갔던 통신사행이 돌아와 선조에게 귀국 보고를 올렸다. 이 과정에서 서인 황윤길은 전쟁이 일어날 조짐이 있다고 했고, 동인 김성일은 황윤길의 보고가 인심을 동요시킨다고 지적하면서 전쟁은 일어나지 않을 것이라고 보고했다. 통신사로 일본에 다녀왔던 정사와 부사의 엇갈린 보고에 따라 조선 조정의 의견은 둘러 나눠졌다.

전쟁이 일어날 것이라는 우려 속에 선조는 경상도, 전라도, 충청도의 변방 사무를 잘 아는 재신들을 파견하여 군사와 무기 상황을 점검하도록 했다. 또한 이들 지역에 성곽의 축성과 보수를 명령했다. 하삼도의 성곽 축성은 일본군의 침입에 대비하기 위한 조치였다. 그러나 성곽의 축성을 둘러싸고 조야에서 비판이 제기되었고, 축성 공사도 제대로 이루어지지 못한 채 전쟁이 일어났다.

임진왜란의 발발

1592년(선조 25) 4월 13일 일본 제1군 선봉장 고니시 유키나가가 부산진을 공격하면서 임진왜란이 일어났다. 일본군은 부산진첨사 정발과 동래부사 송상현이 지키는 부산진과 동래성을 연이어 함락시키고 북상했다. 일본군의 공격에 조선 관군 장수들은 제대로 된 전쟁도 치르지 못하고 도망했다. 조선 조정은 일본군의 침략 소식을 접하고 이일과 신립을 파견하여 일본군의 북상을 저지하려고 했다. 그러나 상주와 충주에서 조선군이 패하면서 선조는 도성을 버리고 피난길에 올랐다. 일본군은 5월 3일 조선의 도성을 점령했다.

일본군을 피해 도성을 떠난 선조는 개성을 거쳐 평양성으로 들어갔다. 조선군이 임진강에서 일본군의 북상을 저지하지 못하면서, 선조는 평양성을 나와 조선이 명과 국경을 맞대고 있는 국경도시인 의주까지 피난을 가야만 했다. 일본군은 북상을 거듭하여 제1군 선봉장 고니시 유키나가는 평양성을 점령했고, 제2군 선봉장 가토 기요마사는 함경도로 들어갔다. 다급해진 조선 조정은 명에 사신을 파견하여 구원을 요청했다.

이순신의 활약과 의병의 봉기

임진왜란 발발 초기 조선군은 일본군의 공격에 제대로 대처하지 못했다. 그들은 일본군의 기세에 눌려 북상 소식만 듣고도 무너져, 일본군은 손쉽게 경상도의 주요 거점을 점령했다. 일본군은 주요 거점을 지킬 40~100명 정도의 병력만을 남기고 계속 북상했다. 임진왜란 초기 전투에서 일방적으로 밀리던 조선의 반격도 시작되었다. 전라좌수사 이순신은 경상우수사 원균의 구원 요청을 받아 출전했다. 5월 7일 이순신은 옥포에서 다다토라의 일본 수군을 격파했다. 이순신은 이 옥포해전에서 첫 승전을 올렸다. 이순신은 옥포해전을 시작으로 9월 1일 부산해전까지 모두 10차례의 해전에서 승리를 거두었다.

경상우도에서 곽재우와 정인홍, 김면 등이 의병을 일으켰고, 전라도에서 고경명, 최경회 등이 봉기했다. 의병의 봉기는 전국적으로 확산되어 경기도에서는 우성전이 봉기했고, 황해도에서는 이정함이 봉기하기도 했다. 의병과는 별도로 승려로 구성된 의승군도 일본군을 격퇴했다. 의병 가운데는 향촌 방위를 위해 자발적으로 봉기하기도 했으나, 경상우도 초유사 김성일의 초유문을 받은 사족들이 의병을 일으키기도 했다. 이들은 향촌의 각 거점에서 유격전을 통해 일본군의 후방을 교란하여 승전을 거두기도 했다.

명군의 참전과 평양성의 탈환

조선의 구원 요청을 받은 명나라는 1592년 6월 13일 요동진무 임세록을 조선에 파견하여 정세를 파악했다. 6월 요동 부총병 조승훈은 5천 명의 병력을 이끌고 압록강을 건넜다. 7월 명군 부총병 조승훈은 휘하 장수 유격 사유와 함께 고니시 유키나가가 지키고 있던 평양성을 공격했으나 참패했다. 이 전투에서 사유는 전사했다. 조승훈은 평양성 패전의 책임을 조선에 돌렸다. 조승훈의 패전 소식을 접한 명나라 조정도 충격에 휩싸였다. 명 만력제는 송응창을 경략으로 이여송을 제독으로 삼아 재차 구원병을 파견했다. 12월 제독 이여송이 이끄는 4만 명의 명군이 압록강을 건너 조선으로 들어왔다. 1593년 1월 8일 조명연합군은 평양성을 공격하여 탈환했다.

명군은 평양성을 탈환하였으나 전공을 둘러싸고 알력을 벌였다. 제독 이여송은 경략 송응창의 포병부대의 화력지원 없이 일본군을 공격하고자 했다. 퇴각하는 일본군을 뒤쫓아 기세를 올리던 이여송은 벽제관에서 일본군의 매복에 걸려 패하고, 가까스로 목숨을 건져 퇴각했다. 이후 명군 지휘부는 일본과 싸우지 않고 화친을 맺어 전쟁을 끝맺으려 했다. 이른바 명과 일본이 강화 협상에 돌입했던 것이다.

명군 지휘부가 일본과 강화 협상을 벌이기로 결정하였으나 조선 조정은 이에 반대의사를 분명히 했다. 유성룡은 이여송에게 거듭 일본군을 격퇴해줄 것을 요청했으나, 이여송은 갖은 핑계를 대며 진군을 미루고 있었다. 명군이 일본군과 교전을 회피하는 상황에서 전라순찰사 권율은 행주산성을 거점으로 서울을 탈환하고자 했다. 1593년 2월 12일 일본군 총대장 우키타 히데이에는 3만 명의 병력을 이끌고 행주산성으로 향했다. 행주산성에 있던 조선 관민은 일본군의 대대적인 공격을 결사적으로 막아냈다. 이 전투가 임진왜란의 3대첩 중 하나인 행주대첩이다.

명과 일본의 강화 협상

명군 지휘부는 벽제관 전투 패전 이후 절강성 상인 출신인 심유경을 통해 일본과 강화 협상을 추진했다. 일본군과 전투에서 패전하여 전의를 잃은 명군은 일본군과의 교전을 회피했다. 조선 조정이 강화 협상에 대해 반대 의사를 밝혔으나, 명군은 조선 조정에서 협상을 받아들일 것을 강요했다. 그들은 조선이 강화를 받아들이지 않을 경우 군대를 이끌고 돌아가겠다고 으름장을 놓기도 했다.

히데요시는 고니시를 통해 다음과 같은 4가지를 협상 타결의 조건으로 제시했다.

① 명나라의 황녀를 일본의 후비로 삼을 것.
② 감합인(명과 조선에서 공문서의 진위를 판단할 수 있도록 계인을 찍던 일)을 복구할 것.
③ 조선 8도 중 4도를 일본에 넘겨줄 것.
④ 조선 왕자와 대신 12명을 일본에 인질로 보낼 것.

히데요시가 제기했던 협상 조건은 명나라도 받아들 수 없는 것이었다. 협상 조건으로만 보면 강화 협상은 애초부터 가능성은 제로일 수밖에 없었다. 결국 심유경과 고니시 유키나가 사이에 진행된 강화 협상은 히데요시의 요구가 심유경에 의해 변조되어 명나라 조정에 전달되었다. 즉 명에 접수된 강화 협상 조건은 도요토미 히데요시를 왕으로 책봉하고 조공을 허락한다는 것이었다.

선조의 입장에서 강화 협상은 받아들일 수 없었다. 일본군에 의해 조선의 왕릉이 파헤쳐졌고, 자신의 아들인 임해군과 순화군이 가토 기요마사에게 포로로 잡혀 있었기 때문이었다. 선조에게 불구대천의 원수인 일본과 강화를 한다는 것을 있을 수 없는 일이었다. 선조와 조선 조정은 강화 협상에 대해 기본적으로 반대했지만, 명은 조선이 일본과 강화할 것을 압박했다. 초기 강화 협상 기간에는 일본군과 교전이 금지된 상황에서도 국지적인 전투에서 승전한 장수들의 전공이 조정에 보고되기도 했다.

그러나 강화 협상이 장기간 지속되면서 명군에게 지급해야 할 군량미 부담으로 인해 일선 장수가 일본군과 강화를 논의하거나, 지방의 방백이 장계를 올려 강화를 요청하는 일도 벌어졌다. 일본 진영 내에서도 교착상태를 타개할 방안으로 유언비어를 유포했고, 일본군 진영에서 나온 정보가 조선 장수에 의해 선조에게 보고되기도 했다. 선조는 김응서가 올린 장계의 내용에 따라 이순신에게 가토 기요마사에 대한 공격을 명령했고, 이에 응하지 않았다는 것을 문제삼아 이순신을 문책했다. 결국 선조의 경솔한 판단이 칠천량 해전의 패전을 가져왔다.

심유경과 고니시 유키나가 사이에 진행된 강화 협상은 심유경에 의해 변조되어 만력제에게 전해졌다. 명에 접수된 강화 협상 조건은 히데요시를 일본의 왕으로 책봉하고 조공을 허락한다는 것이었다. 명은 일본에 사신을 파견하여 히데요시를 일본 국왕에 봉한다는 책서와 금인을 전해주었다. 히데요시는 자신이 요구한 조건과 다른 결과를 보고 크게 분노했다. 이렇듯 심유경과 고니시가 만력제와 히데요시를 속여가며 4년이나 끌었던 강화 협상은 파탄으로 종결되었다.

정유재란과 전쟁의 종결

강화 협상이 파탄나면서 1597년 남해안에 주둔했던 일본군이 재북상을 시작했다. 울산 서생포에 주둔했던 가토 기요마사는 전라도를 향해 진격하고자 했고, 고니시 유키나가는 수로로 진격하는 일본군과 합세하여 전라도 남원을 공격하고자 했다. 일본군은 칠천량해전에서 원균이 이끄는 조선 수군을 궤멸시켰다. 이제 일본군의 대대적인 전라도 공세가 시작되었다. 일본군은 칠천량 해전의 승전 후 수로와 육로를 통해 남원을 육박해왔다. 총병 양원이 이끌던 명군과 조선군은 일본군의 공격으로부터 남원성을 지켜내지 못했다. 남원성이 함락되자 전주 이북의 지방은 일본군의 공격에 산산이 무너졌다.

그러나 칠천량해전의 승전으로 수로를 타고 북상하려던 일본군의 계획은 다시 좌절되었다. 이순신이 일본군의 북상을 명량에서 저지하면서 일본군의 육로와 수로를 통한 북상은 제동이 걸렸다. 육로를 통해 전라도에 진입한 일본군은 북상하면서 방화와 살육을 일삼았고, 조선인들을 잡으면 코를 베기도 했다.

일본군은 북상하여 직산에 이르렀다. 일본군의 북상에 조선 조정도 재차 몽진을 논의하기도 했다. 1597년 9월 경성에 주둔했던 명 경리 양호와 제독 마귀는 일본군의 북상에 대비하여 평안도 군사 5천여 명과 황해도, 경기도 군사 수천 명을 징발해 한강과 각 창을 방어하도록 했다. 명군은 일본군의 북상을 직산에서 격파했고, 일본군은 재차 남하했다. 가토 기요마사는 다시 울산에 주둔했고, 고니시 유키나가는 순천에, 시마즈 요시히로는 사천에 주둔했다.

일본군이 남하하자, 1597년 12월 경리 양호와 제독 마귀는 기병과 보병 수만 명을 거느리고 경상도로 내려가 울산에 있는 가토 기요마사를 공격했다. 명군이 가토 기요마사를 포위하고 공격을 했으나, 일본군의 강한 저항을 이겨내지는 못했다. 일본군은 성 안에서 성 밑으로 접근하는 조·명 연합군에게 조총을 빗발처럼 쏘아댔다. 일본군이 주둔한 견고한 울산성을 조·명 연합군은 효과적으로 공략할 수 없었고, 결국 일본군의 병력 증원이 지속되면서 명군은 회군하고 말았다.

이 울산성 전투는 전황에 커다란 파장을 불러일으켰다. 군문

형개의 참모관이었던 병부 주사 정응태가 양호를 탄핵했던 것이었다. 정응태의 탄핵으로 1598년(선조 31) 7월 경리 양호가 파면되면서, 조선 조정은 양호를 변무하는 일로 논란이 지속되었다. 이후 명 조정은 양호를 대신하여 만세덕을 파견했다. 1598년 9월 명군 형개는 제독 마귀와 동일원과 유정을 각각 울산, 사천, 순천에 주둔시켜 일본군을 공격하게 했다. 또한 진린은 수로를 맡아 일본군을 공격하도록 했다. 그러나 명군 형개의 계획에 따라 진행된 일본군에 대한 공격은 모두 실패했다. 특히 동일원의 군대는 일본군과의 전투에서 가장 많은 사상자를 내고 말았다.

1598년 10월 제독 유정은 다시 순천에 주둔했다. 이때 고니시는 순천 예교에 성을 쌓고 주둔하고 있었다. 유정이 고니시 유키나가를 압박하고 있었고, 이순신과 진린도 바다에서 고니시 유키나가를 협공하고자 했다. 고니시 유키나가는 사천의 시마즈에게 구원을 요청했다. 이에 이순신은 퇴각하는 일본군과 마지막 일전을 벌였다. 이 전투가 이른바 노량해전으로 이순신은 이 전투에서 전사했다. 그 해 7월 도요토미 히데요시가 죽은 뒤 연해에 주둔했던 일본군들은 본국으로 퇴각하고자 했다. 부산, 울산, 하동 등 연해에 진을 쳤던 일본군도 퇴각했다. 이 노량해전으로 일본군의 침략으로 시작된 7년 동안의 전쟁은 막을 내렸다.

성곽이란
무엇인가?

　성곽이란 외적의 침입을 막기 위한 군사적 목적으로 쌓은 인위적 구조물이다. 성은 성벽 및 성벽에 있는 문루門樓와 각루角樓에 대한 총칭이다. 성벽은 흙이나 돌로 쌓은 벽체와 기타 보조 군사 시설로 구성된 방어선을 말한다. 중국은 고대에 성의 외곽에 별도로 성벽을 하나 더 쌓았는데 이를 곽郭이라고 한다.

진주성 촉석문 문루 - newsis 사진

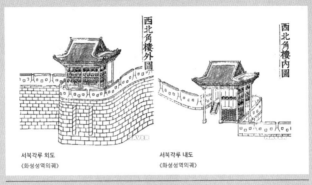

서북각루 외도
《화성성역의궤》

서북각루 내도
《화성성역의궤》

서북각루 외도·서북각루 내도, 「화성성역의궤」

조선의 축성 기법과 활용

조선의 성은 평지성(읍성)과 산성으로 구분해 볼 수 있다. 평지
성은 내륙 지역에 쌓은 읍성으로 수도 한양으로 향하는 적의 침입
을 차단하기 위한 목적으로 축조되었다. 조선의 성은 대체로 돌로
쌓은 석성이 일반적이었다. 가장 구하기 쉬운 재료인 돌을 이용하
여 성을 축조하되, 돌로 쌓은 성벽 안쪽을 잡석과 흙으로 채웠다.
이와 같은 축성법을 내탁內托이라 한다. 세종 때 화약무기에 대한
방어력을 증대시키기 위해 평지성에 부속시설로 옹성·해자·적대敵
臺의 설치를 의무화했다. 성종 조에 들어와서 연해 지방의 진보마
다 군량과 병기를 보관하기 위해 성보를 축조했다. 진보는 진영鎭
營과 보루堡壘를 함께 일컫는 말이고, 성보는 적을 방어하기 위해 성
밖에 임시로 만든 소규모 요새를 말한다.

조선의 평지성은 적의 침입을 효과적으로 저지하고 방어력을

높이기 위해 강을 접하여 축조되었다. 다만 평지성은 성벽의 높이가 낮아 임진왜란 때 일본군이 비루飛樓를 이용하여 성안을 공격할 수 있었고, 사다리를 통해 쉽게 성벽에 오를 수도 있었다.

진주성도

창녕 화왕산성

한편 산성은 산 위에 축조한 것이다. 조선의 산성은 대규모로 높고 험준한 곳에 축조되었다. 대체로 산성은 물이 모자라지 않고, 한꺼번에 많은 수의 주민을 수용할 수 있는 곳에 위치하고 있다. 또한 산성은 적이 넘겨다 볼 수 있는 봉우리가 없는 위치에 축조되었다. 조선의 평지성은 배후에 산을 동반하는 경우가 많아서 산성과 평지성이 서로 호응하여 적을 공격할 수 있도록 축조되었다.

일본의 성곽

일본 근세의 성곽은 아시가키(축벽)의 구축과 덴슈(천수각, 성 중심부인 아성 중앙에 제일 높게 만든 망루)를 특징으로 한다. 일본에 화약무기의 도입은 성곽 축성에도 커다란 변화를 가져왔다. 즉 총기에 견딜 수 있는 성곽이 축조되었다. 일본 성곽에서 가장 주목되는 방어시설은 이시가키이다. 이시가키는 돌을 쌓아 만든 벽 혹은 성채를 말한다. 이것은 건조물 전체의 방어를 위한 매우 중요한 시설이다. 또한 덴슈는 근세 일본 성곽의 가장 특징적인 건축물로 지배자의 권위를 상징하는 것이었다. 덴슈의 높이가 높다는 것은 그만큼 지배자의 권위가 높다는 것을 의미했다.

이밖에 일본의 성곽 주변에는 호리라는 방어시설이 있다. 이것은 한국이나 중국의 전근대 성각에 보이는 방어시설인 해자와 유사한 것이다. 호리는 적과 동물의 침입을 막기 위해 만들어졌다. 호리는 이시가키와 도루이(흙으로 쌓아 올린 성채)와 함께 적의 공격을 방어하기 위한 시설이었다.

히메지성

히메지 성

    히메지성姬路城은 1580년 구로다 요시타카가 도요토미 히데요시에게 헌상한 것이다. 히데요시는 이 성을 대폭 개수했다. 히메지성은 이시가키가 성 전체를 방어하고 있고, 성 내부에는 5층에 걸쳐 영주의 처소를 중심으로 그 주위에 요새화된 복도와 망루, 창고 등을 구비하고 있다. 히메지성의 건축가들은 모든 내부 방어장치들을 고안하고 누구도 감히 공격할 수 없는 성을 축조했다. 이 성은 축조하는 데 9년이란 세월이 걸렸다. 거대한 방 안에는 외부로 나 있는 개부들이 총안의 기능을 하도록 만들어졌고, 3,000명의 사무라이들이 이 성을 지켰다고 한다.

중국의 성곽

중국은 전국시대부터 거대한 성곽도시가 발달했다. 적의 공격으로부터 방어력을 높이기 위해 여장, 옹성과 같은 방어시설이 일찍부터 성곽 축조에 적용되어 왔다.

중국의 남경성

남경성 - 여행작가 남경연 블로그

중화문 - 3중 옹성

명 태조 주원장이 축조한 남경성은 중국 역사상 가장 견고한 성이라고 평가받고 있다. 양자강 동안의 구릉과 저습지를 둘러싸고 있는 33km의 성벽은 송대부터 급속하게 발전한 벽돌구축기술이 집약된 것이다. 남경성은 특별히 구운 경질의 벽돌을 사용했고, 21년간의 공사 기간과 막대한 비용을 들여 완성한 것으로도 유명하다. 방어력이 확실한 철벽의 성이다. 성문은 견고하고 특히 정문에 해당하는 취보문聚寶門은 안에 대규모의 맹성甕城이 있는데, 이것은 적의 침입을 차단하는 구조물이다. 남경성은 맹성을 다중의 구조로 두어서 취보문의 문을 통해 적이 침입하더라도 마치 직사각형의 방에 갇히는 꼴이 된다. 성 안쪽으로 들어가려면 다시 성문을 통과해야 하기 때문에, 방어하기에도 매우 용이한 성이라고 할 수 있다. 취보문의 축성 기술은 만리장성에도 적용되었다.

전란 중 사용되었던
무기들

임진왜란 시기의 무기들

무기는 전쟁에서 적에게 위해를 가할 목적으로 사용되는 도구와 장치 혹은 기구를 아우르는 말이다. 도구를 전투에 사용할 경우 이것이 무기로 전용되고, 독자적인 무기로 발전했다. 무기는 살상, 손상, 파괴, 무력화 등을 목적으로 적을 공격하기 위해 사용되는 도구이다. 인류는 전쟁을 보다 효과적으로 수행하기 위해서 무기를 사용했고, 적에게 보다 강한 타격을 가하기 위해 이에 대한 개량과 개발을 거듭해왔다.

무기는 공격용 무기와 방어용 무기 그리고 전투용구로 크게 구분된다. 특히 공격용 무기는 적을 공격하여 살상시키는 것이다. 공격용 무기는 기능에 따라 투사무기, 단병기, 장병기, 화약무기 등으로 구별한다. 투사무기로는 활과 쇠뇌 등이 있다. 단병기는 가까운 거리에 있는 적에게 위해를 가할 수 있는 무기로 검劍·도刀·쇠도끼鐵斧 등을 들 수 있고, 장병기는 찌르는 무기인 자병刺兵과 걸어당기는 무기인 구병句兵으로 구분된다. 대표적 장병기로 창과 투겁창 등을 들 수 있다. 화약무기는 발사기, 발사물, 폭탄, 로켓형 화기 등으로 구분한다. 13세기 후반 중국에서 총포가 발명되면서 무기라는 것 자체와 전술에도 커다란 변화가 일어났다. 화약무기가 발전함에 따라 근접무기도 가벼운 도와 검류가 주를 이루게 됐다. 이후 화약무기는 장점을 증대시키고 단점을 보완하면서 개량이 이루어졌다.

활

활은 인류가 가장 오랫동안 사용한 무기다. 조선시대에는 화약무기가 발달했음에도 불구하고 전투용 무기로는 활이 가장 많이 사용되었다. 활은 화살을 쏘기 위해 한 팔로 활을 지지하고, 다른 한 팔로 시위를 힘껏 당겨야 한다. 활로 목표물을 정확히 맞추기 위해서는 당겨진 상태에서 오랫동안 흔들림 없이 버틸 수 있는 강한 완력과 고도의 집중력이 요구되었다. 따라서 궁수를 양성하는 데 장시간의 훈련 과정이 필요했다. 조선의 활은 통상 7종이 있었는데, 각궁, 정량궁, 예궁, 목궁, 철궁, 철태궁, 고가 그것이다. 이 가운데 예궁은 각종 의례에 사용된 것으로 전투 시에는 사용되지 않았다.

화살은 화살대, 깃, 화살촉으로 구성되어 있다. 조선시대의 화살은 대부분 대나무를 사용하여 제작되었다. 다만 오늬(화살을 시위에 걸고 쏠 수 있도록 안으로 움품 들어가게 만든 것)는 통상 싸리나무가 사용되었고, 깃은 꿩류의 깃털이 많이 쓰였다. 조선 전기에 사용된 화살은 목전, 철전, 예전, 편전, 대우전, 장군전, 세전, 유엽전 등이 있었다. 이밖에도 조선에는 로켓 화기로 불리는 신기전이 있었다.

각궁	우리나라의 대표적인 활.
정량궁	길이가 193cm로 큰 활이라 불림. 전투용과 무과 시험용으로 사용.
예궁	대궁大弓으로 길이가 182cm로 의례용.
목궁	나무 활, 각궁과 함께 전투와 수렵시에 사용.
철궁	쇠로 만든 활로 전투용으로만 사용됨.
철태궁	활의 몸인 간幹을 쇠로 만들어 전투용이나 수렵용으로 사용.
고	크기가 가상 작은 활. 기마전투용으로 사용.

쇠뇌

쇠뇌는 화살의 단점을 보완하기 위해 고안된 투사무기다. 쇠뇌는 활처럼 시위를 당기고 있어야 하는 강한 완력과 숙련도가 요구되지 않았다. 따라서 쇠뇌는 훈련 없이 쉽게 사용할 수 있는 무기였다. 쇠뇌는 은밀성과 정확성이 높아 매복이나 저격용으로 그 활용도가 높았으나, 조선에서는 활에 비해 많이 사용되지는 않았다.

도검

조선군은 단병기로 도검을 사용했다. 도는 한쪽에만 날이 있을 것을 말하고, 검은 날이 양쪽에 있는 것을 말한다. 이것들은 주로 근접전에 사용되었다. 검은 적을 찌르거나 내려치는 데 이용되었고, 도는 적을 베는 데도 사용되었다. 다만 임진왜란 전투에서 접전했다는 사례가 많지 않은 것으로 보아, 조선군은 투사무기인 활과 화포를 이용하여 적을 격퇴했을 것으로 보인다. 그 이유는 조총으로 무장하고 있어 접근을 할 경우 조선군이 도검을 사용하면 매우 불리했기 때문이기도 했다. 따라서 조선의 도검 사용은 장수의 지휘 혹은 자결용으로 사용되었고, 불가피하게 접전을 할 경우에만 사용되었다고 할 수 있다.

창

조선군은 장병기로 창을 사용했다. 『선조실록』 기사에는 관군과 의병 부대 내에 창군이 운용되었다는 것이 확인된다. 창은 찌르는 무기인 자병과 걸어 당기는 무기인 구병으로 구분된다. 조선 전기에 사용된 창은 모, 극, 창, 기창 등이 있었다.

화포

조선 전기에는 화약무기가 매우 발달했는데, 최무선의 아들인 최해산에 의해 많은 병기와 화약 생산이 이루어졌다. 조선의 화기는 세종과 문종을 거치면서 획기적으로 발전했다. 그러나 조선은 공용화기인 대형화기 개발에 치중하여, 개인화기는 상대적으로 낙후되어 있었다. 이에 따라 조선의 화기는 해전에서는 그 위력을 발휘했지만 육지에서는 일본군에 비해 그다지 우위를 점하지 못했다.

임진왜란시 일본군과의 전투에서 사용된 화약무기 중 가장 주목되는 것은 비격진천뢰다. 비격진천뢰는 화포장 이장손이 개발한 것으로 알려져 있는 무기로 표면은 무쇠로 둥근 박과 같고 내부에는 화약과 빙철憑鐵이 장전되어 있었다. 완구로 발사하는 인마살상용 폭탄이다.

일본의 무기

일본이 고대부터 근세 이전까지 전투용 무기로 주로 사용한 것은 도검·궁시였다. 잦은 전쟁과 도검의 발달로 인해 방어용 무기인 갑주의 제작 기술도 발전했다.

일본은 전국시대를 거치면서 무기의 발달과 개량이 비약적으로 진행되었다. 다네가시마 섬에 표착한 포르투갈인에 의해 화승총이 전래되면서 전국시대 전쟁의 양상은 획기적으로 전환되었다. 조총은 전국시대 오다 노부나가가 도입한 이후 전투에서 중요한 역할을 했다. 조총은 무기의 분류 체계로는 투사무기이나 인력이 아닌 화약의 폭발을 통해 철환을 발사하는 무기다. 개인화기로서 조총이 갖는 장점은 조준사격이 가능하다는 것이다. 조총의 최대 사정거리는 500m, 살상거리는 200m지만, 조총의 확실한 유효 거리는 50m 내외였다. 일본군 입장에서는 확실한 살상 거리를 확보하여 사격을 하는 것이 중요했고, 반대로 조선군은 유효사거리를 벗어나 작전을 운용하거나 유격전으로 대응하는 것에 주안을 두었다.

명의 무기

명군의 군사 체제는 삼안총을 다루는 총병과 구겸도를 사용하는 중장보병 그리고 기병으로 구성되어 있다. 명대에 들어와 투사 무기인 궁노가 총으로 대체되었다. 이러한 변화에 따라 총병은 명군의 주력이 되었다. 삼안총은 삼연발식 개인화기로 3회에 걸쳐서 연사하는 것이 가능했다. 이 삼안총은 명 가정 연간인 1522년에서 1566년 사이에 개발되었다. 다만 삼안총은 조총과 같은 가늠자가 없어 명중률은 매우 떨어졌다. 이와 같은 화기의 등장으로 명 정부는 갑주의 방어력을 높이는 데 주안을 두었다. 총병은 명군의 주력 부대로서 화력을 매우 중시했다.

일반적으로 명군이 사용한 무기는 삼안총·구겸도·도검 등이었지만, 임진왜란 시 조선에서 사용한 무기는 매우 다양했던 것으로 확인된다. 명군은 활보다 노를 주로 사용했고, 다양한 도와 창을 사용했다. 명군은 타격 무기인 권도 많이 사용했다. 명군은 날카로운 돌기가 있는 봉을 사용했는데, 봉은 적군의 머리를 강타하여 즉사시키려는 의도로 제작·사용된 것이다.

명군의 무기 중 화포도 빼놓을 수 없는 것이었다. 특히 중국 동남해안의 저장성 소속 화포 부대는 임진왜란 시 일본군을 격퇴하는 데 매우 중요한 역할을 했다. 중국의 화포는 이미 송나라 시기부터 개발이 되어 원을 거치면서 더욱 발달했다. 특히 일본군이 사용했던 조총은 1548년(가정 27) 명나라에 전래되었다. 명군은 왜구와의 전투 과정에서 조총을 획득하여, 1558년(가정 37)에는 자체적으로

1만 정을 생산·보급하기도 했다.

　명군이 사용했던 대형화기는 철포와 대장군철포 등이었다. 철
포는 1377년(홍무 10)에 제조되었던 대구경의 대포다. 이후 철포보다
는 포신의 길이를 늘려 제작한 대장군철포가 많이 제작되었다. 이
대장군철포는 네덜란드에서 홍이포가 전래되기 이전까지 가장 광
범위하게 사용되었다.

제4장

왜 지금 『징비록』일까

지금 당신의 앞에는 무엇이 보이는가?

　당신이 살고 있는 세상은 어떠한가? 질서정연하고 안정된 모습인가 아니면 불안정하고 혼란스러운가? 만약 당신이 혼란스럽고 불안하다고 느끼고 있다면, 앞으로 도래할 미래가 새로운 혼돈을 머금고 있다면, 어떻게 해야 하는가? 두려움에 몸을 움츠리고 물러서야 하는가 아니면 다가올 미래를 향해 헤쳐나가야 할 의지를 다져야 하는가? 이러한 질문을 받는다면 누구나 후자라고 대답할 것이다. 그렇지만 동시대를 살고 있는 우리는 같은 환경과 처지에 놓여 있다 하더라도, 저마다 세상과 사물을 바라보는 시선을 갖고 있는 듯하다. 또한 동일한 문제에 직면한다 하더라도 그 문제를 해결하는 방법은 각자마다 다를 수도 있다. 하지만 사람은 누구나 저마다 자신에게 주어진 과제가 있고, 이 과제를 보다 합리적이고 효율적으로 해결하기를 원한다.

불확실한 미래를 살아가는 우리가 새롭게 전개될 미지의 세상을 헤쳐나갈 수 있는 유일한 데이터베이스는 선조들이 경험으로 쌓아놓은 역사밖에는 없다. 우리는 미래를 위해 현재 역사로부터 배울 수밖에 없는 것이다. 유성룡은 『징비록』을 통해 전쟁을 경험하지 않은 후속 세대에게 자신이 겪은 임진왜란의 경험을 압축적으로 제시했다. E. H 카는 "역사는 획득한 능력을 세대에 전승함으로써 이루어지는 진보"라고 했다. 카의 말처럼 유성룡이 경험한 전란의 체험과 반성적 성찰을 『징비록』으로 완성하여 후세에 남긴 것은 역사의 진보라 할 수 있다. 카는 우리 개개인이 경험한 것 이상으로 경험의 범위를 확대할 수 있다면, 과거에 비슷한 상황에 직면한 사람들의 경험을 끌어올릴 수 있다면, 비록 보증할 수는 없지만 우리가 더 현명하게 행동할 수 있는 가능성이 이전보다 비례해서 커질 것이라고 했다.

역사를 배운다는 것과 『징비록』

유성룡은 『징비록』을 남기면서 후대의 사람들에게 자신의 반성적 성찰에 대해 동의를 요구하지는 않았다. 기술 내용에 대해 서로 다른 의견이 있다는 것을 배우는 것도 역사를 배우고 연구하는 과정에서는 늘 있는 일이다. 올바른 해석이란 정해져 있는 것은 아니다. 『징비록』을 통해 어떠한 생각과 사고를 하게 되는 것은 독자 스스로가 결정할 일이다. 다만 이러한 과정이 학습자마다 서로 다르더라도 모두 역사의식의 일부다. 그리고 『징비록』을 해석하는 행위 자체가 각 개인의 경험의 확장 과정인 것임은 분명하다.

그렇지만 과거를 공부한다고 해서 미래를 반드시 예측할 수 있는 것은 아니다. 다만 역사를 공부한다는 것은 예측불가능한 미래를 대비할 수 있는 기술과 지혜를 높일 수 있다는 것이다. 그리스 역사가 투키디데스는 인간사에서 과거와 똑같지는 않더라도 전개될 미래의 해석에 도움이 되기 위해, 과거의 정확한 지식을 열망하는 탐구자들을 위해 『펠로폰네소스전쟁사』를 썼다고 했다. 유성룡이 『징비록』을 남긴 이유도 투키디데스의 의도와 다르지 않았다고 생각한다.

『징비록』은 조선시대 최대의 전쟁인 임진왜란에 대한 것이다. 전쟁을 겪지 않은 전후 세대, 그리고 평화가 일상이 된 전후 세대에게 임진왜란이란 어떤 의미를 지니고 있을까? 우선 전후 세대는 임진왜란에 대해 잘 알지 못한다. 그들이 알고 있는 임진왜란이란 그 시대를 경험했던 사람들이 남긴 기록이지 사건 자체는 아니었다. 그럼에도 후대인들은 구성된 기억을 통해 과거에 접근하고 거기에서 나름의 의미를 찾았던 것이다. 다만 현명한 후대인은 구성된 과거에 대해 이해한 후 자신의 조건에 적용하고자 노력했다. 지혜로운 행동이란 과거의 경험으로부터 배운 바를 바탕으로 하고 있기 때문이다. 우리가 인간사의 지침을 찾으려고 한다면 역사속에서 찾는 것이 가장 쉽고 빠른 방법이다.

미래의 사건에 대한 예측이 반드시 긍정적 결과를 가져오는 것은 아니다. 다만 계획을 하고 앞일을 내다본다는 것은 경험적으로 얻은 지식에 따라 달라질 수 있다.

물론 여기에는 전제되어야 할 것이 있다. 앞으로 전개될 새로운 상황들은 이전의 상황들과 유사하다는 것이 전제되어야 한다. 다시 말해 다음으로 전개될 세상이 정태적이라고 가정할 때 경험으로부터 얻은 지식은 새로운 상황에 대한 대비책이 될 수 있는 것이다. 그러나 세상은 변화하기 때문에 유사한 상황이 발생했다고 하더라고 대응 방법은 달라질 수 있다. 아니 다르게 대응할 필요가 있다. 그렇지만 중요한 것은 대응 방법이 달라지더라도 대응할 수 있는 가능성에 대해서는 언제나 확신을 가지고 있어야 한다. 그것만 있다면 미래의 불가능성에 대해서도 우리는 보다 자신감을 갖고 대처할 수 있지 않을까?

잊힐 가능성이 없는 유성룡의 『징비록』 깊이 읽기

임진왜란이라는 전란은 당시 전쟁에 참전하고 피해를 당한 조선인들에게 가장 큰 사건이었다. 많은 사람들이 이 사건을 경험했지만 그렇다고 모든 사람이 임진왜란에 대한 저술을 남기지는 않았다. 유성룡은 전란이 끝난 후 자신의 경험과 기록을 바탕으로 『징비록』을 저술했다. 미국 냉전사의 수장이자 현대사가인 존 루이스 개디스는 '역사가는 과거를 명료하게 만들지만, 그럼으로써 과거를 도망이나 배상, 항송도 불가능한 감옥에 감금한다'고 했다. 『징비록』은 유성룡에 의해 재구성된 임진왜란이지, 임진왜란 자체라고는 할 수 없다.

유성룡이 『징비록』을 저술한 목적은 무엇일까? 기록을 남긴다는 것은 있었던 사실을 영원히 후세에 전해주는 것을 의미한다. 아무리 위대한 업적도 시간이 지남에 따라 사람들의 기억 속에서 잊히고 만다. 이러한 점에서 기록을 남긴다는 것은 대단히 의도적인 행위이고, 그 행위의 결과로 만들어진 책을 통해 역사가 되는 것이다. 그런 의미에서 유성룡의 『징비록』은 전란의 사적이라는 차원에서 매우 가치가 높다고 할 수 있다.

유성룡은 『징비록』을 쓰면서 과연 어떠한 평가를 받으리라 예상했을까? 『징비록』을 긍정적으로 평가하여 자신의 진심을 알아주기를 기대했을까? 『징비록』에 대한 평가가 어찌됐건 간에 『징비록』은 유성룡을 절대로 잊혀질 수 없는 사람으로 만들어 놓았다. 다시 말해 대한민국이 망하지 않는 한 『징비록』이 잊혀질 가능성은 없다고 해도 과언이 아니다.

유성룡은 임진왜란 초기 전투에서 일본군에 일방적으로 패하고, 경상도, 전라도, 충청도를 일본군에게 점령당한 것을 대단히 충격적으로 받아들였다. 1594년 그가 올린 문서에서는 강화 협상기에 조선의 문신과 장수들이 임진년에 일을 겪고도 이를 반성하지 않는다고 한탄했다. 그는 전란 기간 동안 임진년에 있었던 일들에 내한 반성을 통해 일본군에 대한 반격을 준비하고자 했다. 그러면서 그는 전란 중 다시는 임진년의 전철을 밟지 않아야 한다는 반성적 성찰을 했다. 이러한 그의 생각은 훗날 『징비록』이라는 책으로 구체화되었다. 다시 말하면 『징비록』은 유성룡의 반성적 고찰이 개별 작품으로 구체화된 것이라 할 수 있다.

『징비록』은 유성룡이 임진왜란 속 사건과 인물들에 대한 내용을 시간 순으로 재구성한 것이다. '임진왜란에 대한 재구성'이란 유성룡이 그의 경험과 그가 작성했던 문서들을 근거로 사건과 인물을 선택하고 그에 대한 평가를 내리는 과정이었다.

이러한 노고의 산물인 『징비록』은 임진왜란에 있었던 사실을 바탕으로 역사적 사실을 성립시킨 것이라 할 수 있다. 영국의 철학자이자 역사가인 요크숏은 "역사는 역사가의 경험이다. 그것은 역사가에 의해서만 만들어지는 것이며, 역사를 쓰는 것만이 역사를 만드는 유일한 방법이다"라고 했다. 『징비록』은 임진왜란의 성공과 실패의 흔적을 기술하고, 그에 대한 평가를 기술한 것이다. 『징비록』은 유성룡이 겪었던 임진왜란을 기록한 것이지만, 전쟁을 경험했던 조선인들의 집단적 체험의 기록이기도 했다.

유성룡이 『징비록』을 저술했지만, 임진왜란에 대한 역사적 지식이 우리에게 그냥 주어지지 않는다. 그렇다면 『징비록』을 통해 우리는 무엇을 얻고자 하며, 어떤 물음을 던져야 하는가? 같은 책이라고 할지라도 어떤 시대에 어떤 사람이 어떤 물음을 던지는지에 따라 답은 다르게 나올 수 있다.

그는 『징비록』을 서술하면서 임진왜란을 보다 잘 이해하기 위해 그 원인을 제시했다. 그는 임진왜란의 원인을 조선 내부의 문제에서 찾고자 했다. 임진왜란이 일본의 침략에 의해서 일어난 것이지만, 전쟁 원인을 외부로만 돌릴 경우 반성적 고찰은 제대로 이루어지지 못한다. 따라서 유성룡은 임진왜란을 막지 못한 가장 큰 원인을 조선의 내부에서 찾았고, 침략국인 일본을 객관화하여 그들의 용병술과 조총에 대해 매우 냉정한 시각에서 접근하고 있다. 이러한 점에서 『징비록』은 '반구저기' 즉 '잘못을 자신에게서 찾는다'의 반성적 고찰이 잘 담겨 있는 작품이라 할 수 있다. 유성룡은 조선을 침략했던 일본군의 능력을 냉정한 시선으로 응시했고, 우리가 어떻게 방어 태세를 갖추어야 하는지에 대한 현실적은 대응 방법을 제시했다. 이러한 점이 우리가 『징비록』을 통해 깊이 읽어내야 할 부분이라 생각한다.

현재의 일을 알려면 과거를 보고, 미래를 알려면 현재를 보라

우리는 현재의 눈을 통해서만 과거를 알 수 있고 그에 대한 이해가 가능하다. 현재는 과거에 일어난 사건들의 산물이고, 미래는 현재의 산물이다. 현재에 대한 이해가 부족한 것은 과거에 대한 몰이해에서 비롯된 것일 수도 있다. 반대로 현재에 대해서 아무것도 알지 못하면서 과거를 이해하려고 노력하는 것도 역시나 의미 없는 일이다. 이처럼 오래된 사료에서 인간생활의 살아 있는 느낌을 감지하려면 무한한 상상력이 필요하며, 이것은 현실과의 끊임없는 대화를 통해서만 얻을 수 있다.

과거를 이해하기 위해 우리는 일상의 경험과 지식을 동원하는 경우가 많다. 어떤 자료를 연구할 때, 연구자는 자신이 처한 삶의 경험과 환경 속에서 습득한 현재 지식을 통해 과거를 탐구하려고 한다. 이처럼 과거를 살펴보는 것은 현재를 이해하기 위한 것이고, 현재를 보다 잘 이해하는 것은 미래에 대한 방향을 모색하는 것이다. 따라서 우리는 현재 여건 속에서 어떤 것이 계속해서 발전할 것인지를 내다보며, 미래의 문제점과 기회들을 미리 알아내려는 진지한 노력을 해야 한다.

일본 서양중세사 연구자 호리고메 요조는 "역사란 미래를 잉태하고 있는 과거를 판단하는 것이다"라고 했다. 우리가 계획을 세우고 미래를 예측하는 것은 모두 과거의 역사적 교훈을 적용하는 것이다. 이 교훈들은 겉으로 드러나 있는 것과 행간에 숨어 있는 것

모두에 관심을 기울여야 한다. 다만 세상은 계속 변하니 과거를 이행하는 방식도 다르게 할 필요가 있다.

『징비록』에 수록되어 있는 임진왜란 전개 과정은 유성룡이 재구성한 것이다. 물론 임진왜란 시기에 있었던 사실을 바탕으로 기술하였지만, 그 내용은 유성룡이 경험하고 견문했던 것에 기초하고 있다. 우리가 『징비록』을 통해 이해하는 임진왜란에 대한 인식은 유성룡에 의해 재구성된 '유성룡의 임진왜란 인식'인 것이다. 이것은 『징비록』뿐만 아니라 임진왜란을 기록한 사료들도 마찬가지다. 다만 중요한 것은 『징비록』에 기록된 내용은 변함이 없지만, 이에 대한 인식은 끊임없이 변화되어 왔다. 다시 말해 『징비록』이 간행된 이후 그 내용을 두고 반드시 읽어야 할 책으로 인식한 것과 남의 공로를 가리고 자신을 드러냈다는 평가가 상존했었던 것이 그 예다. 이후 『징비록』에 대한 인식은 전자의 것으로 일반화되어 왔다.

유성룡은 임진왜란과 같은 전철을 되풀이하지 않기 위해, 임진왜란 동안 활동했던 인물들의 행적이 시간과 함께 잊히는 것을 막기 위해, 이순신과 같은 위대한 업적이 그 빛을 잃지 않도록 하기 위해 『징비록』을 저술했다. 유성룡은 『징비록』을 저술하면서 자신의 의도를 드러낸 부분도 있고, 의도를 숨긴 부분도 있다. 즉 「자서」에서 저술 의도와 책의 구성을 밝히고 있지만, 언제 이 자서를 쓰고, 책을 완성했는지를 따로 표기해두지 않았다. 저술 의도는 '징비'를 위한 것이지만, 저술 배경은 그가 처한 정치적·사회적 환경 속에서 이해되어야 할 부분도 있다. 『징비록』을 이해할 때 중요한 것은 유성룡이 의도하지 않은 부분을 찾아내는 것과 함께 유성룡의 의도와는 무관하게 읽힐 수 있다는 점도 생각해봐야 한다.

우리는 특정한 의도가 없이 책을 읽기도 하지만, 이미 일정한 연구 방향을 설정하고 책에 접근하기도 한다. 즉 특정한 목적에 따라 일정한 문제의식과 연구 방법 등을 갖고 텍스트를 분석할 때도 있다는 것이다. 연구 과정에서 텍스트를 잘못 이해하는 경우도 있다. 혹은 독자가 책의 의도를 잘못 이해하는 경우도 발생한다. 즉 애초에 저자가 의도했던 것과는 다른 방향으로 이해할 수도 있다는 것이다. 저자의 의도와는 다른 독해의 결과를 얻더라도 이것이 무의미한 것은 아니다. 잘못된 이해가 쌓여 역사를 이루면, 그것도 결국 현재의 관점에서 과거를 이해하려고 노력하는 과정에서 나온 부산물이기 때문이다. 이러한 점에서 우리는 특정 텍스트를 저술한 역사가 혹은 저자에 대해 충실히 이해해야 하고, 그가 의도한 것과 의도하지 않은 것까지도 파악하려는 노력을 게을리하면 안 된다.

초본 『징비록』의 세계기록유산 등재를 위한 제언

유네스코에서는 세계기록유산의 등재기준을 5가지로 제시하고 있다. 첫째, 진정성이다. 즉 해당 기록유산이 유산의 본질 및 기원을 증명할 수 있는 정품이며, 그 실체와 근원지가 정확한 자료여야 한다는 것이다. 초본 『징비록』은 유성룡이 저술한 친필 저술로서, 조선총독부 산하 조선사편수회에서 시행한 조선의 사료 채집 과정에서 그 소재가 확인되었다는 것은 이미 언급한 바 있다. 조선사편수회에서는 해제를 통해 『난후잡록』과 초본 『징비록』이 모두 유성룡의 친필 자료임을 명확히 밝혔다. 게다가 초본 『징비록』은 옥연정사와 충효당이라는 저술 장소와 소장처가 명확하다는 점에서 세계문화유산 등재기준인 진정성에 부합한다고 할 수 있다.

둘째, 독창성 혹은 대체불가능성이다. 다시 말해 특정 기간 또는 특정 지역에 지대한 영향력을 끼친 세계의 특정 문화권에서 역사적 의미를 가지거나, 해당 유산이 소멸 및 훼손된다면 인류 유산 발전을 크게 저해한다고 판단되는 자료다. 간본 『징비록』은 간행 직후부터 조야에 큰 관심을 받았다. 『징비록』은 『선조수정실록』을 편찬하는 데 중요한 수사 강령 중 하나로 이용되었을 뿐만 아니라 조선후기 교린지와 역사학에도 지대한 영향을 끼쳤다. 특히 『징비록』은 일본에 유출되어 일본의 학계와 상업 출판계에도 상당한 영향을 미친 저작으로 문화사적으로 매우 가치가 크다고 할 수 있다. 이러한 점에서 동아시아 학술과 서적 교류에 있어 중요한 사료인 간본 『징비록』의 원형인 초본 『징비록』은 반드시 보존해야만 하는 기록이라 할 수 있다.

셋째, 세계적 중요성이다. 유네스코에서는 세계적 중요성으로 시간, 장소, 사람, 대상과 주제, 형태 및 스타일, 사회적·정신적·공동체적 중요성을 기록유산 등재의 기준으로 제시하고 있다. 초본 『징비록』은 동아시아 국제질서의 큰 변화를 가져왔던 임진왜란에 대해 체계적인 이해가 가능하도록 저술된 자료다. 이 책에는 국제 전쟁이라는 임진왜란의 성격을 반영하여 조선에 관한 사실뿐만 아니라 일본의 정세와 장수들과 명나라의 정세와 장수들에 대한 내용도 소상하게 기술되어 있다. 따라서 이 책은 16세기 동아시아 국제 관계를 연구하는 데도 매우 긴요한 자료로 세계인이 함께 이용·보존해야 할 자료라 할 수 있다.

넷째, 보조기준이다. 유네스코에서는 기록유산에 등재기준으로 제시한 보조기준의 하위 항목으로 희귀성, 완전성, 위협, 관리계획을 두고 있다. 초본 『징비록』은 유성룡의 친필 초록 자료로 희귀성을 갖고 있고, 책의 구성과 내용이 온전하게 남아 있어 완전성에도 부합하고 있다. 초본 『징비록』은 현재 안동시 한국국학진흥원에 소장·보전되고 있으나, 세계기록유산으로 등재된다면 보다 철저한 보전과 관리 계획이 수립되어야 할 것으로 생각한다.

이처럼 초본 『징비록』은 유네스코가 제시한 세계기록유산의 등재기준에 부합된다. 무엇보다 『징비록』은 임진왜란을 연구하는 데 없어서는 안 되는 자료적 가치를 갖고 있다. 또한 조선의 서적 중 일본에 가장 많은 영향을 끼친 것이라고 해도 과언이 아니다. 초본 『징비록』은 간본 『징비록』의 원본임과 동시에 유성룡의 친필 초록으로 다른 자료와 대체할 수 없는 사료로서 중요한 기록유산임에 틀림없다. 또한 『징비록』은 일본에서도 자료적 가치를 인정받아왔 다. 따라서 초본 『징비록』이 세계기록유산으로 등재되어 한국의 국 보를 넘어 세계인의 유산이 되기를 진심으로 소망한다.

징비록

임진왜란에 관한 뼈아픈 반성의 기록

1판 1쇄 인쇄 2022년 7월 18일
1판 1쇄 발행 2022년 7월 29일

지은이 유성룡
번역·해설 장준호
펴낸이 김영곤
펴낸곳 (주)북이십일 아르테

TF팀 이사 신승철
TF팀 이종배
출판마케팅영업본부장 민안기
마케팅1팀 배상현 한경화 김신우 이보라
출판영업팀 이광호 최명열
제작팀 이영민 권경민
진행·디자인 다함미디어 | 함성주 유승동 유예지

출판등록 2000년 5월 6일 제406-2003-061호
주소 (10881) 경기도 파주시 회동길 201(문발동)
대표전화 031-955-2100 **팩스** 031-955-2151 **이메일** book21@book21.co.kr

ISBN 978-89-509-1289-5 03910